U0054154

身心障礙福利服務

The Disabled Person's Welfare Services

黃志成、王淑楨、王麗美◎著

序

序

我國身心障礙福利服務自古有之，例如《禮記・禮運・大同篇》述及「鰥寡孤獨廢疾者，皆有所養。」《舊唐書》記載「武德七年，始定律令以度田之制……篤疾廢疾者給四十畝。」清代治臺灣，亦曾在現在的彰化縣設養濟院，收容痲瘋病患及障礙者。及至政府遷臺，在臺灣亦有身心障礙服務之實；然最具體的應算是在民國69年制定「殘障福利法」，以法律保障身心障礙者的權益；民國86年爲顧及法律之周全性，將前法修改爲「身心障礙者保護法」。

民國96年7月11日又將前法修正公布爲「身心障礙者權益保障法」，爲求國際接軌，內容有許多重大的突破，其中尤以身心障礙認定改採國際健康功能與身心障礙分類系統（International Classification of Functioning, Disability and Health, ICF）方式最令人矚目。

ICF對身心障礙的認定將以往重視「身心的損傷」改以從「個人因素」、「環境因素」、「身體功能與結構」、「活動」和「參與」的角度來鑑定身心障礙者，這是一種進步的作法，更能切合身心障礙服務的精神。因而在身心障礙的分類上也做了很大的改變，從以往的十六類〔視覺障礙、聽覺機能障礙、平衡機能障礙、聲音機能或語言機能障礙、肢體障礙、智能障礙、重要器官失去功能、顏面損傷、植物人、失智症、自閉症、多重障礙、慢性精神病患、頑性（難治型）癲癇症者、罕見疾病、其他〕改爲目前的八類：(1)神經系統構造及精神、心智功能；(2)眼、耳及相關構造與感官功能及疼痛；(3)涉及聲音與言語構造及其功能；(4)循環、造血、免疫與呼吸系統構造及其功能；(5)消化、新陳代謝與內分泌系統相關構造

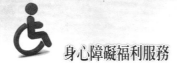

及其功能；(6)泌尿與生殖系統相關構造及其功能；(7)神經、肌肉、骨骼之移動相關構造及其功能；(8)皮膚與相關構造及其功能。因此，近年來筆者即從事相關的福利需求與福利服務之探討，累積一些心得，彙集成此專書，以饗讀者。

本書原名《身心障礙者的福利服務》，於民國八十九年初版，歷經十餘年來，由於法規不斷增修，福利服務觀念不斷的進步，加以筆者持續的研究，將之大幅度的修訂，以符合時代潮流。本書出版後，經讀者建議，將書名改為《身心障礙福利服務》。

本書能夠順利完成，王淑楨老師、王麗美老師在撰寫方面提供了許多的協助，為表示對兩位老師的感謝，故自本版起將兩位老師列為共同作者。本書得以出版，感謝揚智文化公司發行人葉忠賢先生，以及總編輯閻富萍小姐所領導的編輯團隊；本書撰寫、編輯與校對期間，雖力求嚴謹，但相信仍有許多疏漏之處，仍盼先進、讀者惠予指正，作為再版之參考。

黃志成 謹識

民國103年9月8日於中國文化大學社會福利學系

目　錄

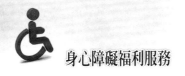

身心障礙福利服務

第一篇
總　論

第一章

緒　論

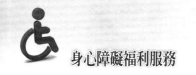

第一節　身心障礙福利的意義、內涵、功能

一、身心障礙的意義

身心礙障（handicap）一詞，有以「傷殘」、「殘廢」或「殘障」名之者，日本人則稱爲「身體障害」，用語雖不同，涵義則一致，根據《辭海》的解釋：殘者缺也，障者塞也。至於學術上的定義如下：

(一)世界衛生組織的定義

依世界衛生組織的分類，身心障礙可分爲三個層次（引自黃源協、蕭文高，民102）：

◆損傷（impairment）

指的是醫學上所認定的「生理、心理或解剖學上的組織結構或功能有任何的損傷或不正常現象」，損傷是一種器官層次上的困擾，包括肢體、器官或其他身體結構的缺陷或損傷，以及心理功能的缺陷或損失，例如看不見、耳聾、癱瘓等。

◆殘障（disability）

指的是「因損傷導致身體某項活動所需能力的限制或欠缺」，障礙是因爲損傷而導致功能上或活動上的限制，它會讓人的生活功能產生困擾，例如視覺、聽覺和語言機能上的限制，行走或爬樓梯上的困難，抓、取、洗澡、飲食或上廁所方面的困難。

◆障礙（handicap）

指的是「個人因損傷或障礙而成爲弱勢者，這種狀況將限制或讓個人無法表現出正常的角色，這種正常角色端視年齡、性別、社會及文化的因素而定」，例如久病不起或閉門不出，無法使用公共交通工具或社會上的孤立。當然，也包括個人因自卑而自我封閉，不願參與社會而產生社會障礙。

(二)國際障礙分類基準

王本榮（民83）以國際障礙分類基準認爲，疾患（disorders）可導致種種的一次性生物機能障礙（impairment），進而導致二次性的能力障礙（disability），以及三次性的社會障礙（handicap），各種障礙的內涵及對策說明如**表1-1**。

表1-1　各種障礙的內涵及對策

障礙類別	內涵	對策
機能障礙	1.智能障礙。 2.肢體障礙。 3.語言障礙。 4.心理行爲障礙。	治療手段，例如：機能障礙的改善、機能回復手術、語言治療、癲癇治療、智能不足的特殊教育。
能力障礙	1.行動障礙。 2.人際溝通障礙。 3.自己照應能力障礙。 4.移動障礙。 5.協調能力障礙。 6.作業能力障礙。	補償手段，例如：殘存機能的強化、殘存機能應用能力的增進，及各種輔具的使用。
社會障礙	1.癲癇發作的意識障礙造成定向辨識困難。 2.作業能力低落。 3.社會參與困難。	改革手段，例如：無障礙生活環境的整備，家庭、同事及社會的意識改革（去除偏見，接納與協助），確保教育機會，協助就業及自主，擴大社會參與等。

資料來源：王本榮（民83）。

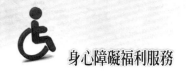

由以上可知，身心障礙包括生理的缺陷，能力的受損以及因而造成社會適應的障礙。

(三)身心障礙者權益保障法

民國102年6月11日立法院三讀修正通過由總統公布之「身心障礙者權益保障法」所稱身心障礙者，係指下列各款身體系統構造或功能，有損傷或不全導致顯著偏離或喪失，影響其活動與參與社會生活，經醫事、社會工作、特殊教育與職業輔導評量等相關專業人員組成之專業團隊鑑定及評估，領有身心障礙證明者（衛生福利部，民102）：

1.神經系統構造及精神、心智功能。
2.眼、耳及相關構造與感官功能及疼痛。
3.涉及聲音與言語構造及其功能。
4.循環、造血、免疫與呼吸系統構造及其功能。
5.消化、新陳代謝與內分泌系統相關構造及其功能。
6.泌尿與生殖系統相關構造及其功能。
7.神經、肌肉、骨骼之移動相關構造及其功能。
8.皮膚與相關構造及其功能。

(四)特殊教育法

根據民國102年所修正頒布的「特殊教育法」第3條所稱身心障礙，係指因生理或心理之顯著障礙，致需特殊教育和相關特殊教育服務措施之協助者。所稱身心障礙，指具有下列情形之一者：智能障礙、視覺障礙、聽覺障礙、語言障礙、肢體障礙、腦性麻痺、身體病弱、情緒行為障礙、學習障礙、多重障礙、自閉症、發展遲緩、其他障礙（教育部，民102）。

二、身心障礙福利的意義

(一)福利的意義

　　所謂「福利」（welfare）是指在民主國家內，能使最大多數的國民，不論在物質或精神生活上，獲得最大滿足的狀態，並促進個人高度發展的措施（王麗美，民81）。能夠提升生活品質各項需求的屬於積極性的福利，補充生活不足的則屬於消極性的福利（王淑楨，民97）。福利通常含有兩種意義，一代表的是有關人民福祉（well-being），另一指的是提供人民福祉的體系（黃源協、蕭文高，民102）。

(二)需求的意義

　　美國約克大學Bradshaw（1977）把需求（need）分為四類，分述如下：

◆**規範性需求**（normative need）
　　是指由專家、學者、行政人員或社會科學家，依理論與專業的觀點，來認定案主的需求。這種認定的優點在基於專業及學理基礎；缺點則不脫由上而下的父權意識與作風，未考慮到案主的個別差異。

◆**感覺性需求**（felt need）
　　是指人們內心迫切覺得需要的需求。它受到個人主、客觀因素的影響，如個人對情境的瞭解和個人的標準，而使個人與個人之間感覺性需求有很大的差異。感覺性需求較能免除預設的需求標準，且便於運用一般社會科學實證調查方法來分析民眾主觀的需求認

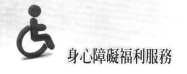

知，但它不易在理論上找到依據點，致亦難找出合理的「需求」。

◆**表達性需求**（expressed need）

是指感覺性需求經轉化爲行動的需求，亦即需求已被界定爲人們有需要被服務的部分。在社會服務的領域內，表達性需求是最普通的一種瞭解需求的方式。機構通常會盡力去滿足此類的需求。很不幸的是這種需求也經常反映出案主對服務提供的有限瞭解，當他們表達了之後，仍然有許多需求未被滿足，何況還有些眞正的需求是因爲案主覺得說了也沒啥作用而加以掩蓋了。然而，這種需求的界定卻是瞭解需求最重要的指標。

◆**比較性需求**（comparative need）

是指由接受服務者或地區的特質來界定，如果兩個條件相似的人或地區，甲有接受福利服務而乙沒有，則我可以說乙有此種福利需求。

(三)身心障礙福利的意義

Siska與Habib（2013）認爲福利係基於社會公平與正義原則，考量不同文化與確保個人權利。所謂「身心障礙福利」（welfare for the handicapped），即是對身心障礙者身心發展、潛能發揮及滿足需求所做的一切努力事業。這是一個廣義的定義，就狹義的意義而言，最少包括下列三者：

1. 提供身心障礙者在物質及精神生活所必需的一切措施，如滿足身心發展的需要。
2. 滿足身心障礙者在日常生活中最大的需求。
3. 藉助於教育及福利措施，讓身心障礙者的潛能得到最大的發揮。

三、身心障礙福利的內涵

身心障礙福利的內涵可以說千頭萬緒，但最主要的可以下列五項來說明：

(一)醫療復健

醫療復健消極的目的在避免身心障礙者病情的惡化，積極的目的則在促進身體功能的回復和發展。其具體工作內容列舉如下：

1.為視覺障礙者裝配眼角膜。
2.為聽覺障礙者裝配助聽器。
3.為小兒麻痺患者進行體位矯正。

(二)心理復健

心理復健的目的是在消除因身心障礙所產生的自卑、退縮、焦慮、恐懼等負面的心理特質，透過心理輔導使身心障礙者能以健康的心理來面對現實生活。其具體工作內容如個別諮商、團體諮商、家族治療等。Tennent等（2014）就指出，中途致殘所產生的創傷症候需要有較多的支持關懷。

(三)教育復健

教育復健的目的是在發掘身心障礙者的潛能，促進其獨立，提升其對現實社會的適應能力。具體的工作內容如接受學前教育、義務教育、家庭教育以及社會教育等。

(四)職業復健

職業復健的目的是在發掘身心障礙者的職業潛能，配合生理、心理、教育、重建，使其具備工作能力，反依賴人口為生產人口，貢獻一己之力，自我肯定，服務社會。其具體工作內容包括四個階段（Rubin & Roessler, 1983）：

◆評量階段

其目的在決定當事人目前及潛在的身心功能水準，以找出適合其從事的工作，提供職業訓練。

◆計畫階段

根據評量結果，提出個別化復健方案，以為實施職業重建之依據。

◆處遇階段

包括醫療復健、生活適應訓練、工作適應訓練、職業技能訓練。

◆結案階段

提供就業安置，並作追蹤輔導。

(五)收容照顧

對於無家可歸或不適合生活在自己家裡的身心障礙者，由政府或民間成立養護中心、教養院，妥為照顧。

四、身心障礙福利的功能

身心障礙福利的功能說明如下：

(一)人道主義的社會福利國家

一個國家越重視人道、人權，對身心障礙福利工作將越重視，身心障礙福利甚至被認為是評估一個國家社會、經濟、政治、文化發展的指標。

(二)預防及減少身心障礙者的產生

注意公共衛生，減少傳染病，做醫療復健，可達到預防及減少身心障礙者產生之效。

(三)增進家庭與社會安定

身心障礙者的產生，對家人在工作量、心理、經濟等都是很大的負擔，若身心障礙者長大後，社會無法接納他們，造成無法就業，凡此都使家庭及社會產生不安定性，唯有推展身心障礙福利，給予身心障礙者就醫、就學、就養、就業的機會，才能促進家庭及社會的安定。

(四)減少社會福利預算的支出

若未做好身心障礙福利工作，任由身心障礙者生活於此社會，則勢必增加社會福利支出，但若給予生理復健，必可減少醫療費用；施予教育及職業復健，必可化依賴人口為生產人口，減少社會

身心障礙福利服務

福利預算。

(五)發揮人盡其才的功能

身心障礙者若能給予適當的教育、職業訓練及就業輔導,必能發揮人盡其才的功能。

(六)具有良好的經濟效益

身心障礙者經過職業訓練後,不但能回收訓練費用,而且更能發揮所長,創造經濟效益。根據研究,投資1元於智能不足者的支持性就業中,就社會的觀點而言,在第一年可回收0.75元;就納稅人的觀點而言,每支出1元,可回收0.66元。雖然支持性就業在第一年的實施,其成本高於效益,但研究者預估在第二年、第三年其利益會超過成本(Tines et al., 1990;引自孫淑柔,民83)。

第二節　身心障礙福利觀念的演進

身心障礙福利觀念的演進,大致上由最早的人性互動、人道關懷、宗教施捨演變到目前認為身心障礙福利的推展是國家社會的責任;而就資源投入的觀點,也由資源浪費的觀念演變至今認為身心障礙福利的推展事實上就是一種投資的工作,這種投資會產生政治的穩定、社會的和諧與經濟的效益。

在整個身心障礙情況的歷史演變中,人們對身心障礙的觀念從最早的無知、漠視、迷信與恐懼,到最近幾年來,較能用正面的態度來面對。美國特殊教育學者Kirk和Gallagher(2000)認為,人們對於特殊兒童的觀念與態度的轉變大致可分為下列四階段,即由

「摒棄」、「漠視」、「救濟」以至「教育與福利」階段。茲再融入福利觀念，說明如下：

一、摒棄階段

身心障礙者被認爲是社會經濟的負擔，在古希臘羅馬時代，若是生下來的嬰兒帶有缺陷，那麼，就會將其棄置於荒地、小河或無人居住的地方，使這些嬰兒無法得到妥善的照料而結束生命；德國納粹黨對於身心障礙者的消滅手段更爲激烈，它將心智障礙、天生畸形者放置死亡集中營處死，因爲這些人都是有缺陷的，對國家、社會毫無貢獻。個體自身應該有選擇生或死的權利，但是，對於身心障礙者來說，他們沒有選擇的自由，過去臺灣社會的身心障礙人口一直是以一種閉鎖、飄零的方式存在，不是被家族藏匿起來，就是被流放家門之外，有些人被父母家人遺棄，有的則等待死亡（謝佳蓁，民94）。

二、漠視階段

十七世紀時，由於受到個人主義及達爾文主義之「物競天擇、優勝劣敗、適者生存」觀念之影響，在自然律的支配下，這些不適於生存競爭的身心障礙者被淘汰是當然之事。

三、救濟階段

由於宗教博愛之發展，促使教會組織以及民間樂善好施人士，設置各種慈善性質的救濟機構，收容身心障礙無依者。例如在

十八、十九世紀，對身心障礙兒童採取隔離的方式，設立養護機構
來提供安養。

四、教育與福利階段

　　近數十年來，世界各國由於民主思潮的衝擊與人道精神的闡
揚，教育機會均等的理想，已為各國教育努力的目標，於是在普通
教育到達相當水準後，就開始發展特殊教育，身心障礙者因而享有
教育權。而教育對身心障礙者是自我增強權能的重要方式。Dunst
（2014）研究也指出，身心障礙者的教育是知識的重要基礎。同
時，也由於社會福利的發達，身心障礙者亦開始享受各種福利服
務。

第三節　身心障礙的福利觀點

　　在身心障礙者的醫療服務、教育服務、生活照顧服務、就業服
務等，當不同的觀點注入政策的制定內涵時，也會有不同的福利觀
點，這也影響著身心障礙者的福利服務內涵。

一、醫療模式的障礙觀點

　　是源自於醫療上的損傷、疾病或健康不佳，障礙被界定為個
人的一種狀況。身心障礙是疾病、創傷或失常導向（葉肅科，民
91）。醫療模式的障礙觀點認為障礙是個人本身身體或心智的損
傷，對個人身心功能所造成的限制，並需要醫療關照或治療的狀
態，在醫療模式觀點下，身心障礙者所遭遇的困境是不被質疑的；

而決定障礙者身心狀況治療與所需要服務的人是專業工作者，身心障礙者的想法、意見與決策能力是不被重視的（吳秀照，民96）。

二、慈善模式的障礙觀點

本質上身心障礙者慈善活動的早期歷史是和身心障礙的宗教與道德建構相關聯，現今許多慈善活動均明顯持續於宗教根源（葉肅科，民91）。即障礙是一種偶發於個人之不幸事故的悲劇，它可藉由非障礙者的協助或障礙者個人的勇氣予以克服（黃源協、蕭文高，民102）。障礙者被視為是與其障礙情境作抗衡，且值得讚賞的，醫療模式著重於補償，被批判之處是認為某人無法達到社會一般情形時，在社會是無立足之地的（廖福特，民97）。

三、社會模式的障礙觀點

社會模式的障礙觀點認為障礙（disability）不是一種身體的狀態（a state of the body），而是身體與社會（social）、物理（physical）、態度（attitudinal）的環境之間無法調和（a lack of fit）（Goering, 2002；引自吳秀照，民96），導致身心障礙者處於不利的處境，無法發揮個體的工作能力；所以「障礙」的形成是社會與政治的重構過程（吳秀照，民96）。社會模式認為障礙是源自於社會組織本身的一種排斥（黃源協、蕭文高，民102）（**表1-2**）。

表1-2　醫療模式、慈善模式與社會模式障礙觀點及對策因應比較

障礙觀點 比較面向	醫療模式	慈善模式	社會模式
障礙理念	障礙是源自於身心上的損傷、疾病或健康不佳所導致的限制；身心障礙者需要治療、復健與照顧。	是一種偶發於個人之不幸事故的悲劇，可藉由非障礙者的協助或障礙者個人的勇氣予以克服。	障礙是社會與文化對身心功能有限制者的歧視與阻礙；社會態度與組織必須改變。
對身心障礙者的看法	身心障礙者是不幸的、損傷的及異於他人的，需要長期依賴他人或社會的服務。	障礙者被視為是與其障礙情境作抗衡，且值得讚賞的。	身心障礙者與一般人一樣，其公民權、自由表達的意志及獨立自主的社會能力應被尊重。
對策因應	醫療處遇、保護、補救式治療及照顧有特殊需求的身心障礙者。	著重於障礙者在資源、機會與福利的分配。	消除社會歧視與改變社會組織結構，提供身心障礙者平等機會、全面參與社會生活。
服務決策	專業工作者為主。	非正式支持系統為主。	身心障礙者參與決策。
服務輸送	著重於機構式服務。	著重於民間的力量及志願性的慈善組織。	著重於身心障礙者熟悉的社區式生活為主。
對策效應	社會隔離與排除。	依賴。	社會融合。

資料來源：作者整理自黃源協、蕭文高（民102）；廖福特（民97）；吳照秀（民96）。

參考文獻

王本榮（民83）。〈日本早期發現及早期療育制度之介紹〉。刊載於「發展遲緩兒童早期發現早期療育國際研討會」大會手冊。中華民國智障者家長總會主辦。

王淑楨（民97）。《兒童福利及家庭育兒福利需求之研究——以臺北市大同區領有育兒補助之兒童為例》。中國文化大學青少年兒童福利研究所碩士論文。

王麗美（民81）。《國中聽障學生福利需求之研究》。中國文化大學兒童福利研究所碩士論文。

吳秀照（民96）。〈臺中縣身心障礙者就業需求：排除社會障礙的就業政策探討〉。《社會政策與社會工作學刊》，第11卷，第2期，頁150-198。

沙依仁（民94）。〈臺灣身心障礙者保護的發展與展望〉。《社區發展季刊》，第109期，頁103-110。

孫淑柔（民83）。〈支持性就業面面觀〉。《特殊教育季刊》，第51期，頁23-28。

教育部（民102）。「特殊教育法」。

黃志成（民87）。〈身心障礙兒童的生涯規劃——從福利觀點談起〉。《社區發展》，第81期，頁183-188。

黃志成（民94）。《幼兒保育概論》。新北市：揚智文化。

黃志成（民97）。〈身心障礙者議題與社會福利〉。郭靜晃主編，《社會問題與適應》（第三版），頁448-477。新北市：揚智文化。

黃源協、蕭文高（民102）。《社會政策與社會立法》。臺北市：雙葉書廊。

葉肅科（民91）。〈身心障礙者福利與人權保障〉。《社區發展季刊》，第99期，頁363-377。

廖福特（民97）。〈從「醫療」、「福利」到「權利」——身心障礙者

權利保障之發展〉。《中研法學期刊》，第2期，頁167-210。

蔡漢賢（民89）。《社會工作辭典》。中華民國社區發展研究訓練中心印行，頁9、180、181、360。

衛生福利部（民102）。「身心障礙者權益保障法」。

鄭瑞隆（民84）。〈兒童虐待及保護服務〉。周震歐主編，《兒童福利》，頁133-146。臺北市：巨流圖書公司。

謝佳蓁（民94）。《誰說我做不到——臺北市智能障礙者就業與社會資本分析》。東吳大學社會學系碩士論文。

Bradshaw, J. (1977). The concept of social need. In N. Gilbert & H. Specht (eds.). *Planning for Social Welfare: Issues, Tasks, and Models*. 290-296. Englewood Cliffs, N. J.: Prentice-Hall.

Dunst, C. J. (2014). Meta-analysis of the effects of puppet shows on attitudes toward and knowledge of individuals with disabilities. *Exceptional Children, 80*(2), 136-148.

Kirk, S. A., & Gallagher, J. J. (2000). *Educating Exceptional Children*. C. A.: Houghton Mifflin Company.

Rubin, S. E., & Roessler, R. T. (1983). *Foundations of the Vocational Rehabilitation Process*. Baltimore: University Park Press.

Siska, J., & Habib, A. (2013). Attitudes towards disability and inclusion in Bangladesh: from theory to practice. *International Journal of Inclusive Education, 17*(4), 393-405.

Tennent, D. J., Wenke, J. C., Rivera, J. C., & Krueger, C. A. (2014). Characterisation and outcomes of upper extremity amputations. *Injury-International Journal of the Care of the Injured, 45*(6), 965-969.

Tines, J., Rusch, F. R., McCaughrin, W. B., & Conley, R. W. (1990). Benefit-cost analysis of supported employment in Illionis: A statewide evaluation. *American Journal on Mental Retardation, 95*(1), 44-45.

第二章

身心障礙福利政策

 第一節　身心障礙福利政策的意義和特質

　　自從1940年代聯合國開始關注到身心障礙問題以來，身心障礙福利已成爲一項國際性的議題，聯合國所關心的議題更是要排除限制個人社會參與的社會和物理上的障礙，聯合國對障礙者福利的倡導過程，從關注障礙者的預防和復健之障礙者個人福利觀；進到強調社會模式的社會責任福利觀，以讓障礙者能有更多的社會參與；再進到一種強調障礙者的人權觀，而障礙者獲得其生活的保障不僅是社會的責任，也是障礙者的權利（黃源協，民92）。如此的觀念，經過教育及推廣，慢慢深植人心，終將成爲國家的政策。

　　假如政策形成之後，需立法具體化爲服務措施是一個過程時，則我國在民國69年「殘障福利法」公布之前，根本沒有明確的身心障礙福利政策，究竟什麼是身心障礙福利政策，有必要先作一個釐清。

一、身心障礙福利政策的意義

　　要談身心障礙福利政策之前，應先瞭解什麼是政策（policy），什麼是社會政策（social policy）？

(一)政策的意義

　　依Blakemore（2003）所指，政策可被視爲是一種目的、目標或是未來性的聲明，這表示政策會包括官方的政策（或立法）、政黨的競選宣言、公司或任一組織的聲明（引自黃源協、蕭文高，民102）。

(二)社會政策的意義

　　所謂社會政策，是指影響公共福利的國家行動，是解決社會問題的工具，透過問題解決的方法，以滿足人們的需求，增進人們的福祉（黃源協、蕭文高，民102）。

(三)身心障礙福利政策

　　所謂身心障礙福利政策，乃指政府或民間團體消極的為解決身心障礙者所產生的社會問題，同時更積極的預防身心障礙者可能導致的社會問題、需求滿足及人力資源的開發，而訂定的基本原則或方針。

二、身心障礙福利政策的特質

　　身心障礙福利政策的特質可分下列幾點說明：

(一)是身心障礙福利服務的依據

　　不論政府或民間團體欲從事福利服務時，均必須以既定的政策為依據。

(二)是所得的再分配

　　通常是有所得（尤其是高所得者）者繳稅或自由捐款後，將經費運用在可能是較低所得的身心障礙者身上，故為一種所得的再分配。

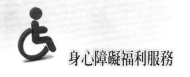

(三)因政治的因素而有變化

一個國家的政策可能會有所變化，例如國家的領導者更換，或執政的政黨輪替等政治因素，可能導致身心障礙福利政策亦有變化。

(四)因經濟的因素而有變化

身心障礙福利工作除了要有專業人員來推動外，經濟因素占有相當重要的地位，亦即國家稅收多、經費預算多時，較可能滿足身心障礙者更多的需求；但當國家稅收少、預算減少，尤其遇到長期的經濟不景氣時，福利工作的推展可能阻礙較多。

(五)與民主化的程度有關

一個國家愈是民主化，愈能尊重人權，亦即對所謂的弱勢團體——身心障礙者，更能提供應有的照顧。

第二節　身心障礙福利政策的形成及原因

一、身心障礙福利政策的形成

身心障礙福利政策的形成通常可以分成下列幾個步驟：

(一)問題的形成

當一個地區、國家的居民，因為某些內在（如身體的病變）或外在（如戰爭、車禍）的因素而致殘時，可能對本身的生活形成

問題，如致殘人口多時，可能造成社會的問題；個人的問題包括身體的病痛、居家生活的不便等；社會的問題如貧窮、失業。根據臺北市政府社會局（民96）在95年度低收入戶總清查報告資料的統計指出，臺北市的低收入戶共計29,364人，低收入戶戶內人口中身心障礙者共有5,964人，占全部低收入戶人口之20.29%；又根據黃志成、彭賢恩、王淑楨（民100）調查臺北市中途致殘之身心障礙者發現，一般身心障礙者每月家庭支出大於收入者占49.9%，這是貧窮問題。此外，根據黃志成（民82）調查臺北市十八歲以上的身心障礙者中，有60.3%的人未曾就業過；另根據黃志成、黃國梁、王立勳、高嘉慧（民94）對金門縣身心障礙者生活需求所做的調查研究報告指出，沒有工作收入的身心障礙者有59.73%；在96年度對金門縣身心障礙者生活需求調查報告也指出，沒有工作收入的身心障礙者高達79.5%（黃志成等，民96）。又根據黃志成、彭賢恩、王淑楨（民100）調查臺北市中途致殘之身心障礙者發現，一般身心障礙者有74.9%目前未就業，所以這是失業問題。

(二)特殊需求的產生

　　一個人致殘以後，由於生理或心理受到限制，自然會比一般人有更多的需求，例如黃志成（民82）調查臺北市視覺障礙者最需要政府協助的前五項需求依序為：居家生活補助、醫療補助、自強貸款、免稅優待、健康保險自付保費補助，這些需求對一般人而言，可能就沒有那麼迫切了。

(三)大眾的關注

　　在民主社會中，大眾對政府的施政與決策大都存有一份關心，身心障礙福利政策自不例外，尤其是在身心障礙問題已形成，身心

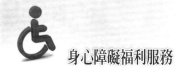

障礙者也有所需求之後，社會大眾自然不能漠視。

(四)公眾討論

社會大眾的關注，可能用各種方式來表達意見，例如辦公聽會、向媒體反應等。

(五)決策者注意

由於社會大眾的反應，自當引起決策者的注意，而廣收來自民間的各種聲音，作為制定政策的參考。

(六)制定政策

在民意的壓力下，自然引起執政者（如衛生福利部）制定政策，然後擬定福利服務內容，送至立法機關審議，付諸實施。

二、身心障礙福利政策訂定的來源

身心障礙福利政策訂定的來源可分直接原因及間接原因。說明如下：

(一)直接原因

◆戰爭傷患的增加

身心障礙福利的觀念及服務一如其他社會福利一樣，源自於西方國家，尤其經過兩次世界大戰的結果，造成身心障礙者無數，特別是「榮譽國民」——軍人，這些為國而傷及身體或心理的軍人，國家不得不予以照顧，無論是就醫、就養、就業，甚至於就學等措

施應運而生，這都是身心障礙福利措施的一部分。

◆工業傷害的增加

　　自從工業革命以來，機器取代了人工，爲人類省了不少勞力，但也衍生了一個問題——職業傷害，很多人爲的疏失，機械操作不當或機器本身等問題，造成肢體障礙者愈來愈多。

◆過度汙染所造成的病患增加

　　近二十年來，各種環境汙染相當嚴重，來自於食品添加物（如防腐劑、殺菌劑、漂白劑、營養添加劑、著色劑等）、食品原存毒素（如抗生素）、重金屬汙染（如農藥、肥料、高濃度金屬地理區、工業排放廢氣廢水、車輛排放廢氣）、食品加工不當（如汙染過的水、加工機械）、盛裝食品容器汙染（如罐頭脫錫、罐頭空氣銲邊料汙染）等因素（黃志成，民97），造成慢性病民眾增加，如肺臟、肝臟、心臟、腎臟等，凡此造成了「重要器官失去功能」，亦爲身心障礙福利服務的領域。根據黃志成等（民94）在93年度金門縣身心障礙者生活需求調查指出，重要器官失去功能占6.8%，但在96年的調查即升至7.2%（黃志成等，民96），可見因汙染的問題對人類器官的影響會持續嚴重。

◆醫療的進步

　　由於醫學的發達，醫療技術的改進，雖然許多人在重大意外事件、重病後因而獲救，但也導致了身心的障礙，例如因缺氧而被救活，卻導致了智能障礙或植物人；工業傷害或車禍被截肢，雖被救活了，卻導致肢體障礙。

身心障礙福利服務

(二)間接原因

◆依血緣和地緣關係的社會福利式微

我國社會工作不發達的原因很多，其中之一就是傳統家族、宗族觀念過深，一般民眾遇有疾病、身心障礙、失業等問題時，家族、宗族成員總會互相幫忙，故不太需要政府所主導的社會福利服務；然而近三、四十年來，隨著工業化的發展，血緣地緣關係日漸式微，故民眾有急難或其家庭出問題時，自然就需要政府與民間共同協助。

◆民主化的結果

一個國家愈民主，必定愈重視人權及人性尊嚴，而民主化是一個過程，身心障礙福利政策是否能訂定？或是否有更好的身心障礙福利政策，端賴國家的民主化。

◆社會福利的進步

身心障礙福利是社會福利的一環，故一個國家的社會福利愈進步，身心障礙福利必愈進步，而先決條件是必須有好的身心障礙福利政策。

◆社會正義的進展

身心障礙福利的推展，光靠政府的力量是不夠的，有賴社會民眾共襄盛舉，有錢出錢，有力出力，大家共同努力，如此有正義感的社會，才能促使政府與民間共同訂定符合身心障礙者的福利政策。

第三節　制定身心障礙福利政策的困境

　　身心障礙福利政策的訂定在社會福利政策中算是比較晚的一環，臺灣目前身心障礙福利政策執行面有以下困境（參考萬育維，民91）：

一、從機構式照顧到社區照顧的發展與瓶頸

　　對於身心障礙者的照顧，傳統的機構式照顧已經逐漸的被揚棄，改由社區照顧所取代。然而，吾人發現社區領袖及專業工作人才缺乏；此外，還有社區資源未能有效開發及運用的問題，以94年身心障礙托育養護補助為例，彰化縣補助2,392人，但其在地機構收容人數僅1,078個名額；臺南縣雖有2,021個床位，但僅有838名的縣民使用縣內機構（內政部，民96）。

二、太過強調現金給付而忽略了身心障礙者本身充權的培養

　　充權（empowerment）係指運用自己的力量掙脫生活中所受到的束縛，追求自己想要的。目前身心障礙福利政策的投入，多停留在經濟補助的層面，未建立多元、多層面化的福利服務措施，因此身心障礙者無法明顯感受到福利措施的提供。從社會福利觀點，社會或社區的責任在於滿足身心障礙者個人或家庭的基本生活需求，包括生理、心理、社會、情緒等，如此對於身心障礙者的充權提供相當的幫助。

三、身心障礙福利的推動受到民營化的影響，造成福利服務品質上的堪慮

　　對於身心障礙者的服務，公辦民營、委託經營已成為一種趨勢，然政府支付的委託經費低於生產成本，等於政府在移轉服務的同時，也一併將不合格的服務品質轉嫁給民間，讓身心障礙者沒有得到適當的資源或服務。

四、「機會均等、全面無礙」的推動仍流於口號和運動

　　如限制身心障礙者參加有設限的大學入學考試、資訊化社會所需的各種資訊無法順利到身心障礙者手裡等。在大專院校學生入學的甄試中，開放甄試的大專院校及科系仍有限，名額雖每年持續增加，但仍有部分學校及科系不願開放名額，使得許多身心障礙學生無法就讀自己喜歡的科系（內政部，民96）。

五、專業人力的養成無法與高等教育人才培育相互配合

　　目前在我國的大專院校中，並無針對提供重殘教養工作的人員進行專業養成的科系，教育部應對此現象做調整，以利身心障礙者能得到最適切與專業的照護。

六、輔助器具的研發與產銷管道的規劃不夠完善

多年來政府僅規劃輔具申請之補助，欠缺輔具的設計與產銷管道。衛生福利部委辦之輔具資源推廣中心不普遍，補助地方政府委辦地方輔具資源中心雖分布較廣，但部分縣市一年簽一次契約，服務不穩定，且編列經費不足，評估流程亦不完善，導致經費執行績效不佳。

七、對於就學的身心障礙學生生活規劃缺乏整體性、轉銜性的運作

身心障礙福利機構或學校行政人員對於身心障礙學生生涯轉銜不夠重視或不甚瞭解（林宏熾，民95）。例如給予身心障礙學生加分入學，但入學後如無妥善輔導，適應上可能產生困難，甚至休學，而導致身心障礙學生另一種傷害。

八、對於成年身心障礙者的就業保障信託制度的規劃有待加強

對於輕度身心障礙者的就業輔導，職種未能朝向多面向開發，職務再設計的概念未受到重視，就業後並未追蹤輔導。就業轉銜專業人員是縣市重要的職業重建單一窗口，目前雖已對縣市政府的就業轉銜專業人員實施基礎的教育訓練，然而專業人員之養成及持續的支持仍有待加強（行政院勞工委員會，民96）。

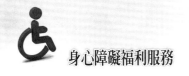

第四節　身心障礙福利政策的內涵

　　身心障礙福利政策的內涵很多，但最重要的可分下列幾方面來談：

一、立法

　　一般而言，光有政策是不夠的，要有具體行動，就要立法實施，我國第一次專為身心障礙者立法則出現在民國69年6月2日，由總統公布實施「殘障福利法」，而在民國86年4月23日又將上法改為「身心障礙者保護法」，民國96年6月修法更名為「身心障礙者權益保障法」，迄今又經過多次修訂，全文共有九章109條條文。

二、重大變革

(一)從醫療模式到社會模式

　　我國在民國96年7月11日修正公布的「身心障礙者權益保障法」內容中有許多重大的突破，其中尤以身心障礙認定為要，改採國際健康功能與身心障礙分類系統（International Classification of Functioning, Disability and Health, ICF）方式最令人矚目。早在1999年世界衛生組織的ICF評估就從過去的醫療模式修正為社會模式，英國的UPIAS（the Union of the Physically Impaired Against Segregation）於1970就開始論述社會模式觀點，質疑障礙為悲劇的傳統模式（賴兩陽，民100）。愛惜福（ICF）的目標和運用，焦點

在於功能、活動、參與和環境因素的構成，對健康促進和衛生教育工作的影響是明顯的。對個體而言，無論是否身心障礙，在其生活的社區內遭遇到的健康議題，是被個人和環境因素的複雜交互作用所影響（林萬億、吳慧菁、林珍珍，民100）。有關醫療模式與社會模式的差異請見第一章**表1-2**。

(二)ICF特色

ICF是由聯合國世界衛生組織（WHO）於2001年正式發表，修正自1980年發展的國際機能損傷、身心功能障礙與殘障分類（ICIDH）以及1997年發展的國際機能損傷、活動與參與分類（ICIDH-2）。其關心人在實際生活中食、衣、住、行、育樂等，包含生理與心理的各項活動參與及表現的能力，特色為（新北市政府社會局，民103）：

1.提供功能、身心障礙、健康統一的標準化語言和架構。
2.適用於全世界各國家、各民族和個人。
3.完整描述任何人的功能、身心障礙和健康。

(三)ICF的基本架構圖

ICF的基本架構圖如**圖2-1**。

三、服務對象

服務對象也是身心障礙福利政策中重要的內容，我國在民國69年所公布的「殘障福利法」中，服務對象共分七類，包括：視覺殘障者、聽覺或平衡機能殘障者、聲音機能或言語機能殘障者、肢體殘障者、智能不足者、多重殘障者、其他經中央主管機關認定之

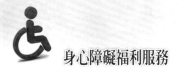

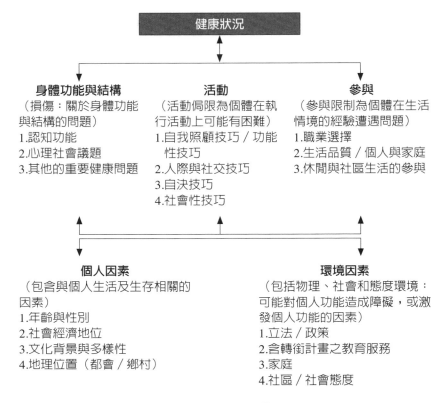

圖2-1　ICF架構

資料來源：引自林萬億等（民100）。

殘障者。此後在民國79年修訂後，增為十一類，除了前七項外，又增重要器官失去功能者、顏面傷殘者、植物人及老人痴呆症患者、自閉症共四類。而在民國84年再度修正後，又增加慢性精神病患者一類。民國86年修法後，我國身心障礙福利服務對象共分下列十四類：視覺障礙者、聽覺機能障礙者、平衡機能障礙者、聲音機能或語言機能障礙者、肢體障礙者、智能障礙者、重要器官失去功能者、顏面損傷者、植物人、癡呆症者、自閉症者、慢性精神病患者、多重障礙者、其他經中央衛生主管機關認定之障礙者。民國90

年又再次的修法，把痴呆症改爲失智症，另增加兩類：頑性（難治型）癲癇症、因罕見疾病而致身心功能障礙，如此總共有十六類。

　　民國96年再次修法更名爲「身心障礙者權益保障法」後，身心障礙福利服務的對象爲下列各款身體系統構造或功能，有損傷或不全導致顯著偏離或喪失，影響其活動與參與社會生活，經醫事、社會工作、特殊教育與職業輔導評量等相關專業人員組成之專業團隊鑑定及評估，領有身心障礙證明者，包括：(1)神經系統構造及精神、心智功能；(2)眼、耳及相關構造與感官功能及疼痛；(3)涉及聲音與言語構造及其功能；(4)循環、造血、免疫與呼吸系統構造及其功能；(5)消化、新陳代謝與內分泌系統相關構造及其功能；(6)泌尿與生殖系統相關構造及其功能；(7)神經、肌肉、骨骼之移動相關構造及其功能；(8)皮膚與相關構造及其功能。

四、福利服務的內容

　　依照我國「身心障礙者權益保障法」的規定，身心障礙福利的內容主要包括：保健醫療權益、教育權益、就業權益、支持服務、經濟安全、保護服務等項目。更具體的說，身心障礙福利以「保障其平等參與社會、政治、經濟、文化等之機會，促進其自立及發展」爲目標（身權法第1條），提供身心障礙者全人及個別化的服務，秉持普及化、全人化、社區化及效率化的施政原則，強調公、私部門合作，依身心障礙者需求進行資源整合，建構分類、分層的服務體系，以促進身心障礙者全面參與、建構公平接納的公平環境、提供安心的生活保障、創造充分發展的機會，對身心障礙者的福利服務包括下列幾項（臺北市政府社會局，民103）：經濟補助、安置照顧、社區照顧支持服務、輔助器具補助、早期療育等，此外，在無障礙服務方面包括：二十四小時手語翻譯服務、身

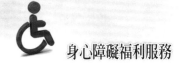

心障礙者權益保障法語音光碟、無障礙計程車資訊、身心障礙福利語音光碟（語音檔）、導盲犬、復康巴士、公車優待、電動車免費充電、捷運優待、身心障礙者專用停車位等。以上服務內容較屬社會福利單位之職責，其他相關身心障礙者單位的服務內容至少還包括：衛生、教育、勞工、建設、工務、住宅、交通、財政、金融、法務、警政、體育、文化、採購法規、通訊傳播等等主管機關（身權法第2條）。

五、經費

經費是達到政策目標的因素之一（DiNitto, 1991），故為政策實現的具體指標。根據財政部在100年修正的「公益彩券回饋金運用及管理作業要點」第4條，回饋金在協助身心障礙之就業服務包括：促進身心障礙者就業相關事務、推展身心障礙者社會福利及家庭暴力、性侵害、性騷擾防治之創新、實驗、整合及中長程服務計畫、安置教養服務等（財政部，民100）。依「身心障礙者權益保障法」第12條指出，身心障礙福利經費來源包括五種：(1)各級政府按年編列之身心障礙福利預算；(2)社會福利基金；(3)身心障礙者就業基金；(4)私人或團體捐款；(5)其他收入（衛生福利部，民103）。但我國根據上述五項來源所編的預算仍偏低，各縣市財政狀況不一，政策落實程度差異也大，由上可知，以目前經費預算要落實身心障礙福利政策，實有困難。

六、工作人員

為執行政策，工作人員亦是政策達成的因素之一（DiNitto, 1991）。可見聘用工作人員亦是政策實現的重要指標。Percy

（1989）提及政策執行的重要因素在於公職人員的素質，特別是他們的技巧、興趣、投入及經驗。我國在此項方面的執行情形如何呢？

　　根據行政院（民89）的調查指出，平均一位身心障礙服務工作人員的工作量為1,828個個案，以個案管理角度而言，這樣的人力負擔實在過於沉重，相信完全達不到「身心障礙者權益保障法」以個案管理為導向的效果，而人力供給不足的現象主要原因為：

(一)專業人員不足

　　專職人員在現今都因為辦理定額僱用占去許多工作項目，而兼辦人員多要負責老人醫療、不幸婦女、兒童保護、青少年福利、低收入調查、急難救助等項目。由此可知，政府身心障礙福利工作人員常常無法專注於身心障礙福利之業務。根據廖俊松（民92）表示，身心障礙業務人力的專業性不足，許多地方政府身心障礙業務之承辦人員都非相關科系背景出身，也無相關經驗歷練，甚至有不少課長級主管也是如此，影響專業服務效能的發揮。

(二)身心障礙福利服務人員工作負荷量龐大

　　由於擴大障礙福利受益對象，因此列冊障礙人口數持續增加，然而工作者人力的投入若不予以增加時，會形成專業人力更為不足之問題，造成有福利措施，但卻無人有效執行之弊端。

(三)城鄉差距太大

　　城鄉資源分配不均，機構或團體城鄉分配不均，資源大部分集中在都市。鄉下的機構與團體，找不到人力也找不到可轉介之資源。

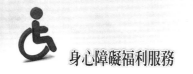

七、服務方式

提供障礙者異質且多元的照顧需求，可為障礙者創造無障礙的生活環境（黃源協，民94）。服務方式亦是實現身心障礙福利政策重要的指標，對於身心障礙者服務方式，根據詹火生（民78）引自Flora與Alber（1981）的文獻，大致可分為下列三種模式：

(一)替代模式（replacement model）

就是政府提供福利服務來取代已經喪失照顧功能的家庭或團體，例如政府設立智障兒童之家來取代智障者家庭照顧功能。

(二)補強模式（supplementation model）

由政府提供福利服務來協助身心障礙者個人或（及）其家庭增加在家照顧的能力，或是身心障礙者個人在外就業就學的能力，例如：職業訓練、就業服務、特殊教育、復健服務等。

(三)規範模式（normative model）

政府並不直接為身心障礙人口提供福利服務，而由民間機構來提供，但政府制訂相關法規加以規範，包括：設備安全標準、服務水準、人員水準與配備等。關於此模式，內政部近年來也提出一些獎助民間的辦法與規範，如「身心障礙福利機構評鑑及獎勵辦法」（內政部，101）、「私立身心障礙福利機構設立許可及管理辦法」（內政部，民98）等。政府未來與民間的合作宜朝下列方向發展：

1.擴大獎勵民間機構的範圍至社區性服務：如提供在宅服務、

交通服務、諮詢等。

2.政府提供設施委託民間經營管理，亦即「公設民營」，此種
　方式可解決民間機構在尋覓服務設備的困難，也解決政府人
　力限制的困境。如各縣市政府委託民間開辦「身心障礙者福
　利服務中心」。

3.政府向民間機構購買服務給身心障礙者：此可透過委託服務
　方式進行，包括機構教養或社區性服務。

4.對各種身心障礙服務機構之設立或公設民營均由政府明定詳
　細合理的規範，俾以執行。

　　廖俊松（民92）認為，身心障礙者福利政策之推展，實應具
有前瞻性、價值性、務實性之規劃，以能建構完善的身心障礙福利
制度，需在身心障礙者人權為本位的價值思考下，依公平、正義原
則，提供弱勢族群真正需要之最適當服務，各項政策之落實執行，
尤需政府各部門摒棄本位心態，積極建立府際間與政府－民間信任
夥伴關係。黃源協、蕭文高（民102）對身心障礙者福利觀點的發
展，其建議如下：

1.調整制度設計以因應老年障礙人口的成長。

2.構築邁向社會融合及自立自主的通道。

3.建立以國民年金及財產信託為主的經濟保障制度。

4.建構社區照顧服務之質與量的穩固基礎。

5.營造促進全民參與之無障礙的生活空間與環境。

6.建構以社區為基礎之完整的資源網絡與服務體系。

7.強化照顧服務的品質與績效管理。

8.落實「身心障礙者權益保障法」。

參考文獻

內政部（民101）。「身心障礙福利機構評鑑及獎勵辦法」。

內政部（民96）。2006身心障礙者處境報告。檢索日期：98.01.26。網址：http://www.stm.org.tw/cy_center/%BA%FB%C5@%B0%CF/2006%A8%AD%A4%DF%BB%D9%C3%AA%AA%CC%B3B%B9%D2%B3%F8%A7i.DOC。

內政部（民98）。「私立身心障礙福利機構設立許可及管理辦法」。

臺北市政府社會局（民103）。「身心障礙者的服務」。檢索日期：103.03.05。網址：http://www.dosw.tcg.gov.tw/i/i0100.asp?l1_code=05。

臺北市政府社會局（民96）。《臺北市95年度低收入戶總清查報告》，頁15。

行政院（民89）。《身心障礙福利政策與措施之評估──教育、就業及醫療層面之執行現況分析》。行政院研究發展考核委員會編印。

行政院勞工委員會（民96）。促進身心障礙者就業中程計畫（96年-99年）。網址：http://www.evta.gov.tw/files/7/%A4%A4%B5%7B%ADp%B5e(96-99)%A7%B9%BDZ%AA%A9960328.doc。

林宏熾（民95）。《身心障礙者生涯規劃與轉銜教育》。臺北市：五南圖書公司。

林萬億、吳慧菁、林珍珍（民100）。〈國際健康功能與身心障礙分類系統（ICF）與我國身心障礙者權益保障〉。《社區發展季刊》，第136期，頁278-295。

財政部（民100）。「公益彩券回饋金運用及管理作業要點」。

黃志成（民82）。「臺北市八十一年殘障人口普查研究」。臺北市政府社會局委託。

黃志成（民97）。《幼兒保育概論》。新北市：揚智文化。

黃志成、彭賢恩、王淑楨（民100）。「臺北市100年度中途致殘之身心

障礙者生活需求調查報告」。臺北市政府社會局委託。

黃志成、黃國良、王立勳、高嘉慧（民94）。「金門縣身心障礙者生活需求調查」。金門縣政府委託。

黃志成、蔡嘉泇、蘇玫夙、陳玉玟、王淑楨（民96）。「金門縣政府96年度身心障礙者生活需求調查」。金門縣政府委託。

黃源協（民92）。〈身心障礙福利的發展趨勢與內涵──國際觀點的分析〉。《社區發展季刊》，第104期，頁342-360。

黃源協（民94）。〈身心障礙福利的發展與績效檢視──英美的經驗、臺灣的借鏡〉。《社區發展季刊》，第105期，頁324-342。

黃源協、蕭文高（民102）。《社會政策與社會立法》。臺北市：雙葉書廊。

新北市政府社會局（民103）。ICF介紹。檢索日期：103.01.30。http://www.sw.ntpc.gov.tw/。

萬育維（民91）。〈高雄市身心障礙福利服務概況及前瞻〉。《社區發展季刊》，第97期，頁23-38。

詹火生（民78）。〈現階段殘障福利政策的檢討〉。《福利社會雙月刊》，第18期，頁37-40。

廖俊松（民92）。〈身心障礙者保護法之執行檢討與修訂建議〉。《社區發展季刊》，第101期，頁429-444。

衛生福利部（民103）。「身心障礙者權益保障法」。

賴兩陽（民100）。〈衛生與社福整合：ICF制度中社工專業的功能〉。《社區發展季刊》，第136期，頁296-307。

DiNitto, D. M. (1991). *Social Welfare-Politics and Public Policy*. N. J.: Prentice Hall, Englewood Cliffs.

Kadushin, A., & Martin, J. A. (1988). *Child Welfare Services* (4th ed.). N. Y.: Macmillan Publishing Company. 7-8.

Percy, S. L. (1989). *Disability, Civil Rights, and Public Policy- The Politics of Implementation*. Alabama: The University of Alabama Press.

第三章

身心障礙福利法規

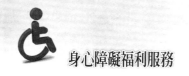

第一節　立法的基本觀念及種類

　　十八世紀瑞士的Jean Andre Venel創設了矯形外科，並設立診所爲跛足及畸形的人作矯治，爲西方殘障福利的先驅（沙依仁，民97）。迄今一百多年來，各國（尤其先進國家）相繼訂出許多相關身心障礙福利法規，我國正式身心障礙福利法是於民國69年制定公布的「殘障福利法」，然後在民國79年作第一次修定，民國84年作第二次修定，此其間，許多相關子法也陸續訂出，爲我國身心障礙福利工作展開新頁。民國86年更將此法的名稱改爲「身心障礙者保護法」，民國96年修法爲「身心障礙者權益保障法」後，迄今再經過多次修訂（如**附錄一**）。

一、身心障礙福利立法之基本觀念

　　有關身心障礙福利立法之基本觀念可由下列幾點說明：

(一)民主才有法制，法制才有福利

　　一個國家愈民主，必定愈重視人權及人性尊嚴（黃志成，民97）。在不民主社會中，上位者的命令往往就是法律，是屬於「人治」的制度，但民主國家的在位者只是人民的公僕，他們必須遵循民意機關所定出來的法律，依法行事，而民意機關爲身心障礙者訂出一些福利法規，政府當然必須加以貫徹，因此，法律可以說是福利服務的依據。

(二)福利不同於救濟

　　救濟是一種施捨，亦即政府或民間基於仁道精神而給予的，它並無強制性，而且救濟內容亦隨施捨者的偏好，並無一定。但福利則有強制性，通常在民主國家會為身心障礙者立法保障那些福利，故身心障礙者所得的福利是「依法」獲得的，如果沒有得到，顯然政府失職。

(三)依法獲得之福利是光明正大的，是合格的好東西

　　既然福利取得於法有據，當然是光明正大的，沒有必要感到羞恥或不敢去申請，而且取得的福利品是合格的好東西，而不是「二手貨」、「回收物資」或「堪用品」等。

二、社會立法的種類

　　社會立法有廣義與狹義之分，說明如下：

(一)廣義而言

　　乃著眼於增進社會大眾福利，用以改善大眾生活及促進社會進步發展而制定的有關法規均屬之，例如：「全民健康保險法」、「國民就業法」、「國民住宅法」及「性別平等法」等。

(二)狹義而言

　　乃著眼於解決與預防社會問題，用以保護於社會、經濟劣勢狀況下一群弱者的生活安全所制定的社會法規，例如：「兒童及少年

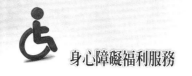

福利與權益保障法」、「老人福利法」、「社會救助法」、「身心障礙者權益保障法」皆是。

第二節　身心障礙者於法律上的界定

一、法律界定的必要性

身心障礙者在法律上的界定有其必要性，其理由說明如下：

(一)主觀的問題

在第一章吾人已對「身心障礙」下過定義，是故一個人是否有機能上的障礙、能力上的障礙或社會上的障礙，幾乎是一個主觀的問題，例如有人優耳聽力損失50分貝，常認為自己聽覺有障礙，也產生了自卑感，更要求許多福利服務；但另一個人優耳聽力損失了60分貝，卻不認為生活上有什麼聽力的問題，人際關係也沒有障礙，更不覺得需要什麼福利服務；因此，就身心障礙的認定，常與身心障礙者本人的主觀因素有關。

(二)便於行政機關從事福利服務

如果對身心障礙者沒有法律上的界定，行政機關在「需要對何種人服務」時，便產生了困擾。因此，為了福利服務的對象於法有據，就必須對身心障礙者作法律上的界定，這也是一般民主法治國家的作法。

(三)經費上的執行

在一個有制度的國家裡，福利預算有一定的過程，福利經費的使用也有一定的程序。例如，依據「特殊教育法」第9條規範，政府編列特殊教育預算，在中央教育預算支出不得低於當年度教育主管機關預算4.5%；在地方預算教育主管機關不得低於當年度教育主管機關預算5%（教育部，民103）。因此，當我們對身心障礙者做過人口調查以後，在編列預算上才有個依據，才知道編多少預算，提供哪些福利；而且，每一個國家的總預算都有一定的額度，不可能對所有人提供無限的服務。因此，通常會依國家預算的多寡，決定對哪些比較需要照顧的身心障礙者提供服務，所以為身心障礙者作法律上的界定是必須的。

二、身心障礙名稱的界定

什麼是身心障礙？世界各國的標準並不一致，美國在1990年通過「身心障礙者法案」中所謂「身心障礙者」係指：(1)有一種生理或心理上的損傷，而對該人之一種或多種主要日常活動，會產生實質限制者；(2)曾有損傷之紀錄者；(3)被（他人）認為有這類損傷，任何符合上述三種情況之一者即屬於法定之身心障礙（引自黃惠琪，民92）。中華人民共和國在2008年4月24日修訂的「殘疾人保障法」第2條即規定：「殘疾人是指在心理、生理、人體結構上，某種組織、功能喪失或者不正常，全部或者部分喪失以正常方式從事某種活動能力的人；殘疾人包括視力殘疾、聽力殘疾、言語殘疾、肢體殘疾、智力殘疾、精神殘疾、多重殘疾和其他殘疾的人」（中國臺灣網，民97）。至於我國在民國69年所公布的「殘障福利

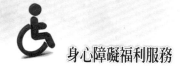
法」中，認定身心障礙福利的服務對象共有七類，但在民國79年修法後增為十一類，民國84年增為十二類，民國86年改為十四類，民國90年增為十六類，民國96年公布之「身心障礙者權益保障法」則依「身體系統構造或功能，有損傷或不全導致顯著偏離或喪失，影響其活動與參與社會生活」的狀況，分為八類，身心障礙之鑑定則依各項身體系統構造或功能，經醫事、社會工作、特殊教育與職業輔導評量等相關專業人員組成之專業團隊鑑定及評估（身權法第5條），名稱在上一章描述過，讀者可參考，在此不再贅述。

三、身心障礙等級的認定

個人的身心障礙有輕重之分，基於國家的身心障礙福利政策、行政人員的編制及經費預算等條件，不可能對所有身心障礙者做相同的服務，因此，法律上有必要限定對身心障礙狀況達到某一程度者才給予服務，同時，每一種嚴重程度不一的身心障礙者，他們的福利需求也不一致，所以有必要作等級的認定。

我國在身心障礙等級的認定上也有詳細的規定，其法源乃依據民國70年內政部（70）台內字第17721號發布的「殘障福利法施行細則」第2條「本法第三條各款之殘障，其等級規定如殘障等級表……」按此一等級表，每一身心障礙類別均依重輕程度分1級、2級、3級共三等。唯自民國79年「殘障福利法」修定以後，又根據該法第3條規定，重訂殘障等級，各類障礙等級則分極重度、重度、中度、輕度四級。民國102年，行政院衛生福利部又根據「身心障礙者權益保障法」八種障礙類別公布新的障礙等級，分為0級、1級、2級、3級（衛生福利部，民102），各障礙類別及等級將於本書第二篇各章詳細描述。

四、法定福利與非法定福利

前已述及，在民主法治國家訂立身心障礙福利法規，可供行政機關執行業務時有所依據，但政府及民間行有餘力則可推展其他法律上沒有規定，但對身心障礙者亦有幫助之福利服務，說明如下：

(一)法定福利

即「身心障礙者權益保障法」及相關法規對身心障礙者明文規定應給予的福利服務。例如：「身心障礙者權益保障法」第27條規定：「身心障礙學生無法自行上下學者，應由政府免費提供交通工具；確有困難，無法提供者，應補助其交通費。」因此，對無法自行上下學之身心障礙學生，政府應免費提供交通工具，否則應補助其交通費，無法自行上下學之身心障礙學生可據此提出申請，此為其法定福利。

(二)非法定福利

即「身心障礙者權益保障法」及相關法規對身心障礙者並無明文規定應給予的福利服務。一般而言，福利立法是「求得最低限度的保障」，至於非法定福利的給予，則證明「行有餘力」，所以再視需要，給予法定福利外的福利。此種福利服務以私立機構提供者較多，因政府機構之每一筆預算的支出皆需「於法有據」，服務內容較無彈性，但私立機構則可憑機構之宗旨，服務內容提供服務，較有彈性，例如人安、創世基金會每年歲末時匯集社會大眾的愛心，為街友及獨居老人辦理尾牙餐會（創世基金會，民98）。慈濟基金會的「社區志工」在社區裡提倡敦親睦鄰，讓周遭孤苦無依

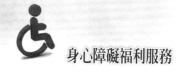

的人得到細心的照顧、在急難來臨時相互幫助，提供掃街、資源回收、關懷老人、照料貧戶，也舉辦婦女成長班、親子成長班，或是健康照顧、茶會活動、愛灑人間等（慈濟全球資訊網，民98）。這些服務，於法律上並無明文規定，可算是非法定福利。

第三節　身心障礙福利立法精神及法條性質

一、立法上的精神

世界各國在制定「身心障礙者權益保障法」時，常會採取不同的立法精神，有的採平等政策，有的採保護政策，歐美先進國家（如美國）多傾向於採用平等政策，我國及日本則傾向採用保護政策，亦即平等政策之條文較保護政策之條文少。說明如下：

(一)平等政策

依憲法規定「受教育為國民應盡之義務亦為應享之權利」，既然一般兒童有接受教育之權利，則特殊兒童亦有受教育之權利（黃志成，民103）。從平等原則的角度來看，優惠保障是為了消弭社會上的強弱勢差距，追求公平正義與實質平等之實現，所以國家經由「合理的差別待遇」，創造有利於身心障礙者等特定弱者的生存環境（張幼慈，民92）。「身心障礙者權益保障法」有許多促進就業措施，其主要目的是要協助身心障礙者習得一技之長，並且能夠進入競爭性就業市場從事有償性工作。身心障礙者工作權基本要素中的社會正義原則，基於「平等原則」，對身心障礙者的歧視應該

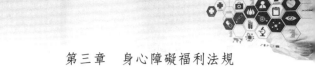

被禁止：工作應該平等且公正地付予報酬，且應該有合理且良好的工作環境（李國隆，民91）。我國「身心障礙者權益保障法」中，較傾向於平等政策之條文列舉如下：

第1條：為維護身心障礙者之權益，保障其平等參與社會、政治、經濟、文化等之機會，促進其自立及發展。

第16條：身心障礙者之人格及合法權益，應受尊重及保障，對其接受教育、應考、進用、就業、居住、遷徙、醫療等權益，不得有歧視之對待。

第27條：維護身心障礙者受教之權益；各級學校不得以身心障礙、尚未設置適當設施或其他理由拒絕其入學。

第30條：提供各項必需之專業人員、特殊教材與各種教育輔助器材、無障礙校園環境、點字讀物及相關教育資源，以符公平合理接受教育之機會與應考條件。

第33條：應依身心障礙者之需求，自行或結合民間資源，提供無障礙個別化職業重建服務。

第39條：……取消各項公務人員考試對身心障礙人員體位之不合理限制。

第40條：進用身心障礙者之機關（構），對其所進用之身心障礙者，應本同工同酬之原則，不得為任何歧視待遇，其所核發之正常工作時間薪資，不得低於基本工資。

第42條：雇主應依法為其辦理參加勞工保險、全民健康保險及其他社會保險，並依相關勞動法規確保其權益。

第53條：各級交通主管機關應依實際需求，提供無障礙運輸服務。

第61條：提供聽覺功能或言語功能障礙者參與公共事務服務。

第74條：不得使用歧視性之稱呼或描述，並不得有與事實不符

或誤導閱聽人對身心障礙者產生歧視或偏見之報導。

第84條：法院或檢察機關於訴訟程序實施過程，身心障礙者涉訟或須作證時，應就其障礙類別之特別需要，提供必要之協助。

(二)保護政策

在制定法條時，將身心障礙者視為「弱勢團體」，故在對其從事福利服務時，設定法規予以保護。民國80年推行的「定額進用」政策，即是政府為保障身心障礙者就業權益而效法世界先進國家所推出之促進身心障礙者就業措施，透過政府強制力的介入，促進身心障礙者的就業機會、權益。以我國「身心障礙者權益保障法」為例，下列幾條可視為保護政策之作法：

第24條：指定醫院設立身心障礙者特別門診。

第25條：設立或獎助設立醫療復健機構及護理之家，提供醫療復健、輔具服務、日間照護及居家照護等服務。

第26條：直轄市、縣（市）主管機關依需求評估補助尚未納入健保之醫療復健所需之醫療費用及醫療輔具。

第29條：優惠其本人及其子女受教育所需相關經費。

第38條：各級政府機關、公立學校及公營事業機構進用身心障礙者之規定。

第39條：舉行身心障礙人員特種考試，並取消各項公務人員考試對身心障礙人員體位之不合理限制。

第47條：中央勞工主管機關應建立身心障礙勞工提早退休之機制，以保障其退出職場後之生活品質。

第58條：身心障礙者搭乘國內大眾運輸工具憑身心障礙證明應予半價優待。

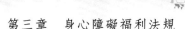

第59條：身心障礙者進入收費之公營風景區、康樂場所或文教
　　　　設施憑身心障礙證明應予免費，其為民營者，應予半
　　　　價優待。

第66條：身心障礙福利機構應投保公共意外責任保險及具有履
　　　　行營運之擔保能力，以保障身心障礙者權益。

第67條：身心障礙者申請公有公共場所開設零售商店或攤販，
　　　　申請購買或承租國民住宅、停車位，政府應保留一定
　　　　之比率優先核准。

第72條：對於身心障礙者或其扶養者應繳納之稅捐，依法給予
　　　　適當之減免。

第73條：身心障礙者加入社會保險，政府機關應依其家庭經濟
　　　　條件，補助保險費。

第81條：身心障礙者有受監護或輔助宣告之必要時，直轄市、
　　　　縣（市）主管機關得協助其向法院聲請，受監護或輔
　　　　助宣告之原因消滅時，直轄市、縣（市）主管機關得
　　　　協助進行撤銷宣告之聲請。

第82條：直轄市、縣（市）主管機關、相關身心障礙福利機
　　　　構，於社區中提供身心障礙者居住安排服務，遭受居
　　　　民以任何形式反對者，直轄市、縣（市）政府應協助
　　　　其排除障礙。

第83條：無能力管理財產之身心障礙者，中央主管機關應會同
　　　　相關目的事業主管機關，鼓勵信託業者辦理身心障礙
　　　　財產信託。

第85條：身心障礙者依法收容於矯正機關時，法務主管機關應
　　　　考量矯正機關收容特性、現有設施狀況及身心障礙者
　　　　特殊需求，作必要之改善。

二、身心障礙者權益保障法的性質

一般法律條文依其訂定宗旨之不同，會有不同性質之條文出現：「身心障礙者權益保障法」亦不例外，說明如下：

(一)強制性

所謂強制性即指非照條文做不可。其優點乃對身心障礙者的福利服務加以保障，缺點則易造成身心障礙者享有特權。例如：「身心障礙者權益保障法」第38條有關公私立機構僱用身心障礙者之規定即屬強制性，因為如果沒有僱足定額時，則得依法繳納差額補助費。如此強行保障了身心障礙者的工作權，但也讓人認為身心障礙者享有特權。

(二)宣示性

所謂宣示性即含有鼓勵、督促應該為身心障礙者做哪些福利服務，如果未提供此項服務時，也沒有什麼罰則。此種條文含有教育性，告知政府或民間應該如何做，但也因未有強制性，常造成不遵守也無所謂的狀況，連主管機關也難以有效實行。例如：「身心障礙者權益保障法」第12條規定：「各級政府按年從寬專列身心障礙福利預算……」，由此一條文可知，督促中央及地方政府按年從寬專列身心障礙福利預算，沒有任何強制性，有實施最好，沒有實施亦無罰則。一個法若要落實執行，宣示性條文最好不要太多，以免流於形式。

(三)救濟性

　　所謂救濟性指對條文所規定之措施若有窒礙難行時，再以條文救濟之。例如：「身心障礙者權益保障法」第12條規定，各級政府按年從寬編列身心障礙福利預算。該條文後款則規定，「前項身心障礙福利預算，直轄市、縣（市）主管機關財政有困難者，應由中央政府補助，並應專款專用」，此即含有救濟性。

(四)主動性與被動性

　　凡是福利服務給予是主動的，不需受惠者申請，稱之為主動性，按「身心障礙者權益保障法」第28條規定：「各級教育主管機關應主動協助身心障礙者就學，……。」此即為主動性條文。至於第67條有關申購或承租國民住宅或停車位時，必須提出申請才能獲得優先核准，是為被動性。

(五)排斥性

　　所謂排斥性即指法條規定之外的身心障礙者不在福利服務之內。例如身心障礙鑑定基準表中，視覺障礙1級的規定包括「兩眼視野各為20度以內者」（衛生福利部，民102），若兩眼視野各為21度，則排除在福利服務之外。

參考文獻

中國臺灣網（民97）。殘疾人保障法。檢索日期：98.02.01。網址：
　　http://big5.chinataiwan.org/flfg/stflfg/200805/t20080526_648414.htm。

李國隆（民91）。《從社會正義看身心障礙者工作權相關法規之保
　　障》。私立輔仁大學社會工作學系碩士論文。

沙依仁（民97）。〈殘障福利工作〉。李增祿主編，《社會工作概論》
　　（增訂五版），頁385-386。臺北市：巨流圖書公司。

張幼慈（民92）。《我國身心障礙者就業保障之研究──以定額進用制
　　度為例》。國立政治大學勞工研究所碩士論文。

教育部（民103）。「特殊教育法」。

創世基金會（民98）。「扭」轉乾坤　尾牙暖街友得好運。檢索
　　日期：98.02.01。網址：http://www.genesis.org. tw/e-paper-page.
　　php?id=58#2。

黃志成（民103）。〈身心發展異常兒童〉。郭靜晃、黃志成、黃惠如
　　編著，《兒童發展與保育》，頁476-498。臺北市：國立空中大學。

黃志成（民97）。〈身心障礙者議題與社會福利〉。郭靜晃主編，《社
　　會問題與適應》（第三版），頁447-477。新北市：揚智文化。

黃惠琪（民92）。《美國禁止身心障礙歧視法制之研究──兼論我國相
　　關法制未來之發展》。國立中正大學勞工研究所碩士論文。

慈濟全球資訊網（民98）。慈濟社區志工簡介。檢索日期：98.02.01。
　　網址：http://www2.tzuchi.org.tw/index.htm。

衛生福利部（民102）。〈修正身心障礙者鑑定作業辦法〉。《行政院
　　公報》，第019卷，第146期，衛生勞動篇。

第四章

身心障礙者的醫療服務

 第一節　醫療服務的基本觀念及功能

一、醫療服務的基本觀念

　　一般而言，身心障礙者的醫療服務可分為兩方面，一為普通疾病的醫療服務，如智能障礙者患胃病、肢體障礙者患感冒，凡此與本身障礙無直接關係的疾病屬之，此種服務與一般人無異，不在本章討論之列；二為身心障礙者所患的疾病與障礙部位或相關部位有關的疾病，如聽障者中耳炎、顏面損傷者做皮膚移植手術等，此為本章討論的範圍。

　　對身心障礙者而言，許多障礙的發展都是進行性的，所以我們應隨時醫療介入，有可能可以減緩病情，甚至於治好障礙。此外，更進一步研究影響障礙的家族遺傳、生活習慣、飲食習慣、工作環境等因素，如此可更進一步的達到預防的功能，亦可有事半功倍之效，若等到病入膏肓才予發現及治療，通常不太樂觀，這是吾人所能理解的。

二、醫療服務的功能

　　有關身心障礙者醫療服務的功能，吾人可從下列幾點來說明：

(一)早期發現

　　透過健康檢查，可早期發現障礙的症狀，張秀玉（民92）指出，根據聯合國世界衛生組織所推估發展遲緩兒童的人口發生率

約為兒童總人口數的6～8%來看，大約有10%的發展遲緩兒童被通報出來。如此在嬰幼兒健診即檢查出問題，將有利於早期療育。據臺北市早期療育綜合服務網（民98）指出，根據聯合國世界衛生組織之統計，每投入1元於早期療育工作中，可節省特殊教育3元的成本；也有專家學者認為三歲以前作早期療育一年的功效是三歲以後10倍的功效，早期療育不但可減少社會成本，也減少未來醫療成本、教育成本、機構成本，同時也可提升未來社會公民的素質。因此，吾人要有早期發現早期治療的觀念。

(二)減除疼痛

部分身心障礙者常會覺得障礙部位疼痛，以聽覺障礙者為例，部分障礙者會因中耳發炎，引起耳朵疼痛，若給予醫療服務，可減輕疼痛。

(三)防止障礙惡化

對於進行性的障礙者，若能及時醫療介入，通常可以防止障礙、畸型的惡化或產生，以減少障礙（貢明娟，民98）。例如：初生嬰兒如有脊柱裂，應於一、二天內經由外科手術予以治療，可以避免致命的脊髓膜炎發生，並減少肢體癱瘓的可能性。

(四)增進生活功能

傷殘復健的目的，是恢復身心障礙者之行動、交流及日常生活技能，發揮其能力，讓身心障礙者參與正常的社會工作和活動（身心障礙者服務資訊網，民99）。例如手掌因故截掉後，可配穿義肢（義手），經過一段時間的訓練，仍可發揮部分手掌功能，如拿刀子、叉子、穿衣、提物，甚至於寫字，從事電腦工作等。

 第二節　醫療服務的內容

對身心障礙者的醫療服務、醫療復健內容，分別以下列幾方面來探討：

一、預防性醫療服務

此項服務對身心障礙者及一般人實施，其目的在預防身心障礙兒童產生，並及早發現，及早療育，主要服務內容如下：

(一)遺傳諮詢

「遺傳諮詢」一詞由Reed於1947年提出，當時指的是以家族史分析為根據，以估計某一特質或疾病再發的可能性。遺傳諮詢是一種處理人類各種已發生或可能發生之遺傳疾病的溝通過程。在這過程中，是由專家對個人或家族提供以下的知識：

1.有關疾病的診斷、病程及可能的治療方式。
2.疾病的遺傳方式，及在特定親屬的再發率。
3.面對上述再發危險時的取捨方式。
4.衡諸危險程度及家庭目標時所應採取之決心與行動。
5.對家中罹病成員的病況及再發危險性所宜採取的最佳調適。

我國在民國98年7月8日修正之「優生保健法」第6條亦對「婚前健康檢查」及「遺傳疾病檢查」有明文規定（行政院衛生署，民98）。在具體實施方案中，目前在台大醫院、臺北榮民總醫院均附設有「遺傳諮詢中心」。因此，身心障礙者或一般人均可打電話或

親自前往，請求諮詢服務，如此可減少身心障礙下一代產生的機會。

(二)孕婦健康檢查

孕婦健康檢查包括妊娠試驗、產前檢查，產前檢查以超音波掃描、羊膜穿刺術（amniocentesis）及胎兒內視鏡實施，以便儘早確知胎兒是否有異常發展，做必要的措施，可減少障礙兒童的產生。目前我國的孕婦健康檢查頗受重視，以唐氏症篩檢為例，先針對高齡產婦以超音波檢查出高危險群，進一步進行絨毛取樣或是羊膜穿刺檢查胎兒的染色體，就可以篩檢出是否為唐氏兒了。

(三)胎兒疾病矯治

胎兒醫學已是目前醫學界努力的方向之一，其目的在確知胎兒發展異常之後，予以胎兒醫療措施，以及早治療控制病情，如此亦可減少身心障礙兒童的產生。

(四)預防注射

為加強嬰幼兒的免疫力，預防接種有其必要性，我國目前已有完善的預防接種制度，以預防身心障礙兒童產生，並於民國99年3月15日修訂接種時間，至少有下列之措施（行政院衛生署疾病管理局，民101）：

◆小兒麻痺口服疫苗
於國小一年級實施。

◆麻疹、腮腺炎、德國麻疹混合疫苗（MMR）
於十二個月及小學一年級各接種一劑。此為麻疹（Measles）、

腮腺炎（Mumps）、德國麻疹（Rubella）混合疫苗，其中麻疹疫苗可預防腦炎、中耳炎之併發症，以免造成智能不足、聽覺障礙；而腮腺炎疫苗可預防智能障礙之產生；德國麻疹疫苗可預防視覺障礙、聽覺障礙、心臟畸形、智能障礙及多重障礙兒童之產生（Mussen, Conger, & Kagan, 1979）。

◆日本腦炎疫苗

於出生滿十五個月實施第一劑，隔兩週再追加第二劑，二十七個月實施第三劑，國小一年級第四劑。旨在預防肢體障礙、智能障礙（黃志成，民97）。

◆白喉破傷風非細胞性百日咳、b型嗜血桿菌及不活化小兒麻痺五合一疫苗（DTaP-Hib-IPV）

針對出生滿兩個月、四個月、六個月、十八個月共注射四次。其中白喉疫苗可防止併發心臟病、腎臟病，並可預防因呼吸困難導致的智能障礙；百日咳疫苗可減少併發腦炎而導致的智能障礙等（黃志成，民97）。

　　註：民國99年3月起幼兒全面接種「白喉破傷風非細胞性百日咳、b型嗜血桿菌及不活化小兒麻痺五合一疫苗」（DTaP-Hib-IPV），以取代先前接種之「白喉破傷風全細胞性百日咳混合疫苗（DTP）」以及口服小兒麻痺疫苗（OPV）。

◆水痘疫苗

實施對象為民國92年元月以後出生且滿十二個月以上之幼兒。

(五)嬰幼兒健康檢查

基於「早期發現，早期療育」之原則，對嬰幼兒作必要的健康檢查及療育，可預防身心障礙兒童之產生。

　　我國於民國99年起全面推行「新一代兒童預防保健服務」，有關嬰幼兒健康檢查之狀況，可歸納下列幾點說明（行政院衛生署國民健康局，民99）：

◆新生兒先天代謝異常疾病篩檢

　　由接生單位採取新生兒腳跟血後，送新生兒篩檢中心檢驗，陽性個案由各轉介醫院追蹤複檢，經進一步確認診斷後給予治療及遺傳諮詢。

◆兒童定期接受健康檢查

　　自民國84年起，提供零歲至未滿四歲兒童七次的兒童預防保健服務，自民國93年7月起改爲零歲至七歲提供九次的兒童預防保健服務，爲強化兒童預防保健服務內之發展篩檢題項及眼睛檢查品質，於民國99年起全面推行「新一代兒童預防保健服務」，修正爲七次，本次調整案的檢查項目，除了維持現有的身體檢查、諮詢指導之外，另增列自閉症（測社會性發展）、聽語篩檢（測語言發展）之題項；此外，在眼睛檢查部分，除了原有之眼位、角膜、瞳孔檢查外，並增列遮蓋測試（檢查斜弱視），以照顧幼兒身心之健康，補助時間如下：

1.出生～10個月補助三次，分別爲0～2個月、2～4個月、4～10個月。
2.10～18個月補助一次。
3.1歲5個月～2歲補助一次。
4.2～3歲補助一次。
5.3～7歲補助兩次。

身心障礙福利服務

(六)有健康問題高危險群兒童之監測

　　自民國82年起，辦理「先天性缺陷兒登記追蹤管理計畫」，期許先天性缺陷兒童均能適時接受治療及有效之健康管理，並瞭解臺灣地區先天性缺陷疾病之發生率。

(七)社會教育

　　旨在教導一般社會民眾之衛生保健、疾病預防、婚前之健康檢查、意外事件之避免，以期預防身心障礙人口之產生。

二、機能訓練

　　機能訓練乃是為改善機能的障礙，增加生活能力而實施的系統化訓練。機能訓練的種類很多，列舉說明如下（郭為藩，民96）：

(一)基本動作訓練

　　是指協助身心障礙者練習起立以前的各種動作，包括頸部的控制、坐姿的保持、從臥姿到坐姿、腹爬移動、膝立姿勢、四肢爬姿等等，以學得正確的動作姿態。

(二)起立步行訓練

　　乃是利用練習起立及步行用的各種器具，如站立保持台（stabilizer）、梯形步行訓練器等，實施軀幹及下肢的基礎訓練，以提高傷殘者的行動能力。

(三)水療訓練

是利用溫水的物理特性——浮力、熱度、抗力——實施運動，以改善軀幹、上肢及下肢的機能。

(四)機能性作業治療（functional occupational therapy）

透過作業活動而保持肌力，增進作業耐久力，有時在裝配義肢及義具的情況下，作業治療是一種義具使用訓練。

三、障礙改善或消除障礙

障礙改善係指透過醫療介入，改善目前之狀況；消除障礙係指透過醫療介入，消除身體障礙部位。列舉如下：

(一)視覺障礙者

眼角膜移植，移植成功後，即沒有障礙了。

(二)聽覺機能障礙者

聽力檢查，裝配助聽器或人工電子耳，可改善聽力。

(三)聲音機能或語言機能障礙者

語言矯治，可以改善與人的溝通能力。

(四)肢體障礙者

義肢裝配，輔助器具使用，可以克服一部分生活的不方便，甚

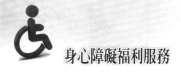

至達到生活上的無障礙。

(五)顏面傷殘者

植皮手術,可改善皮膚的外觀。

四、心理治療

心理治療的目的旨在透過輔導克服身心障礙者因身心障礙所導致的心理障礙,身心障礙者能有較健康的心態來面對自己的生活,包括人際關係、價值觀及人生觀、就業生活、婚姻及家庭生活等。

第三節　我國現行醫療服務措施

目前我國對身心障礙者的醫療服務措施可歸納為下列幾點:

一、醫療補助

自民國84年3月1日政府開辦全民健康保險,並於民國100年1月26日再次修正「全民健康保險法」,如具有低收入戶資格之身心障礙者(第10條),其醫療費用適用該法第27條:「第五類被保險人,由中央社政主管機關全額補助」(行政院衛生署,民100)。低收入戶身心障礙者其參加全民健康保險自行負擔之醫療費用,扣除不補助項目後全額補助(臺北市政府社會局,民102)。不需再繳費,如不具低收入戶資格之身心障礙者如為重度、極重度者,其健保自付保費全額補助;中度者其健保自付保費補助二分之一;輕度者其健

保自付保費補助四分之一（臺北市政府社會局，民103）。唯有些醫療費用全民健康保險是不給付的，例如：預防接種、藥癮治療、美容外科手術、非外傷治療性齒列矯正、預防性手術、人工協助生殖技術、變性手術、人體試驗、指定醫師、特別護士及護理師、血液（因緊急傷病經醫師診斷認為必要之輸血不在此限）、義齒、義眼、眼鏡、助聽器、輪椅、拐杖及其他非具積極治療性之裝具等（「全民健康保險法」第51條），此時就有賴政府作醫療補助。此外，醫師在用藥上也常受到限制，亦即較昂貴的藥物，由於醫師向中央健康保險局請款時有困難，所以常要求病患自行負擔，在這種情形下，也只有申請醫療補助了。而「身心障礙者權益保障法」第26條實已作了上述之規範，故醫療補助於法有據。

　　上述之醫療補助在各縣市辦理的情形並不一致，有的縣市利用急難救助金給予補助，有的縣市則以專案處理的方式來提供協助。

二、健康保險自付保費補助

　　凡已參加全民健康保險，並領有身心障礙手冊（或證明）之身心障礙者，若屬於極重度、重度者，自付保費全免，若為中度者補助保險費的二分之一，至於輕度者，則補助保險費四分之一。

三、門診或急診自行負擔費用降低

　　依照「全民健康保險法」第43條規定，保險對象應自行負擔門診或急診費用之20%，居家照護醫療費用之5%（行政院衛生署，民100）。而依「全民健康保險法施行細則」第59條之規定，領有身心障礙手冊（或證明）者至特約醫院就醫，負擔20%門診費用（行政院衛生署，民101）。此外，依「全民健康保險法」第48條規

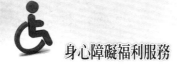

定，重大傷病、分娩及山地離島地區之就醫，免除自行負擔費用。在此所謂重大傷病，與身心障礙類型有關的，例如：接受腎臟、心臟、肺臟、肝臟、骨髓及胰臟移植後之追蹤治療；重要器官先天畸形（心、肺、胃腸、腎臟、神經、骨骼系統等之先天性畸形及染色體異常）；小兒麻痺、腦性麻痺所引起之神經、肌肉、骨骼、肺臟等之併發症者（其身心障礙等級在中度以上者）；慢性精神病；燒燙傷面積達全身20%以上；或顏面燒燙傷合併五官功能障礙者；脊髓損傷或病變所引起之神經、肌肉、皮膚、骨骼、心肺、泌尿及腸胃等之併發症者（其身心障礙等級在中度以上者）等，只要經過「認定」後，日後看病時可免除自行負擔費用（衛生福利部中央健康保險署，民102）。

四、復健輔助器具補助

　　身心障礙者基於復健之目的，經身心障礙鑑定醫院診斷並出具證明確有需要裝配復健輔助器具者，可依「身心障礙者醫療復健所需醫療費用及醫療輔具補助辦法」（衛生福利部中央健康保險署，民102）申請復健輔助器具，申請之項目及金額可向各鄉鎮區公所社會課洽詢。

五、醫藥分業制度

　　行政院衛生署於民國86年3月11日公告放寬醫生不釋出處方箋的規定，在「醫療急迫情形下」，對領有身心障礙手冊（或證明）者，醫師可依病患要求暫不釋出處方箋，並在醫療機構內親自調劑，身心障礙者拿到這些醫師交付的藥品時，藥品容器上應註明藥品名稱、劑量、用法和用量。

參考文獻

臺北市早期療育綜合服務網（民98）。〈為何要早期療育？〉。檢索
　　日期：98.02.01。網址：http://www.tpscfddc.gov.tw/medicine/index1.
　　htm。

臺北市政府社會局（民102）。低收入戶市民醫療補助。檢索日期：
　　103.02.05。網址：http://www.bosa.taipei.gov.tw/。

臺北市政府社會局（民103）。身心障礙者服務。檢索日期：
　　103.02.05。網址：http://www.bosa.taipei.gov.tw/。

行政院衛生署（民100）。「「全民健康保險法」」。

行政院衛生署（民101）。「「全民健康保險法施行細則」」。

行政院衛生署（民98）。「優生保健法」。

行政院衛生署疾病管理局（民101）。「我國現行預防接種時程」。

行政院衛生署國民健康局（民99）。《新一代兒童預防保健服務問答
　　集》。

身心障礙者服務資訊網（民99）。關於身心障礙者的世界行動綱領。
　　上網日期：99.09.19。網址：http://disable.yam.org.tw/understand/un/
　　action01.htm。

貢明娟（民98）。《職能治療在早期療育的功能與角色》。臺北市：中
　　華民國發展遲緩兒童早期療育協會。

張秀玉（民92）。《早期療育社會工作》。新北市：揚智文化。

郭為藩（民96）。《特殊兒童心理與教育》。臺北市：文景書局。

郭煌宗（民83）。〈談德國嬰幼兒發展遲緩整合性早期介入模式之沿
　　革〉。刊載於「發展遲緩兒童早期發現早期療育」國際研討會。中
　　華民國智障者家長總會主辦。

黃志成（民97）。《幼兒保育概論》。新北市：揚智文化。

衛生福利部中央健康保險署（民102）。全民健康保險重大傷病項目及
　　其證明有效期限。檢索日期：103.02.10。網址：http://www.nhi.gov.

tw/。

Mussen, P. H., Conger, J. J., & Kagan, J. (1979). *Child Development and Personality* (5th ed). N.Y.: Harper & Row.

第五章

身心障礙者的就學服務

身心障礙福利服務

第一節　特殊教育的基本觀念與目的

一、特殊教育的基本觀念

　　教育被視為減少兒童身心障礙問題的方法（何華國，民95）。身心障礙者的就學服務即目前在教育上所謂的「特殊教育」（special education），從西洋教育史來看，正式學校教育已經有兩千年以上的歷史，但是特殊教育的發展卻只不過是近兩百年的事（林寶山、李水源，民89）。而我國辦理特殊教育，可追溯至民國前42年（清同治九年，西元1870年），英國長老會牧師William Movre首先在北京城內甘雨胡同基督教會內附設瞽目書院，專收盲童，教以讀書、算術、音樂等科為開始；在臺灣則於民國前22年由英國長老會William Gambel宣教士創辦盲聾學校，為國立臺南啟聰學校的前身。特殊教育之所以逐漸發展，與下列幾個基本觀念有關：

(一)孔子的教育思想

　　早在兩千多年前，孔子就提出「有教無類，因材施教」的觀念，亦即對任何身心障礙兒童，均可按其資質、潛能予以教育。

(二)人與動物之不同

　　雖然達爾文（Darwin Charles, 1809-1882）進化論（Darwinism）中提出「物競天擇，優勝劣敗，適者生存，不適者淘汰」，但此與動

物之進化較爲相近。人有人性，能濟弱扶傾，故身心障礙兒童應予照顧、教育，這是人性的發揮。

(三)國父的思想至少有兩種觀念與特殊教育有關

◆苟善盡教養之道，則天無枉生之才

此點告訴我們對身心障礙兒童（如智能障礙），若能予以適性教育，則其潛能必能獲得發展的機會。

◆聰明才智全無者，當盡其能力，以服一人之務，造一人之福

此點即說明了給予能力很少的身心障礙者教育之後，身心障礙者可以生活自理，不需依賴家人或社會。

(四)教育機會均等（education for all）

源自於西方的民主觀念，認爲人有天生的不平等（如智能障礙、肢體障礙、視覺障礙、聽覺障礙等）、社會的不平等（如貧窮）、教育的不平等（每個人受教育的機會不平等）。依憲法規定「受教育爲國民之應盡義務亦爲應享之權利」，既然一般人有接受教育之權利，則特殊兒童亦有受教育之權利。教育越發達，人的潛能開發及障礙克服就越受到重視，推展特殊教育，在於尊重每一位學生的學習權益，營造最佳的學習環境，以提供身心障礙學生，適性發展的機會（臺北市政府教育局，民98）。

(五)民主政治

隨著中西各國民主政治的發展，人權越來越受保障，身心障礙兒童的權利亦是受保障的範圍，而教育權亦沒有被忽視，是故中外各國對特殊教育均愈來愈受重視，以我國爲例，如民國96年6月11

日教育部提出「高中職身心障礙學生就學輔導發展方案」，其目的在擴增國中畢業之身心障礙學生升學就讀高中職之機會，促使完成九年國民義務教育的身心障礙學生能進入後期中等教育，接受十二年完整適性之教育，期充分發展其潛能，增進生活、學習、社會及職業等方面適應能力（教育部，民96a）。

(六)經濟高度發展

特殊教育要能落實與發展，經濟是重要的指標，因為小班制教學，需要更多的師資、昂貴的設備、特殊學生的就學補助費用等，都需要龐大的費用，如果國家的經濟沒有高度的發展，是無法支付此一經費的。

(七)卓越的學術發展

教育是一門專業，特殊教育更是教育中的專業。因此，在一個國家裡如果沒有卓越的學術發展，將無法對特殊教育作廣泛性的研究，特殊教育的品質將是低落的，所以卓越的學術發展可帶動特殊教育的發展。

二、特殊教育的目的

實施特殊教育的目的可以下列幾點來說明：

(一)診斷學生在學習上的需要

每一位學生在學習上均有特殊需要，尤其是特殊學生，以視障學生為例，可能需要點字教學；以聽障學生為例，可能需要團體助聽器；以語障學生為例，可能需要語言學習機。因此，透過對特殊

學生的鑑定、診斷，吾人可以瞭解該學生在學習上的特殊需要，給予最適當的教育，滿足學生的需求。

(二)決定是否成為特殊學生

對一位學生實施鑑定之後，才能瞭解其特殊需要，如有必要時，始給予「標記」（labeling）為特殊學生。

◆標記的好處

標記有其好處，例如：

1. 標記旨在診斷所需的特定處置為何？
2. 標記可增進非障礙者採取保護性的行為反應，以保護障礙同儕。
3. 標記便於研究人員得以溝通在研究上的發現。
4. 特殊教育方案所需經費，有賴特殊學生的分類。
5. 標記便於特定團體推動特殊計畫或制定法令及政策。
6. 標記可彰顯某特殊兒童的需要，使大眾易於看到這些人的需求。

◆標記的缺失

然而標記也有其缺失，例如：

1. 標記常令人注意到兒童的缺陷。
2. 標記使他人產生負面的態度反應，導致自我應驗的預言（self-fulfilling prophecy）。
3. 標記造成他人對特殊兒童行為表現的偏見。
4. 標記使學生產生不當的自我概念。
5. 標記結果，使同儕拒絕他們。

6.一旦受到標記，學生心理受到永久的創傷。

7.標記使他們從普通班中隔離出來。

8.標記使他們成為少數族群，受到另眼看待。

9.錯誤診斷時有發生，標記有其潛在危險性（徐享良，民96）。

由此可知，在診斷是否成為特殊學生之前必須作上述之考量，但有一項可以確定的是：如無標記，則喪失接受特殊教育的機會。

(三)安置適合的教育情境

特殊學生在被診斷之後，應即給予最適當之安置，例如：一位中度智障的學生，為了回歸主流（mainstreaming）之原則，不要把他安置到啟智學校去，而將其安置在普通學校的啟智班，既能接受特殊教育，又不被隔離於普通學生之外。

(四)提供教師教學依據

特殊教育老師可根據學生之鑑定結果提供教學依據，例如：一位輕度弱視學生可考慮放大字體課本教學，而不採點字教學。又如一位心臟病的學生在求學期間，老師要注意不讓學生做過度激烈的運動。

第二節　特殊教育的發展與未來趨勢

一、特殊教育的發展階段

特殊教育的發展大致可分為三個階段（參考林寶山、李水源，

民89；郭為藩，民96）：

(一)盲聾教育為主

　　教育對象通常是盲、聾、啞等生理缺陷較嚴重而被剝奪入學機會者，在這一階段，特殊教育幾乎是以盲聾教育為主。歷史上第一所特殊學校係列士貝（Charles Michel de l'Ep'ee）神父於1760年設於巴黎的聾啞學校，第一所盲校是在1785年由霍維（Valentin Hauy）設於巴黎。而智能不足學校則晚了幾十年，直到1837年才由塞根（Edouard Seguin）開辦一所智能不足學校。而在臺灣亦有類似之情形，第一所盲聾學校早在民前22年即已創立；而第一所啟智學校（臺南市立啟智學校）晚至民國65年才成立，即使第一個啟智班（臺北市中山國小）也在民國50年才成立，盲聾教育與啟智教育之差距七十年以上。

(二)擴大至輕度障礙學生

　　教育對象擴大到需要在教育上特別協助的輕度障礙學生，包括智能障礙、語言障礙、弱視、情緒困擾、身體病弱，以及資賦優異的特殊學習障礙。這一段可追溯自本世紀初年，例如比奈（Alfied Binet）在1905年前後進行的智能不足學童特殊班教學，但是制度的建立遲至二次大戰結束後才展開，以我國情形而論，民國50年成立之臺北市中山國小啟智班，專收輕度智能不足學童為例，至今約五十年餘年之歷史。

(三)特殊教育與普通教育重新整合

　　特殊教育與普通教育由分途發展將重新整合相輔相成；此項發展，可以下列幾個工作重點說明：

◆學校輔導室的成立

中小學在輔導室成立特教組,大專院校成立資源教室,輔導特殊學生。

◆回歸主流

基於回歸主流的觀念,除非學生障礙程度嚴重,否則仍以回歸到普通班學習為適當。Hallahan和Kauffman(1991)即依學生障礙程度架構圖(**圖5-1**),由圖可知,大多數的輕度障礙學生就讀普通班,而障礙程度重度者人數較少,就讀特殊學校。

◆資源教室

資源教室的發展,也是特殊教育中較遲、較進步的一種措施,正是特殊教育與普通教育整合的最佳寫照,身心障礙學生平時在普通班級上課,享受普通班級應有的好處,如回歸主流;至於在普通

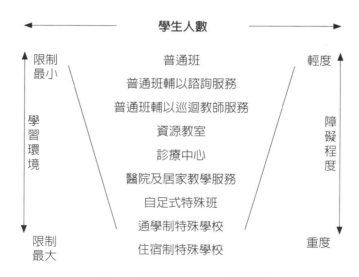

圖5-1 特殊教育統合程度架構圖

資料來源:Hallahan & Kauffman, 1991.

班無法滿足的需求，如視障生點字教學則在資源教室實施。

◆混合就讀

　　讓身心障礙學生與普通學生混合就讀，亦為回歸主流的最佳寫照，我國自民國55年開始推行「視覺障礙兒童混合教育計畫」，即屬此例。

二、特殊教育的發展趨勢

　　特殊教育的發展趨勢說明如下（參考何華國，民88；黃志成、王麗美、王淑楨、高嘉慧，民102）：

(一)重視造成身心障礙的生態因素

　　過去吾人對造成身心障礙狀況的原因多歸諸兒童內在身心上的困難，也即以醫學的觀點來解釋身心障礙的存在，但目前對特殊性（exceptionality）的界定，已逐漸從醫學模式，轉移到注意特殊兒童與環境互動狀況的生態模式，亦即兒童是否被認定是特殊的，往往須考慮其成長的生態環境。

(二)對特殊兒童不加分類

　　不加分類的作法，主要在揚棄傳統醫學本位的身心障礙標記，而注意特殊兒童功能上的損傷（functional impairment），以提供適合其需要的協助，此為目前世界各先進國家的趨勢。

(三)重視身心障礙兒童教育權益之保障

　　透過立法，保障身心障礙兒童教育的權益，以美國的94-142公

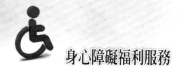

法為例，即訂出：美國政府應為該國身心障礙兒童，提供免費而適當的教育，將學生安置在最少限制的環境，並訂定個別化的教育計畫（Individualized Education Program, IEP），以作為提供服務設施的依據。並為確保所提供教育的適當性，更對教育的過程規定種種的保護措施。以我國為例，「特殊教育法」、「身心障礙者權益保障法」的制定，均保障身心障礙學生的受教權。

(四)學前教育之受到重視

美國94-142公法規定各州如欲得到聯邦政府的經費補助，即須對三歲至二十一歲的身心障礙者提供免費而適當的教育。我國「特殊教育法」第10條規定特殊教育實施階段時，亦指出「學前教育階段，在醫院、家庭、幼稚園、托兒所、特殊幼稚園（班）、特殊教育學校幼稚部或其他適當場所實施」（教育部，民103）。臺北市公立幼兒園也自87學年度起，全面實施融合教育（inclusive education），輕度身心障礙幼兒優先入園的計畫，凡此均表示對學前教育之重視。

(五)家長積極參與

家長參與至少可有下列幾個意義：

◆學習教學

家長在學校參與的過程中，可以學習老師如何教導身心障礙的孩子，回家後再予以指導。

◆組成家長團體

組成家長團體互相傾訴心聲，互相傳遞經驗，或團結一致，為障礙兒童爭取權益，如臺北市自閉症兒童家長協會。

參與決策

　　對老師的教學方案，參與決策，讓方案更易落實，有利於身心障礙兒童。

　　此外，依「特殊教育法」（教育部，民103）的規定，家長還可參加下列之工作：

1. 各級主管機關為促進特殊教育發展，應設立特殊教育諮詢委員會。遴聘學者專家、教育行政人員、學校行政人員、同級教師組織代表、家長代表、特殊教育相關專業人員、相關機關（構）及團體代表，參與諮詢、規劃及推動特殊教育相關事宜（第5條）。

2. 各級主管機關應設特殊教育學生鑑定及就學輔導會，遴聘學者專家、教育行政人員、學校行政人員、同級教師組織代表、家長代表、專業人員、相關機關（構）及團體代表，辦理特殊教育學生鑑定、安置、重新安置、輔導等事宜；其實施方法、程序、期程、相關資源配置，與運作方式之辦法及自治法規，由各級主管機關定之。各該主管機關辦理身心障礙學生鑑定及安置工作召開會議時，應通知有關之學生家長列席，該家長並得邀請相關專業人員列席（第6條）。

3. 幼兒園及各級學校應主動或依申請發掘具特殊教育需求之學生，經監護人或法定代理人同意者，依前條規定鑑定後予以安置，並提供特殊教育及相關服務措施（第17條）。

4. 高級中等以下各教育階段學校，應以團隊合作方式對身心障礙學生訂定個別化教育計畫，訂定時應邀請身心障礙學生家長參與，必要時家長得邀請相關人員陪同參與（第28條）。

5. 身心障礙學生家長至少應有一人為該校家長會常務委員或委員，參與學校特殊教育相關事務之推動（第46條）。

6.各級主管機關訂定之法規，應邀請同級教師組織及家長團體參與訂定之（第49條）。

(六)現代科技在特殊教育上的應用

科技的進步，對特殊教育產生莫大的貢獻，如團體助聽器的發明，讓啓聰學校（班）的學生受惠；盲用電腦的發明，使視覺障礙學生得以開拓更寬廣的教育內容。

(七)職業導向

身心障礙學生將來終歸要獨立，立足於社會上，爲此，是否擁有一技之長實爲關鍵，是故特殊教育（尤其國中、高中職階段）就應依職業導向，做好職前訓練，將有利於未來就業。我國「特殊教育法」第24條亦規定，各級學校對於身心障礙學生之評量、教學及輔導工作，應以專業團隊合作進行爲原則，並得視需要結合衛生醫療、教育、社會工作、獨立生活、職業重建相關等專業人員，共同提供學習、生活、心理、復健訓練、職業輔導評量及轉銜輔導與服務等協助。

(八)融合教育

融合教育是目前國際思潮的主流，亦即是回歸主流的概念，也就是將特殊兒童回歸到普通班的「正常社會」學習。此種教育方式的優點即讓特殊兒童及早與一般兒童接觸，學習社會化，但在普通班老師未受特殊教育專業訓練及班級人數太多的情況下，其教育品質堪憂。值得一提的是，並非每一位特殊兒童都適合接受融合教育，也並非每一位普通班老師都適合教導特殊兒童。此外，在融合之時，設備、無障礙環境等均需有配套措施，否則特殊兒童仍然無

法接受品質良好的教育。

(九)發展適應體育

適應體育又稱爲特殊體育。對身體機能有障礙的學生而言，體育運動教育會因學生生理上的缺陷，使學生的運動技能發展受限，更導致學生缺乏信心及參與運動的意願，也降低學習動機（賴復寰，民87）。爲此，教育部已於民國88年公布「適應體育教學中程發展計畫」，在各級學校加強改進適應體育教學，讓身心障礙學生也能享有和普通班學生一起上體育課的權益，獲得發展各種身體機能的機會。發展適應體育的內涵包括：

1. 成立適應體育教材教具研究、編輯、製作發展小組。
2. 辦理融合式體育教學方式研習會，提升各級學校教師相關知能。
3. 建立適應體育教學輔導網路，訂定學校適應體育教學輔導要點，作爲實施輔導工作的依據，並進行訪視評鑑工作。
4. 研辦身心障礙學生動作和運動能力檢測。
5. 逐年補助學校整建適應體育的場地設備。

第三節　特殊教育的安置形態

特殊教育的安置形態可分爲兩大類，一爲隔離制，亦即是將身心障礙學生與普通學生作隔離，如特殊學校、特殊班均是；另一爲混合制，亦即將身心障礙學生與普通學生混合就讀，如我國過去實施的「盲生走讀計畫」、現在實施的「融合教育」即是，以下就以此兩大類爲基礎，分別說明特殊教育的幾種安置形態。

一、特殊學校

一般而言，特殊學校可分為三類，一為通學制，二為住宿制（residential school），三為混合制。

(一)優點

目前我國啓聰、啓明學校大都採通學與住宿雙軌並行的混合制，特殊學校的優點是：

1.可網羅專業師資及復健人員。
2.可有較符合特殊學生需要的設備。
3.可有合適的教材設計。
4.提供清寒學生良好的居住及學習環境。
5.適合嚴重身心障礙的兒童。
6.班級人數少，較能重視個別差異的原則。

(二)缺點

至於特殊學校的缺點有哪些呢？分別為：

1.違反回歸主流的原則，減損其社會適應能力。
2.易給身心障礙學生作標記。
3.受通學條件之限制，許多身心障礙學生無法入學。
4.住宿制剝奪身心障礙學生的家庭生活經驗。
5.學校設置需大量之財力、物力、人力的投入。
6.校地找尋不易，常會受到附近居民的抗爭。

二、特殊班

特殊班依性質的不同可分為兩類：

1. 自足制特殊班，即特殊老師擔任班級全部身心障礙學生的教學工作。
2. 合作制特殊班，或稱部分時間特殊班，即身心障礙學生在一天中，一部分時間在特殊班上課，另一部分時間則在普通班上課。

(一)優點

一般而言，特殊班的優點在於：

1. 可在國小、國中、高中（職）普遍設置。
2. 設置經費比特殊學校少很多。
3. 可視為部分的回歸主流。
4. 可有合適的教材設計。
5. 對於輕度障礙學生頗合適。
6. 班級人數少，可注意個別差異，作到因材施教。

(二)缺點

至於其缺點則有：

1. 專業特教老師難覓。
2. 在普通學校裡被標記。
3. 不易設備周全。

三、資源班

身心障礙學生大部分時間在普通班上課，每週再從普通班抽離幾節課到資源教室上課，在資源教室上課的目的，旨在協助身心障礙的改善或因身心障礙無法在普通班滿足的學習需求，例如視障（全盲）學生在資源教室學習點字，聽障學生在資源教室學習讀脣及發音練習等。

四、普通班

將身心障礙學生安置在普通班裡，與普通學生混合就讀，此種情形以肢體障礙學生最普通，可在校內或教育行政單位（如教育局）設諮詢老師或巡迴老師，作為普通老師諮詢的對象，也可指導學生學習。McCurdy與Cole（2014）對自閉症學生安置學習狀況進行研究後發現，自閉症學生安置在普通班就學成效大於在封閉性的特殊教育體制。

(一)優點

普通班的優點在於：

1.符合回歸主流的原則。
2.適合輕度障礙學生。
3.無經費、員額編制、地理條件之限制。
4.不會給學生作標記。
5.提高身心障礙學生的就學率。

(二)缺點

至於其缺點則為：

1.不易網羅專業特教老師。
2.無法為少數的身心障礙學生作較完善的設備。
3.老師上課較無法兼顧身心障礙學生的特殊需要。
4.巡迴教師指導時間有限，不易彰顯其效果。

五、床邊教學

所謂床邊教學即在醫院成立特殊班或個別指導身心障礙學生，此種教學對象以罹患慢性病（如心臟病、腎臟病、肝病、肺病）者為主，或其他身心障礙兒童（如肢體障礙）需要在醫院作長期復健者，此種教學以醫療為主，教育、學習為輔，但可隨時彈性調整，教導的方式可有老師面授、電視DVD、廣播遠距教學等。

(一)優點

其優點在於：

1.讓身心障礙學生的課業不至荒廢太多。
2.能注意個別需要，因材施教。

(二)缺點

在缺點方面則為：

1.違反回歸主流，降低社會適應能力。

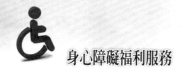
2.剝奪家庭及學校生活經驗。

3.醫生、護士、老師、家長、學童多方面之配合較困難。

目前，除了台大醫院及高雄醫學大學附屬醫院之外，還有三軍總醫院、和平醫院、仁愛醫院、長庚醫院等紛紛提供床邊教學服務（教育部，民95）。

六、教育體制外機構

我國「特殊教育法」第34條規定：「各主管機關得依申請核准或委託社會福利機構、醫療機構及少年矯正學校，辦理身心障礙教育」。此為教育體制外機構辦理特殊教育的法源依據，目前在臺灣無論是公私立養護機構，有不少單位設有特殊班，如南投教養院、臺北市私立第一兒童發展中心等，養護機構特殊班的老師通常由鄰近的學校派老師支援，學生之學籍也在鄰近學校，就讀對象通常以中重度障礙學生為主。

(一)優點

養護機構特殊班的優點在於：

1.免於學生通學之不便。

2.可配合養護機構的設備、設施教學。

3.機構可支援一部分的人力，包括行政人員、復健人員，而保育員也可當助理教師，協助教學。

4.提高身心障礙學生的就學率。

(二)缺點

其缺點則為：

1.違反回歸主流的原則，減損其社會適應能力。
2.剝奪家庭及學校生活經驗。

七、在家教育

我國自民國76年開始試辦「在家自行教育」計畫，學生對象以重度身心障礙者為主，在各縣市政府教育局或學校設輔導員，每週提供一至兩次到家輔導的服務，輔導的內容可為知識的傳授、心理輔導、行為矯正，甚至對家長作輔導。依「臺北市國民教育階段身心障礙學生申請在家教育實施計畫」為例，根據「特殊教育法」第7條第一項第二款規定，協助國民教育階段重度身心障礙之適齡國民完成國民義務教育，就讀北市年滿六足歲至未滿十五足歲國中、國小之在學學生（已入學者年齡不在此限），並持有重度以上身心障礙手冊（不含視障、聽障、語障、顏面傷殘）或重大傷病證明（如白血病、惡性腫瘤等），且有在家教育之必要者，於每年12月10日、5月10日前提出申請（臺北市政府教育局，民97）。此外，蔣興傑（民85）調查967位登記有案的「在家自行教育」學生家長之意見，比較重要的建議如下：

1.「在家自行教育」之名稱宜改為「在家教育」，以符事實，並免誤解。
2.有些縣市無巡迴服務，故應落實「巡迴輔導」制度。
3.主管教育行政單位，應透過學校單位或各種宣傳管道，讓家

長充分瞭解本制度之意義，可享之權益，對「教育代金」之認知及符合條件者均能申請。

4. 應多舉辦「在家自行教育」教師之短期訓練。

5. 結合教養機構保育員共同進行「巡迴輔導」，社工人員定時家訪。

6. 修訂申請教育代金之年齡限制，即超齡（十五歲）之學生只要申請總年資不超過九年（國民義務教育年限），亦得申請。

7. 改善學校之「無障礙環境」，於各區域之中心學校成立重度特殊班並提供交通接送服務，獎勵教養機構增設重度特殊班，增加「在家自行教育」學生之就學管道。

8. 舉辦「在家自行教育」學生媽媽成長營或各種親職講習。目前「在家自行教育」已改為「在家教育」，可避免被誤以為家長在家自行教育身心障礙子女。

第四節　現行身心障礙學生教育福利措施

一、身心障礙者及身心障礙子女學雜費優待（減免或補助標準）

『依身心障礙者權益保障法』第29條規定，各級教育主管機關應依身心障礙者之家庭經濟條件，優惠其本人及其子女受教育所需相關經費。民國102年10月11日修定的「身心障礙學生及身心障礙人士子女就學費用減免辦法」第3條規定，身心障礙學生或身心障礙人士子女，就讀國內學校具有學籍，於修業年限內，其最近一年

度家庭所得總額未超過新臺幣二百二十萬元，得減免就學費用。第4條就學費用之減免基準如下（教育部，民102）：

    1.身心障礙程度屬極重度及重度者：免除全部就學費用。
    2.身心障礙程度屬中度者：減免十分之七就學費用。
    3.身心障礙程度屬輕度者：減免十分之四就學費用。

二、獎助金

就讀於各級學校之身心障礙學生可申請獎助金。洽辦單位為各該就讀學校之教育行政主管機關，如學務處。

三、優秀身心障礙人士出國進修補助金

教育部提供經費，分一般學校類與特殊才藝類。

四、參觀文教設施優待

身心障礙學生參觀公私立文教機構，如天文台、動物園、博物館等，可享免費或半價優待。

五、身心障礙學童交通車提供或交通費補助

依「身心障礙者權益保障法」第27條之規定，學齡身心障礙學生無法自行上下學者，應由政府免費提供交通工具；確有困難，無法提供者，應補助其交通費。

六、教育代金

　　無法適應就讀一般公私立國民中、小學或特殊學校之義務教育階段之身心障礙學生，就讀於社會福利機構之特殊班或在家教育者每月發給教育代金。

參考文獻

臺北市政府教育局（民97）。「臺北市國民教育階段身心障礙學生申請在家教育實施計畫」。

臺北市政府教育局（民98）。發展潛能的特殊教育。檢索日期：98.02.05。網址：http://www.edunet.taipei.gov.tw/public/public.asp?SEL=26。

何華國（民88）。《特殊兒童心理與教育》。臺北市：五南圖書公司。

何華國（民95）。《特殊幼兒早期療育》。臺北市：五南圖書公司。

吳武典（民87）。〈特殊教育行政問題與對策〉。《特殊教育季刊》，第68期，頁1-12。

林寶山、李水源（民89）。《特殊教育導論》。臺北市：五南圖書公司。

徐享良（民96）。〈緒論〉。王文科主編，《特殊教育導論》，頁3-46。臺北市：心理出版社。

教育部（民102）。「身心障礙學生及身心障礙人士子女就學費用減免辦法」。

教育部（民103）。「特殊教育法」。

教育部（民95）。「95年度特殊教育統計年報」。

教育部（民96a）。「高中職身心障礙學生就學輔導發展方案」。

教育部（民96b）。「96年特殊教育年報」。

郭為藩（民96）。《特殊兒童心理與教育》。臺北市：文景書局。

黃志成、王麗美、王淑楨、高嘉慧（民102）。《特殊教育》。新北市：揚智文化。

蔣興傑（民85）。「在家自行教育」學生之家長對其身心障礙子女教育之意見調查研究。民國85年5月30～31日特殊教育研討會。國立臺灣師範大學特殊教育系承辦。

衛生福利部（民103）。「身心障礙者權益保障法」。

身心障礙福利服務

賴復寰（民87）。《殘障體育運動概論》。臺北市：正中書局。

Hallahan, D. P., & Kauffman, J. N. (1991). *Exceptional Children: Introduction to Special Education* (5th ed.). N. J.: Prentice Hall Inc.

McCurdy, E. E., & Cole, C. L. (2014). Use of a peer support intervention for promoting academic engagement of students with Autism in general education settings. *Journal of Autism and Developmental Disorders, 44*(4), 883-893.

第六章

身心障礙者的生活照顧

身心障礙福利服務

第一節　生活照顧方式的演進

　　對於身心障礙者的生活照顧，從古至今，似乎慢慢有了改變，從管子「九惠之教」內中的「養疾」之制，到唐代的「悲田養病坊」，宋代的「居養院、安樂坊」，乃至現在的「教養院」，大都偏向於團體式的照顧。詹火生、林萬億（民80）在《臺北市整體社會福利硬體建設需求先期規劃》中，發現現行身心障礙福利機構以「機構養護收容」為最優先，然而根據黃志成（民82）研究指出，臺北市的身心障礙者，普遍的福利需求以「居家生活補助」為主，至於「收容教養補助」的需求並不會很高；另根據「金門縣身心障礙者生活需求調查」報告中，僅6.09%的身心障礙者表示有接受機構照顧的需求，有高達93.91%的身心障礙者表示不需要接受機構照顧（黃志成等，民94）；此外，「金門縣政府96年度身心障礙者生活需求調查」指出，身心障礙者僅7.6%需要機構照顧（黃志成等，民96）。

　　由此可知，身心障礙者的「居家生活補助」需求，普遍重於「收容教養補助」需求，這可能是由於「人」都有想要在「家」生活的觀念，很多身心障礙者被送往教養院去，可能非出於己願，而是家人的意思，如此，身心障礙者幾乎再一次的遭到摧殘──家人的遺棄。當然，家人亦會有許多理由，例如乏人照顧，機構安養較好等，但如果身心障礙者想要住在自己的家裡，吾人是否能提供一些服務呢？事實上，這也是世界潮流，目前的趨勢是捨棄大型的機構教養，而讓身心障礙者在家或在家附近有所謂的「精緻化」的社區教養院，如此身心障礙者不至於離家太遠，家屬亦可就近照顧或探視，本章所要探討的生活照顧，擬以Kadushin和Martin（1988）

所提出的兒童福利服務系統爲架構，即支持性的（supportive）、補充性（supplementary）和替代性（substitutive）的福利服務，來談對身心障礙者的生活照顧。

第二節　支持性的生活照顧

支持性的福利服務包括以家庭爲基礎的計畫（home-based programs）和身心障礙者保護機構的工作，它是身心障礙福利服務的第一道防線，主要針對身心障礙者的家庭仍然完整，身心障礙者與家人關係仍然不錯，但家庭成員蒙受壓力，假使其壓力持續進行，會導致家庭問題的產生。因此，支持性的生活照顧應該提供身心障礙者下列之服務：

一、保護被虐待、被忽視的身心障礙者

彭淑華（民97）調查發現，兒童被虐待的特質包括身體障礙、臉部畸形、心智不健康的症狀等因素。根據衛生福利部（民103a）針對兒童保護事件的統計資料顯示，會產生被虐待原因中偏差爲最主要因素，其次就是兒少的身心障礙因素。由此可知，身心障礙者可能因爲長相不好、外表不佳、缺乏應變能力等因素，而比一般人容易被虐待，因此，就支持性的福利服務觀點，吾人應該有下列幾點措施：

(一)制定身心障礙者保護相關法令

可單獨成一法，亦可將內容置於「身心障礙者權益保障法」、「兒童及少年福利與權益保障法」、「老人福利法」內，以法律約

束施虐者。在「身心障礙者權益保障法」第75條中規範，如對身心障礙者有身心虐待事實，第95條規範直轄市、縣（市）主管機關應令其接受八小時以上五十小時以下之家庭教育及輔導，如拒不接受前項家庭教育及輔導或時數不足者，處新臺幣三千元以上一萬五千元以下罰鍰，經再通知仍不接受者，得按次處罰至其參加為止（衛生福利部，民102）。

(二)教導父母或家人應付壓力

父母或家人在家虐待身心障礙者，可能出於壓力過大（如身心障礙成員所給的壓力、工作壓力、經濟壓力……）。根據「身心障礙者權益保障法」第23條規定，醫院應為身心障礙者設置服務窗口，提供溝通服務（衛生福利部，民103b）。故有效的透過心理衛生服務，將有助於壓力的紓解，減少虐待事件的發生。

(三)教導身心障礙者自我保護的能力

透過學校教育及社會教育，教導身心障礙者自我保護的能力，免於被身體的傷害、身心上的疏忽、精神上的傷害和性虐待等。

二、提供諮商及心理衛生服務

家有身心障礙者，其親人在教養上的問題會多於一般人，這是可想而知的；而身心障礙者在成長過程中，會產生較多的人格、生活適應、求學、就業、感情、婚姻及人生觀等問題，也是可以理解的，為了讓身心障礙者及其家人能自立自強，提供必要的諮商及心理衛生服務是必須的，其作法說明如下：

(一)電話諮詢

提供身心障礙福利諮詢專線，解答身心障礙者及家屬所提出的問題。

(二)傳眞機服務

語言障礙、聽覺障礙或其他無法有效運用言語表達之身心障礙者，可透過傳眞機請求解答問題。

(三)網際網路（Internet）服務

語言障礙、聽覺障礙或其他無法有效運用語言表達或行動不方便之身心障礙者，可透過網際網路服務解答問題或接收訊息。

(四)會談

會談可分爲兩方面，一爲身心障礙者至諮詢機構會談，由諮商員提供服務；二爲諮商員爲行動不便者赴宅或指定地點提供諮商服務，如此服務到家更能滿足行動不便者的需求。

(五)書信

身心障礙者及其家屬可透過函件請求諮商員回信解答問題。

(六)團體輔導

藉由演講，由專家學者、行政人員提供服務；也可以辦理身心障礙者及其家屬的成長團體，增強生活適應能力；或辦理座談會，分享生活及教養經驗，以及精神上的支持。

第三節　補充性的生活照顧

　　補充性的服務係指身心障礙者的家屬因角色執行不適當，嚴重的傷害身心障礙者與家屬的關係，但其家庭結構，透過補助，身心障礙者仍能繼續生活在家庭中，並不會受到傷害。因此，補充性的生活照顧應該提供下列之服務：

一、家庭補助

　　家庭補助（financial aid to family）之精義乃在使身心障礙者留在自己的家庭，藉由經濟或物質的補助，讓其享受天倫之樂，補助的方式分為二：

(一)經濟類的補助

　　根據「95年度臺閩地區身心障礙者生活需求調查」指出，身心障礙者主要收入來自政府補助或津貼者達35.18%最多，本人工作收入僅占17.27%，領有政府至少一項之補助或津貼占69.54%，領取項目以中低收入身心障礙者生活補助最多占52.93%（內政部，民95）。黃志成等（民94）在「93年度金門縣身心障礙者生活需求調查」指出，身心障礙者的經濟類福利需求以居家生活補助為最多，占62.14%；在「96年度金門縣身心障礙者生活需求調查」指出，身心障礙者的經濟類福利需求一樣以居家生活補助為最多，占69.0%（黃志成等，民96）。又根據「臺北市95年度低收入戶總清查報告」中，致貧的原因為身心障礙者占20.29%，精神病者占26.04%（陳智偉，民96）。可見身心障礙者及其家庭的經濟狀況並

不好，依「身心障礙者權益保障法」第71條指出，「……直轄市、縣（市）主管機關對轄區內之身心障礙者，應依需求評估結果，提供生活補助費、日間照顧及住宿式照顧費用補助、醫療費用補助、居家照顧費用補助、輔具費用補助、房屋租金及購屋貸款利息補貼、購買停車位貸款利息補貼或承租停車位補助、其他必要之費用補助，並不得有設籍時間之限制。」故政府或民間依物價指數或當地生活費用之需要，善盡人道精神，按月提供無經濟收入或收入不足家庭支出之身心障礙者經濟上的補助，使其生活無慮，直接的可減輕身心障礙者家庭生活負擔，間接的增進社會安全，避免身心障礙者有竊盜或其他犯罪行為之虞。

(二)非經濟類的補助

金錢的補助，其優點乃在能使身心障礙者彈性運用，符合個別需要；但其缺點則可能被挪為他用或不當使用（如拿去賭博、喝酒等），故通常可針對身心障礙者的特殊需要，提供非經濟類的補助，如提供奶粉、衣服、營養品等各項物資及生活上所需之輔助器物。

二、家務員服務

家務員（homemaker）服務的功能有三：一為協助身心障礙者家庭運作的正常；由於部分身心障礙者家庭成員（尤其是照顧身心障礙者），因生病、工作、入獄、遠行等因素而短期無法照顧身心障礙家屬，此時如有公私部門的家務員介入，家庭運作才會正常；二為提供身心障礙者的家庭工作示範，尤其許多身心障礙者的家庭屬於低社經地位者，根據王麗美（民81）之研究指出，低社經地位

者占75.3%，中社經地位者占19.1%，高社經地位者占5.8%，其家庭運作可能不佳（如衛生條件不好、擺設零亂、營養不均衡等），借助於家務員的服務與指導，可將身心障礙者的家庭帶入正軌；三為提供單身身心障礙者在宅服務，服務項目可視身心障礙者的障礙程度、教育程度、家庭設施等斟酌辦理，諸如：整理家務、代打（接）電話、寫信、購物、存（提）錢、送餐、洗澡、協助就醫、陪伴散步、代領津貼等。

三、教育服務

依「身心障礙者權益保障法」第31條規定，「……，公立幼稚園、托兒所、課後照顧服務，應優先收托身心障礙兒童，辦理身心障礙幼童學前教育、托育服務及相關專業服務；並獎助民間幼稚園、托兒所、課後照顧服務收托身心障礙兒童。」第27條亦規定，「……各級教育主管機關應根據身心障礙者人口調查之資料，規劃特殊教育學校、特殊教育班或以其他方式教育不能就讀於普通學校或普通班級之身心障礙者，以維護其受教之權益」，教育服務分述如下：

(一)特殊教育

「特殊教育法」第1條明文規定「為使身心障礙及資賦優異之國民，均有接受適性教育之權利，充分發展身心潛能，培養健全人格，增進服務社會能力……」（教育部，民102）；依「身心障礙者權益保障法」第27條規定，「……各級學校對於經直轄市、縣（市）政府鑑定安置入學或依各級學校入學方式入學之身心障礙者，不得以身心障礙、尚未設置適當設施或其他理由拒絕其入學；各級特殊教育學校、特殊教育班之教師，應具特殊教育教師資

格……。」（衛生福利部，民103b）。黃志成等（民96）在金門縣身心障礙者生活需求調查指出，零歲至九歲的身心障礙者較需要「早期療育」，各障礙類別中以「智能障礙者」對於早期療育需求最高，在身心障礙等級中，以「極重度」對早期療育需求最高，在發生障礙成因中以「先天」因素對早期療育需求最高。

(二)日間托育服務

一如兒童幼兒園一樣，由身心障礙者自行前往，或由家屬將身心障礙者送往，或由托育單位派車接送。可視家庭之需要選擇全日托或半日托。

(三)臨時托育服務

由於身心障礙者之家屬因事外出或其他原因無法照顧時，臨時請托育機構代為照顧。李仰慈（民93）在「針對長期依賴呼吸器病童之家庭福利需求研究」指出，長期依賴呼吸器病童之家庭福利有提供短期或臨時托育照顧服務需求。

(四)在家教育

在家教育（home schooling or homeschooling）或稱在家自行教育，意指學生不去學校接受一定的教學時間和課程內容，而由家長依據自己和孩子的需要自行在家教導孩子的一種教育方式，在家教育的觀點則包含：快樂的教與學、重視學生不同的學習方式、教學生活化與多元化、教學效果佳、教學資源豐富、增進親子關係等（王貞麗，民94）。受教權是國民的基本人權，在家教育巡迴輔導，即是協助國民教育階段重度身心障礙之適齡國民完成義務教育，在家教育巡迴輔導教師經由個別化教育計畫的擬定及實施，為

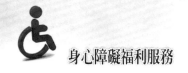

在家教育學生提供適性教學與輔導，使學生及家長獲得各方面的資源與服務（林竹芳，民97）。但在「95年身心障礙兒童、少年安置於住宿機構及寄養家庭之評估指標研究」卻指出，各縣市教育局應積極監督轄區內「在家教育」實際運作情形，因為有些身障兒少安置於住宿機構，並未就讀於一般或特殊學校，而是採取「在家教育」的方式，由巡迴輔導老師定期至機構輔導。然而，身障及兒少機構的焦點團體發現，有些巡迴輔導老師僅是定期到機構抄寫資料，並無輔導之實，損害身障兒少的權益（王育瑜、謝儒賢、洪雅琳、黃佳琦，民95）。

第四節　替代性的生活照顧

替代性的服務係指身心障礙者的家庭因某種原因（如父母雙亡；父母一方死亡，另一方需負擔經濟；照顧者工作、重病或嚴重的排斥身心障礙者等），而必須離開家庭，接受暫時或永久的安置。因此，替代性的生活照顧應該提供下列之服務：

一、寄養

兒童寄養（foster care）是一種兒童福利服務，當兒童原生家庭暫時或長期無法提供兒童所需的照顧，原生父母也不希望兒童被收養時，所提供的一個有計畫、有時間限制的替代性家庭照顧，以維護兒童最佳利益及成長發展所需的服務（賴月蜜，民97）。一般而言，身心障礙者由於本身外表、行動能力、寄養家庭能否提供無障礙的居家生活環境、自理能力等問題，在國內要尋找寄養家庭頗為困難。在國外，Ceso-Zanic（1989）於其所作的研究中，提及南斯

拉夫所屬克羅埃西亞（Croatia）的寄養服務中，有24%屬於身心障礙者，可見這些寄養父母是相當有愛心的。

　　寄養家庭除了提供暫時住宿服務之外，尚有治療之功能，Rosen（1989）述及自閉症兒童療法時指出，吾人可提供一個溫暖、護理和支持的家庭，以刺激自閉症兒童在此種家庭中慢慢地被教導發展上的任務（tasks）和應有的行為。同時，寄養父母也須時時與學校、親生父母及其他有關的人保持密切的聯繫，共商對策。如此，自閉症兒童將有被治癒的機會。在「95年身心障礙兒童、少年安置於住宿機構及寄養家庭之評估指標研究」指出，國際上倡導的是「身心障礙兒少的安置，與非身心障礙兒少的安置一樣，應以寄養家庭為主要考量」，調查結果發現，0～6歲以及7～12歲的身心障礙兒童，都約有七成左右的寄養家庭願意接受，但是13～18歲的身心障礙少年，則僅有37.9%的寄養家庭願意接受，對於13～18歲的身心障礙少年，應積極開拓寄養家庭資源以及適當的機構安置或團體家庭資源；寄養家庭認為其所寄養的身障兒少需要最迫切的服務，超過五成認為需要的項目包括：「加強危險意識及自我保護能力」、「同儕相處、人際互動、社交技巧的輔導與訓練」、「讓他（她）能夠面對並處理他人的異樣眼光」、「讓他（她）瞭解並接受自己身心障礙的事實與情況」、「日常生活訓練」（王育瑜等，民95）。

二、收養

　　收養（adoption）係指本來沒有血緣關係，透過法律程序，收養成為自己的子女，在法律上是等同於自己的親生子女，依據「民法」第1072條規定，收養他人之子女為子女時，其收養者為養父或養母，被收養者為養子或養女。

　　由於身心障礙者本身的條件，要尋找收養家庭可謂難上加難，舊社會收養的目的通常為傳宗接代及延續香火，現代的收養原因多元，如養育子女、防老、繼承家業，除了以收養人利益為重外，亦兼顧被收養者之利益（賴月蜜，民97）。身心障礙兒童收養不易達成，不過國外有部分善心人士來臺領養小孩，特別指定要身心障礙兒童，其「利社會」之動機值得嘉許，也值得國人效法。根據《商業周刊》第960期報導指出，臺灣每二十三個人，就有一個身心障礙者，歧視的價值觀和殘缺的社福制度，造成99.8%遭遺棄的障礙兒，被迫送到國外收養（劉佩修，民95），根據天主教福利會的出養數字，民國93年有近三分之一的福利會障礙兒都由荷蘭家庭收養，或許有人會說，荷蘭的稅賦遠高於臺灣，社會福利的完善是可以預期的。然而，若沒有「人生而平等」的共同價值觀，再多的金錢，都無法為弱勢族群編織出一張溫暖而堅固的大網（賀先蕙，民95）！

三、安養

　　教養院是較適合身心障礙者作替代性的生活照顧機構，可以是暫時性的，也可以是永久性的，身心障礙者生活在教養院內有優點也有缺點，就優點而言，機構可以聘僱專業人員，如醫生、護士、語言治療師、職能治療師、社工師、心理師等為身心障礙者服務，也可以為身心障礙者提供更好的設備，如按摩電療器材、點字及有聲書籍、機能訓練機具（如自行車運動器、肩關節輪轉運動器、升降訓練台等），更可以為身心障礙者設計無障礙的生活環境等。此外，在心理上也因同病相憐，而相互慰藉；在缺點方面則係違反回歸主流之原則，讓身心障礙者與社會隔絕，而且常因衛生問題帶來較多的傳染病。根據內政部「95年身心障礙者生活需求調查」結果

分析指出，身心障礙者以居住護理之家或長期照護機構的比例增加最多；居住機構時間以七年及以上者占23.70%最多，屬認知功能障礙者進住機構的時間相對較長，身心障礙者進住機構主要原因以家人無法照顧占59.72%最多，其次為可接受良好的教育占20.70%（內政部，民95）。

依黃志成（民82）調查臺北市身心障礙者有2.8%是在住宿性教養機構接受安置。內政部（民92）「九十二年度身心障礙者生活需求調查報告」指出，有5.86%由機構照顧。黃志成等（民96）在「金門縣政府96年度身心障礙者生活需求調查」報告指出，身心障礙者認為不需要機構占92.4%。有關身心障礙者的居住問題，在此乃基於回歸主流的觀念，為落實智障者去機構教養化，全球趨勢，含重度者皆搬出教養院到社區生活，社區化的住宅為理想的方式（Conry et al., 1982; Mitteler, 1984; Landesman & Butterfield, 1987；林萬億，民92；周月清，民94），如此方便身心障礙者與家人互動，身心障礙者的家屬也能常去探視，算是比較人性化的一種安置方式。

身心障礙者的前半生通常有父母陪伴，父母可以照顧得無微不至，但身心障礙者的父母親最大的痛就是沒有辦法陪其子女度過後半生。為使身心障礙者於其直系親屬或扶養者老邁時，仍受到應有的照顧及保障，父母最好先為身心障礙的子女預作安排，可以自立的當然就自立，不能自立的就幫子女找一適合的安養中心，讓其度過餘生，讓父母親可以較無牽掛。此外，可能的話，也幫身心障礙的子女準備一份「財產」，讓子女往後的經濟沒有匱乏，若子女沒有管理財產的能力，父母可將財產信託轉給第三者，委託其以該財產之收益作為安養費用。

參考文獻

內政部（民92）。「九十二年度身心障礙者生活需求調查報告」。

內政部（民95）。「95年度臺閩地區身心障礙者生活需求調查」。

王育瑜、謝儒賢、洪雅琳、黃佳琦（民95）。「95年身心障礙兒童、少
　　年安置於住宿機構及寄養家庭之評估指標研究」。內政部委託研究
　　報告。

王貞麗（民94）。〈實施在家教育之個案研究——以一位美國華人家長
　　為例〉。《屏東師院學報》，第22期，頁41-78。

王麗美（民81）。《國中聽覺障礙學生福利需求之研究》。私立中國文
　　化大學兒童福利研究所碩士論文。

李仰慈（民93）。《長期依賴呼吸器病童之家庭福利需求研究～兼論福
　　利資源之使用》。私立中國文化大學青少年兒童福利研究所碩士論
　　文。

周月清（民94）。〈北歐智障者搬出「教養院」到社區居住與生活改革
　　進程〉。《臺灣社會福利學刊》，第4卷，第1期，頁131-168。

林竹芳（民97）。特殊生的人權教育——在家教育的實施與效益。特殊
　　教育資源網站：http://www.mdnkids.com.tw/specialeducation/detail.
　　asp?sn=584。

林萬億（民92）。〈論我國的社會住宅政策與社會照顧的結合〉。《國
　　家政策季刊》，第2卷，第4期，頁53-82。

高雄縣身心障礙福利服務中心（民98）。日間托育服務。網站：http://
　　ksh.city-jungle.com.tw/cubekm27/front/bin/ptlist.phtml?Category=17。

教育部（民102）。「特殊教育法」。

陳智偉（民96）。「臺北市95年度低收入戶總清查報告」。臺北市政府
　　社會局。

彭淑華（民97）。《兒虐致死及攜子自殺成因探討及防治策略之研
　　究》。內政部研究報告。

賀先蕙（民95）。〈臺灣被棄養的障礙兒1/3在荷蘭找到家〉。《商業周刊》，第960期，頁95-100。

黃志成（民82）。「臺北市八十一年度殘障人口普查報告」。臺北市政府社會局委託。

黃志成、黃國良、王立勳、高嘉慧（民94）。「金門縣身心障礙者生活需求調查」。金門縣政府委託。

黃志成、蔡嘉泇、蘇玫夙、陳玉玟、王淑楨（民96）。「金門縣政府96年度身心障礙者生活需求調查」。金門縣政府委託。

詹火生、林萬億（民80）。《臺北市整體社會福利硬體建設需求先期規劃》。臺北市政府社會局出版。

劉佩修（民95）。〈大象男孩與機器女孩〉。《商業周刊》，第960期，頁64-80。

衛生福利部（民103a）。社會福利統計年報。檢索日期：103.05.19。網址：http://www.mohw.gov.tw/cht/DOS/Statistic.aspx?f_list_no=312&fod_list_no=4179。

衛生福利部（民103b）。「身心障礙者權益保障法」。

賴月蜜（民97）。〈多元家庭〉。馮燕、張紉、賴月蜜合著，《兒童及少年福利》，頁223-250。臺北縣：國立空中大學。

Ceso-Zanic, J. (1989). Family placement legislation and experience in the Socialist Republic of Croatia. *Community Alternatives, 1*(2), fall, 31-39.

Conry, J., Efthimiou, J., & Lemanowicz, J. (1982). A matched comparison of developmental growth of institutionalized and deinstitutionalized mentally retard clients. *American Journal of Mental Deficiency, 86*, 581-587.

Kadushin, A., & Martin, J. A. (1988). *Child Welfare Services* (4th ed.). N.Y.: Macmillan Publishing Co.

Landesman, S., & Butterfield, E. (1987). Normalization and deinstitutionalization of mentally retarded individuals: Controversy and facts. *American Psychologist, 42*, 809-816.

Mitteler, P. (1984). Quality of life and services for people with disabilities. *Bulletin of the British Psycholgical Society, 37*, 218-225.

Rosen, C. E. (1989). Treatment foster home care autistic children. *Child and Youth Services, 12*, 1-2, 121-132.

第七章

身心障礙者的就業服務

　　我國「就業服務法」於民國81年5月8日總統公布，民國102年12月25日再次修正，第5條規定：爲保障國民就業機會均等，雇主對求職人或所僱用員工，不得以身心障礙爲由，予以歧視。因此，我們應該給身心障礙者做好就業服務的工作。對於身心障礙者的服務，與其像無底洞的發放年金，給予各種補助，不如做好職業訓練、就業輔導來得更確實，俗語說：「給他魚吃，不如給釣竿」，就是這個道理；因爲做好職業訓練和就業輔導之後，不但可使身心障礙者化依賴爲獨立，進而貢獻自己、服務社會，還可向國家繳稅。因此，對身心障礙者的就業服務，可以說是值得做、值得投資的事業。

第一節　就業的心理意義

　　一般而言，身心障礙者就業機會並不多，能順利就業的比率也不高（黃志成，民82；黃志成等，民94；黃志成等，民96；黃志成、彭賢恩、王淑楨，民100）。論其原因，張茂榕（民94）認爲引起身心障礙者就業適應不良的原因如：工作環境的改變、工作條件的改變、人際關係適應不良、工作內容與個人工作期望不符、低成就感、工作及心理認知的不協調、生理或健康適應狀況、家庭支持及期望心理是就業成功與否的關鍵。而陳堅文（民94）則認爲影響身心障礙者就業的因素包括：身心障礙者本身的問題、雇主是否聘請身心障礙者、身心障礙者家庭的教育與觀念、身心障礙者是否勝任工作等因素有關。行政院勞工委員會（民96）在「促進身心障礙者就業中程計畫（96年-99年）」調查發現，失業者自認爲無法找到工作的主要原因是：刻板化印象（32.8%）、年齡限制（24.2%）、工作內容不適合（13.8%）。波威爾（Powell, 1983）

提出一個人有了工作以後，可以滿足下列四種需求：

一、自我生存之維護

每個人都需要維護自我之生存，一般成人以工作所賺的錢去支付個人及家庭所有的費用。當工作能賺得足夠的錢，生計無需擔心朝不保夕時，才會想到尋求其他之滿足。

二、社會歸屬感

佛洛依德（Freud）曾言，工作較任何活動更使個體接近社會，它予人被團體接納的感覺，馬斯洛（Maslow）強調每個人均有被接納之基本需要。在學校裡，主要之接納來自同班同學和老師，工作時則得自同事及上司，無工作之機會，無異與人斷絕關係。

三、被賞識

馬斯洛曾指出，自己的努力被正面的賞識是每個人的需要，而工作是滿足這種需要之主要領域。在讚賞中，我們的努力被承認，工作職位得以升遷，被賦予更重大之責任及酬勞，這是學校或工商業用以鼓勵學生或工作人員有更高的效率之推動力。

四、勝任感

在工作崗位中，每天有應做的事，每天也完成了一些事，讓工作者覺得自己能勝任某些事情，內心會充滿喜悅。

　　基於以上的描述，我們相信大多數的身心障礙者並不願意沒有尊嚴的接受補助，他們很願意努力工作，作自我生存的維護，也希望在工作中認識一些志同道合的朋友；在工作之後，希望被上司、同事讚賞；當然，在工作之時，他們更直接的印證自己是一個有能力的人，能勝任職業生涯的任務。

第二節　職業理論

　　有關的專家學者，對職業理論提出不同的觀點，要為身心障礙者做好就業服務，就必須先探討職業理論。

一、特質因素論

　　特質因素論（trait-factor theory）的代表人物為威爾遜（Williamson），以特質為描述個別差異的重點指標，而強調個人人格特質與職業選擇的關係（林幸台，民80）。此一論點，實包含兩點意義：

1. 每一種職業都有理想的人格特質，例如，從事推銷工作的人格特質最好是外向的、活潑的；從事電腦文書處理工作最好是內向的。
2. 每一個人的人格特質可能較適合從事一種甚至數種職業，例如，外向的人可從事推銷、老師、民意代表等工作；而內向的人可從事校對、編輯、研究工作、電腦操作等。

　　基於上述的觀點，吾人要為身心障礙者做職業輔導時，必須要考慮到身心障礙者的人格特質。

二、類型論

何倫（Holland, 1985）認為職業選擇是人格類型的延伸，由職業選擇過程，可反應出個體人格特質，他認為一個人的職業興趣與個體人格有關，將人格類型區分為六種，探討職業選擇的歷程說明如下（引自張慧慈，民98）：

(一)實際型（realistic, R）

其人格類型為喜歡需體力的活動，有運動與機械操作能力，擅用各種工具和機器設備，富侵略性，神經組織發達，缺乏口才與交際技巧，喜歡具體而不喜歡抽象的問題，不易與人親近。適性的職業為：一般勞工、工匠、農夫、機械師、線上操作員、電子電機工程師等。

(二)探究型（investigative, I）

其人格類型為重視工作責任，喜歡各種研究性工作，具有分析、有較高的數學和科學研究能力，喜歡獨立工作，喜歡解決問題，具有邏輯性強、謹慎、理性、獨立、好奇、重視分析等特徵，對問題深思、謹慎分析和瞭解，喜歡從事具研究性質的職業類型。適性的職業為：物理學家、人類學家、化學家、數學家、生物學家、工程師、科學家、研究學者等。

(三)社會型（social, S）

其人格類型對「人」的事情很有興趣，擅長與人相處，喜歡教學或治療角色，喜歡安全環境，善於口才和交際，喜歡社交，樂

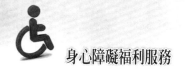

於助人，有耐心與責任感、熱情、善於合作、善良友好。適性職業
爲：臨床心理學家、護理人員、保母、諮商師、社會工作師、輔導
人員、傳教士、教師、民意代表等。

(四)保守型（conventional, C）

其人格類型比較順從，很有條理，喜歡資料分析，具文書與數
字能力，喜歡居附屬角色，藉服從達成目標。適性職業爲：出納、
辦事員、統計員、會計、接線生、行政助理、郵局職員、銀行行員
等。

(五)企業型（enterprising, E）

其人格類型爲行動力強、具說服力、推銷、領導他人的能力，
講究策略與組織。適性職業爲：推銷員、拍賣員、政治家、典禮主
持者、採購員、電視製作人員、業務人員、貿易商等。

(六)藝術型（artistic, A）

其人格類型爲感情豐富，具有藝術、直覺與創造的能力，透
過創造力與想像力表現藝術生活，處理環境問題。適性職業爲：詩
人、小說家、音樂家、畫家、舞台導演、室內設計師、美術設計人
員、雕刻家、劇作家、作家、演員等。

何倫的類型論主要可以引導身心障礙者依自己的人格組型去特
定的職業類型（組群）找工作，在此所指的人格組型並非僅考慮前
述特質因素論所指的單一特質，而是三種人格組型（如前述六類中
的RIS、CAE、IRC等），如此將更周詳的考慮身心障礙者的人格組
型。然而，在實務工作上，類型論也有其實施上的問題，例如，它
忽視社會因素、機會因素及環境變項，也限制它可能被應用的程度

（Cabral & Salomone, 1990）：欲瞭解身心障礙者的人格組型時，常需做評量，評量工具如職業自我探索量表（Self-Directed Search, SDS）中的職業類型。

三、決策論

決策論認為個人有許多職業選擇的機會，每一機會會造成不同的結果。生涯目標或職業的抉擇必須尋求最高的效益和最小的損失，而此處所謂的效益或損失並非純為金錢上的考慮，而是任何個人認為有價值的事物。任何職業或生涯途徑均可被認為是為達成某些特定的目標，如較高的地位、安定、社會流動，亦或獲得配偶（楊朝祥，民79）。

基於上述的觀點，吾人在為身心障礙者做職業輔導時，應為其作多方面（如待遇、興趣、社會地位、婚姻、工作內容、健康、上班地點等）的考量，以尋求最高的效益和最小的損失。

四、需要論

需要論（need theory）認為需要是選擇職業的關鍵所在，因此著重於個人心理需求的探索，特別強調家庭環境及父母管教方式對個人需求的影響以及其個人職業選擇的關聯（林幸台，民80）。需要論是由羅（Roe）於1957年所提出，認為童年經驗與職業態度有關，羅認為（引自林幸台，民80）：

1.來自愛、保護、溫暖家庭中的孩子，日後傾向於選擇與人有關的職業，例如服務業（輔導員、服務生等注意別人需要的職業）。

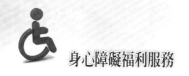

2.來自排斥、忽視和不關心家庭的孩子，日後傾向於選擇與人不產生關係的職業，例如戶外工作（農夫、礦工等）。

3.如果孩子感到過度的被保護或要求，那麼基於防衛性，它可能選擇與人不產生關係的職業，例如一般文化工作（民俗研究等）或藝術與娛樂工作（藝術家、體育家等）。

4.如果來自被排斥家庭的孩子，爲了補償也可能選擇與人有關的職業，例如商業活動（推銷、販賣等）。

5.來自愛但不是關心家庭的孩子，可能會以其能力而非個人之需要而選擇其在人際關係之方向。

由以上的觀點，吾人在爲身心障礙者做職業輔導時，需要考量其童年時代所接受的家庭管教方式爲何？

五、分析論

分析論即精神分析學派之主張，其基本特色是以心理分析的方法來分析人格發展的過程，自我觀念對職業的影響以及職業發展的機會與完成的程度，主要著重於個人動機、需要等心理動力的研究，其主要觀點爲（楊朝祥，民79）：

1.職業選擇是個人人格發展的結果。

2.職業環境依其相似的程度，可區分爲數種模式環境。

3.人和環境的配合亦可組成若干不同的結果，這些結果影響到職業的選擇、職業的穩定性和其成就，以及個人的穩定性與創造性的表現。

基於上述的觀點，吾人在爲身心障礙者做職業輔導時，要考量其個人的人格、動機、需求，以及和職業環境的關係。

六、發展論

發展論（developmental theory）強調職業選擇爲一人生長期發展的歷程，因此特別注重個人發展階段中，自我概念以及各階段生涯發展任務與生涯成熟的意義（林幸台，民80）。這派理論的中心論點是（楊朝祥，民79）：

1.個人隨年齡的成長，產生對自己更清楚的觀念。
2.個人的職業想像是配合個人的自我想像，而作職業選擇的決定。
3.最後的職業選定是職業觀念與自我觀念的配合。

由上可知，持發展論者認爲人在做職業選擇時，是一種由小到長大的過程，其觀念可能由模糊而漸明朗，其思考方式可能由不成熟而趨成熟，而且目標可能由幻想漸至具體，這是我們在爲身心障礙者從事職業輔導工作時所必須要考量的。

綜上所述，六家職業理論各有所指，但歸納出需要論和分析論較重早年生活經驗與職業的關係；特質因素論和類型論較重人格特質與職業的關係；發展論則強調職業觀可由小到長大，慢慢具體形成；而決策論旨在對現在及未來個人及環境因素作一短程、中程、長程目標的最佳考量。因此，吾人要爲身心障礙者做就業輔導時，在諮商中，特別需要考量的問題至少有下列幾點：

1.身心障礙者早年生活經驗可能對職業觀造成的影響。
2.身心障礙者造成障礙的因素、生理狀況，可能對職業的影響。
3.身心障礙者的人格特質可能較適合從事哪些職業。
4.身心障礙者自小迄今的身心狀況是否影響職業觀。

5.衡量身心障礙者未來身心狀況的變化，以及職業對身心可能
造成正負面的影響，作一全面性的評估。

第三節　就業服務實務

一、身心障礙者的就業能力

　　身心障礙者雖然是社會成員，但因傳統的刻板印象，經常被
定位為救濟、安養的一群，因此在身心障礙者求職的過程中，充滿
著不信任、被拒絕及特殊化的困擾。Lewis等（2013）指出，英國
政府自1997年以來推出了顯著的支持性就業輔導方案，發現身障者
就業的困難並非是職場問題，也不是障礙者本身不積極，而是障礙
者本身的競爭力問題。其實在一個多元化的社會中，傑出的表現在
於目標的達成，並不是拘泥在完好軀殼上。身心障礙者雖身體有缺
陷，但並不阻礙他成為傑出的工作人，而即使是聰明才智不足的智
障者，經適當的訓練也能成為辛勤忠實的員工（行政院勞工委員會
職業訓練局身心障礙者就業開門網，民98a）。一般而言，身心障
礙者的就業能力可分為下列四種（張勝成，民86）：

(一)競爭性就業

　　也稱為獨立性就業，以全時間工作為基準，或以平均每週至
少工作二十小時為基準之有酬工作；且其薪資的給付需符合「勞基
法」的規定。

(二)支持性就業

　　國內在民國75年開始有少數身心障礙福利機構應用「支持性就業」的理念，輔導智能障礙者進入社區中競爭性職場就業，82年度行政院勞工委員會職業訓練局訂定「支持性就業試行草案」，並委託臺北第一兒童發展中心編製《支持性就業工作手冊》，且在國內五個身心障礙福利機構試行一年（陳靜江，民91）。支持性就業的工作環境強調在融合的工作環境與一般非障礙者一起工作，藉由就業服務員專業的支持，如工作技巧訓練、環境適應、職務再設計、交通、社交、健康與財物等，使其能獨立工作，並獲得全職或每週至少平均二十小時以上有薪給之工作，且薪資符合「勞動基準法」規定。支持性就業針對具有就業意願及就業能力尚不足獨立在競爭性就業市場工作之身心障礙者，提供個別化就業安置、訓練及其他工作協助等支持性就業服務（行政院勞工委員會職業訓練局身心障礙者就業開門網，民98b）。首先由輔導員的指導之下熟練工作所需之要求，待身心障礙者適應工作之後輔導員再退出輔導，而由身心障礙者自行工作。

◆安置型態

　　支持性就業之安置型態分為下列幾種模式（林宏熾，民95）：

1. 個別式的安置模式（individual model）：個人安置模式係採用「一對一」教導學習的就業安置模式，指針對單一的身心障礙者提供持續性與漸進性的工作訓練。

2. 群組式的安置模式（enclave model）：群組式的安置模式又被稱為群集式的模式（clustered model），採用「一對多」教導學習的安置模式，指由一位或多位就業輔導員或職業訓練

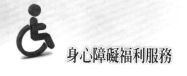
師於正常的工作場所中，針對一組障礙工作者提供持續性與漸進性的工作訓練。

3. 機動工作小組的安置模式（mobile model）：機動工作小組式的安置模式係爲「一對多機動性」教導學習的就業安置模式，基本上由一位就業服務員或職業訓練師和四到六位的障礙工作者所組成的機動小組，在社區中從事長期契約性的服務工作。

4. 企業式的安置模式（entrepreneurial model）：企業性的安置模式爲「一對多」或「多對多」教導學習的就業安置模式，只由一位或多位就業輔導員或職業訓練師於正常的工作場所中，針對一位或多組障礙工作者提供持續性與漸進性的工作訓練。

5. 自我經營的安置模式（self-employer model）：若身心障礙者經過適當的輔導，其能力甚至可以做到自我經營，例如經營花店、早餐店等方式，其輔導過程一般是「一對一」方式。

◆配合要素

支持性的就業服務型態所涉及的層面廣泛，其成效良否，有賴於下列要素配合（陳靜江，民91）：

1. 具有專業素養的就業服務員：支持性就業服務員具有多重角色與功能，從接案晤談、案主評量、工作開拓、工作分析，到身心障礙者的就業訓練、輔導與追蹤，都需要有專業的知能訓練，方能勝任。身心障礙者在就業前與就業中的輔導與訓練，就業服務員都占有相當重要的角色。

2. 有效的職業評量系統：如何對案主進行適性的工作安置與訓練，有賴完善的評量系統，包括對案主的評量、環境／工作分析、訓練或成效評量等，因此，在推展支持性就業之際，

必須同時發展適當的評量工具，建立有效的評量系統。

3.個別化職業重建計畫：能充分考量到個別身心障礙者的生態環境、個人能力、需求，以及家長的期待。

4.健全的支持系統：對中重度身心障礙者而言，其職業的成功與否，與是否能得到和職業生活適應有關的各項支持輔助有密切的關係，這包括了工作、交通、社交生活、健康以及財務等各方面的支持。

(三)庇護性就業

身心障礙者庇護性就業服務為許多就業模式之一，對於年滿十五歲具有就業意願，而就業能力不足，無法進入競爭性就業市場，需長期就業支持之身心障礙者，應依職業輔導評量結果，提供庇護商店、庇護農場、庇護工場等就業安置。在庇護工場內就業之身心障礙者，庇護工場得依其產能核薪並與其簽訂勞動契約，其薪資，由庇護工場與庇護性就業者議定，並報直轄市、縣（市）勞工主管機關核備，且庇護工場應依法為其辦理參加勞工保險、全民健康保險及其他社會保險，並依相關勞動法規以確保庇護性就業者之權益（行政院勞工委員會職業訓練局身心障礙者就業開門網，民98c）。庇護性就業的特性如下（行政院勞工委員會職業訓練局，民92）：

1.庇護性就業屬長期性就業支持，兼具職業能力強化功能。

2.庇護性就業進行之場所以非融合式環境為主，必要時得於半開放或融合式環境中進行。

對重度身心障礙者因障礙較嚴重，無法從事獨立性就業、支持性就業，而需由庇護工場來指導其從事較為單純之工作。當然庇護

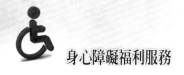

工場同時具有過渡性與長期性的特色，兼具有職業試探與安置的功能。亦即身心障礙者若在庇護工場內之工作表現較佳時，可轉為支持性之就業；若工作成果欠佳時，則繼續安置在庇護工場內。

(四)居家性就業

居家就業服務對於無法久坐或外出，致不易進入一般性職場或無法自行創業，但可在他人協助下，於家中工作之中、重度以上身心障礙者，有很大的助益，尤其在補助之專案單位，運用團隊的方式，開拓居家就業職類、開發合作廠商、拓展貨源，同時提升居家就業者專業、行銷、管理能力，並運用科技技術，協助成立工作室或創業，目前居家就業者從事工作性質大部分為與電子商務、網頁設計、美工編輯、廣告設計相關之工作，對象以重度之脊髓損傷者、身體機能障礙者、多重障礙者居多，因受限於在家工作，如何協助居家工作者參與社區活動，提升競爭力，增加合作之廠商，讓工作室持續經營，或開拓企業僱用身障礙者在家工作，為今後重要之課題（行政院勞工委員會，民96）。

綜上述所述，一位身心障礙者的職業生涯中，若能由開始的居家性就業，進而至庇護性就業，再進至支持性就業、競爭性就業，算是相當大的成功了。

二、身心障礙者的就業服務程序

依據「身心障礙者權益保障法」第33條規定，各級勞工主管機關應依身心障礙者之需求，自行或結合民間資源，提供無障礙個別化職業重建服務。職業重建服務係指：(1)職業輔導評量；(2)職業訓練；(3)就業服務；(4)職務再設計；(5)創業輔導及其他職業重建服

務等。職業重建之目的主要為協助身心障礙者重返職場，獲得適性
及穩定的就業。職業重建的目標在於創造無障礙的就業空間、消弭
就業歧視、促進工作機會均等，提供身心障礙者個別化適性就業為
目標，以確保身心障礙者就業權益（行政院勞工委員會職業訓練局
身心障礙者就業開門網，民98a）。

(一)職業輔導與評量

　　由於障礙者的個人職業能力與身心特性有極大的差異，因此在
規劃其整體生涯職業教育與就業輔導時，必須對身心障礙者有通盤
的瞭解和評估，方能明瞭其潛在的能力、身心障礙的程度，以及有
關學習行為的特質等等（林宏熾，民95）。

　　依民國97年2月12日修正之「身心障礙者職業輔導評量實施方式
及補助準則」（原為「障礙者職能評估辦法」）第6條規定，職業輔
導評量之內容，按身心障礙者之個別需求，依下列項目實施之：(1)
身心障礙者狀況與功能表現；(2)學習特性與喜好；(3)職業興趣；
(4)職業性向；(5)工作技能；(6)工作人格；(7)潛在就業環境分析；
(8)就業輔具或職務再設計；(9)其他與就業有關需求之評量。第7條
規定，職業輔導評量之方式，按身心障礙者之個別狀況，依下列項
目實施之：(1)標準化心理測驗；(2)工作樣本；(3)情境評量；(4)現
場試做；(5)其他有關之評量方式（行政院勞工委員會，民97a）。

(二)職業訓練

　　根據黃志成（民82）對臺北市16,392位身心障礙者所做的調查
中發現，各類身心障礙者的技藝訓練的需求頗高，在總計二十四項
福利服務需求中，技藝訓練的需求在視覺障礙者排第七位，聽覺或
平衡機能障礙者排第四位，聲音或語言機能障礙者排第三位，肢體

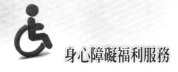

障礙者排第六位，智能不足者排第四位，多重障礙者排第四位，重要器官失去功能者排第九位，顏面傷殘者排第八位，自閉症者排第四位。又根據黃志成等（民94）對金門縣身心障礙者生活需求所做的調查研究報告指出，有79.45%的身心障礙者想接受職業訓練，最想接受的訓練，統計前五名依序分別為中文電腦、清潔工、電腦程式設計、西點烘焙、中餐烹飪；在96年度對金門身心障礙者生活需求調查報告指出，最想接受的訓練，統計前五名依序分別為電腦課程、西點烘焙、清潔工、中餐烹調、精緻農業（黃志成等，民96）。因此，吾人可依上述職業諮商與評估的結果，給予必要的技藝訓練，讓身心障礙者有一技之長，用以立足於社會。

(三)就業服務

一方面公私立就業輔導機構應廣泛徵詢求才單位，為身心障礙者爭取更多的工作機會，二方面也可多多利用大眾傳播媒體廣為宣傳，讓身心障礙者知道求才單位在哪裡，如此配合推介工作，相信能讓更多的身心障礙者獲得工作機會。

(四)職務再設計

「職務再設計」（job accommodation）是配合身心障礙者或職災勞工之生理能力、認知知覺能力、情緒精神狀況，改變或調整工作方法、職務內容、機具設備或工作環境，其目的是要提高身心障礙者或職災勞工的生產能力、工作的舒適性及安全性，以及避免意外的再發生；是一種從一個或多個工作中，合併、去除、重新分配、加入或分離工作活動或職務，組成各種工作內容的過程（張彧，民94）。身心障礙者在投入就業市場之後，常因本身障礙的因素、工作內容與工作性質的因素，或工作環境的因素，造成工作成

效不彰、雇主的不滿意，與同事的互動不佳，也可能影響產品的品質與產能。因此，職務再設計就是在身心障礙者本人、雇主和職業輔導員充分對工作內容溝通後，透過工作分析（task analysis）的方法，從以往找合適的人來工作的理念，進而設計合適的工作給身心障礙者做的積極觀念，解決身心障礙者的就業問題，也讓雇主肯定身心障礙員工的工作成效。

◆職務再設計的時機

　　張高雄（民90）提出需要職務再設計的時機為：

1.身心障礙者初進職場時。
2.身心障礙者因本身障礙而達不到預期績效時。
3.職災後重返職場或轉換工作時。
4.身心障礙者在職務調整後遭遇困難時。
5.雇主有意願提供就業機會，但工作環境有障礙時。
6.職場遷移或變更工作地點時。

◆職務再設計的內容

　　至於職務再設計的內容，依據行政院勞工委員會民國99年7月7日修正「推動身心障礙者職務再設計服務實施計畫」內容包括（行政院公報，民99）：

1.改善職場工作環境：指為協助身心障礙者就業，所進行與工作場所無障礙環境有關之改善。
2.改善工作設備或機具：指為促進身心障礙者適性就業、提高生產力，針對身心障礙者進行工作設備或機具之改善。
3.提供就業所需之輔具：指為增加、維持、改善身心障礙者就業所需能力之輔助器具。
4.改善工作條件：包括提供身心障礙者就業所需手語翻譯、視

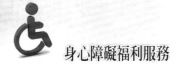

力協助等。

5.調整工作方法：透過職業評量及訓練，按身心障礙者特性，分派適當工作，包括：工作重組、調派其他員工和身心障礙員工合作、簡化工作流程、調整工作場所、避免危險性工作等。

6.為協助身心障礙者就業有關之評量、訓練所需之職務再設計服務。

(五)創業輔導及其他職業重建服務

身心障礙者被推介至工作單位後，就業輔導機構仍需按時作追蹤輔導，對於不適任者予以再評估再轉介，對於適任者可按工作單位之需求，予以再訓練，如此更能有效勝任該工作。

三、身心障礙者就業服務程序注意原則

在上述的就業服務程序中，必須注意個別化與社區化兩個原則，說明如下：

(一)個別化就業服務

個別化就業服務（individualized employment service）的目的是在保障身心障礙者的工作權。在就職前考量其身心狀況、職業興趣、職業性向與需求，然後施以職業訓練，最後才輔導就業並定期追蹤，而在上述之過程中，家長、職業輔導員與雇主均需充分溝通，藉以提高職業輔導之成功率。

(二)社區化就業服務

　　社區化就業服務（community-based employment service）乃認為對身心障礙者（尤其是中度者）的就業服務以社區本位的安置為目標，亦即身心障礙者的就業場所回歸到所居住的社區中與一般人一起工作，並獲得合理待遇。其安置方式乃先媒介工作再作職業訓練、職務再設計、工作環境適應，並作追蹤輔導。

　　社區化就業服務具有三項特色（陳靜江，民91）：

◆以社區為本位的就業安置為目標

　　無論障礙類別與障礙程度，身心障礙者的就業安置都應以能回歸社會環境，和一般人在一起工作，並獲合理待遇為目標。

◆透過生態評量進行人事的配合

　　社區化就業安置服務，重視的是人與環境的密切配合，生態評量正好符合這樣的精神，它的作用包括評量個人在工作環境中的工作態度、行為表現和輔助需求，以及評量工作環境的特性、特定職務的必備條件，因應身心障礙者需求做環境的改變、職務調整的可能性。

◆強調公私立機關間與專業間的合作關係

　　加強雇主宣導，就業機會開發，做好身心障礙者就業的輔導與追蹤評量，考慮各階段的工作安置方式與訓練策略外，還應包括身心障礙者在社區中個人心理、生活、社會與休閒生活安排，因此，有賴勞政單位、社政單位及身心障礙福利機構間及有關的專業人員密切分工與合作。

　　以上兩者理念合而為一，即在對身心障礙者的就業服務時，需考量其個別狀況與需求，並以安置所居住社區為本位。

第四節　目前我國對身心障礙者就業服務實施概況

行政院勞工委員會在「九十八年臺灣地區身心障礙者勞動狀況調查」報告中指出，身心障礙者最想從事的職業為以「非技術工及體力工」占28.9%居多，其中以清潔工（占9.6%）及生產體力工（占9.4%）較多；其次為從事「服務工作人員及售貨員」占21.8%，其中以商店售貨員（占5.8%）、餐飲服務人員（占4.8%）、保安服務工作人員（占4.1%）較多；「事務工作人員」占20.2%並列第二，其中以行政人員（占13.7%）較多；再其次為從事「技術工、機械設備操作工及組裝工」占17.4%（行政院勞工委員會，民98a）。

目前我國對身心障礙者就業服務實施概況可分下列幾點說明：

一、職業訓練

王育瑜（民94）在「身心障礙者定額進用制度之研究」發現，就業服務應強調提供個別化的適才適性服務，尤應強化身心障礙者職業訓練，包含第二專長訓練。目前我國各身心障礙福利機構及相關職業訓練機構為身心障礙者提供的職業訓練課程有：

(一)電腦類

中文電腦、電腦排版、中文打字與電腦輸入、電腦程式設計、電腦輔助機械、電腦製圖打版設計、電腦立體設計、電腦3D動畫、

電腦影像處理、電腦美工設計、電腦零件製作。

(二)木藝類

印章篆刻、木工、寢具製作、手工藝製作。

(三)衣務類

縫紉、成衣製作、服裝設計製作、電腦服裝設計、洗衣、毛衣編織、休閒鞋製作、皮件製作、電繡。

(四)餐飲類

餐飲服務、清潔工、西點烘焙、食品烘焙、烹調。

(五)陶藝類

陶藝、陶瓷、紋石加工、珠寶設計製作。

(六)農業類

農產品加工、農牧、水耕栽培、農藝、園藝、花卉栽培。

(七)商業類

超商服務、電腦廣告設計、電腦行銷。

(八)電子類

電子零件裝配、電子零件製作、電器修護。

(九)其他

資源回收處理、按摩、包裝加工、玩具製作、網版印刷、鐘錶修理、清潔工具製作、鋼琴調音、紙器加工及包裝、燈籠製作、飾品製作、汽車清潔、美工設計、抹布製作、廣播人員訓練、視聽媒體製作、環境清潔維護、大樓管理。

由於為身心障礙者提供的職業訓練職種過少、設置地點不足、開班有一定的時間及報名人數不足與教室容量不夠等問題，致使身心障礙者在接受職業訓練時面臨相當大的困境。故行政院勞委會職訓局發行「職業訓練券」，年滿十五歲至六十五歲，領有身心障礙手冊者，其中慢性精神病患者，須領有醫療復健機構開立之「精神病患職業訓練及就業服務轉介單」。身心障礙失業者經就服中心職業訓練諮詢（需考慮訓練單位之設施是否適合），且經查核二年內未曾接受職訓券補助參訓者，得視接受職訓券實施計畫訓練單位開辦職類班次審查結果，開立職訓券安排參訓（行政院勞工委員會職業訓練局身心障礙者就業開門網，民98d）。同時為避免訓練與就業二者之間產生的落差，以及職業訓練的成效，確保國家資源運用得當，必須注意下列幾項：

1.職訓項目中屬於休閒、益智或語文的項目，不應在補助範圍之內。
2.參加職訓的身心障礙者，必須在訓練前報請縣市主管機關知悉，並接受考核是否有按時前往接受訓練及訓練成效。
3.公私立職訓機構必須有完善的無障礙訓練環境。
4.公私立職訓機構必須對身心障礙者進行確實的考核制度。

二、職業推介

身心障礙者欲找工作時，可尋求下列管道爭取就業機會：

1.由接受職業訓練之委訓單位或有提供身心障礙者就業輔導服務之民間機構輔導就業。
2.各縣市國民就業服務中心或殘障福利服務中心。

雖然「身心障礙者權益保障法」第38條對公私立機構有強制僱用的規定，但自民國79年法案（該法前稱「殘障福利法」、「身心障礙者保護法」）公布以來，成效並不是很好，有些機構寧願繳罰金，有些機構甚至不僱用亦抗繳罰金而必須經法院強制執行。近年來經身心障礙人士團體、民意代表及政府的努力，稍有改善，但仍有所不足（郭振昌，民92）。到底足額僱用的原因在哪裡呢？說明如下：

機構單位已足額僱用身心障礙者的原因依序為（周月清，民83）：

1.社會責任（88%）。
2.身心障礙者與一般人無異（86%）。
3.身心障礙者工作認真（79%）。
4.身心障礙者工作穩定性高（70%）。
5.政府有獎勵補助（63%）。
6.可以提升公司形象（56%）。

由「身心障礙者權益保障法」第38條之規定，明顯的是保護政策之措施，然而，在正視身心障礙者之就業問題時，將個人視為

一個「工作者」而非身心障礙者來考量，其應為身心障礙者之「工作權」而非身心障礙者之「福利權」這個概念如果不突破，所有措施都將是一種恩給，而不是站在一個平等的立足點上幫助身心障礙者自立。理論上，依據「憲法」第15條指出，工作權是一種基本人權。因此，無論政府或民間在為身心障礙者提供職業推介時，在觀念上、態度上均應慢慢的由保護政策轉變為平等政策。讓身心障礙者因有「工作權」而有工作，而非有「福利權」而有工作。

至於哪一類障礙者的就業率較高呢？根據民國91年行政院勞工委會職訓局委託的一項研究顯示，在就業之身心障礙人口中，肢障就業比例最高（61.38%），其次是聽障（9.7%）、重器障（6.69%）（郭振昌，民92）。

三、就業協助

為協助身心障礙者自立更生，我國於民國97年2月12日發布「身心障礙者就業基金撥交就業安定基金提撥及分配辦法」第6條規定，中央主管機關應於每年四月底前就已收取統籌分配款項，撥交至提撥數額小於分配數額之直轄市、縣（市）主管機關之身心障礙者就業基金（行政院勞工委員會，民97b），如此將可進一步的協助身心障礙者就業。

參考文獻

王育瑜（民94）。「身心障礙者定額進用制度之研究」。行政院勞工委員會職業訓練局。

行政院公報（民99）。〈衛生勞動篇〉。第016卷，第127期。

行政院勞工委員會（民96）。「促進身心障礙者就業中程計畫（96年-99年）」。

行政院勞工委員會（民97a）。「身心障礙者職業輔導評量實施方式及補助準則」。

行政院勞工委員會（民97b）。「身心障礙者就業基金撥交就業安定基金提撥及分配辦法」。

行政院勞工委員會（民98）。「98年身心障礙者勞動狀況調查」。

行政院勞工委員會職業訓練局（民92）。「九十二年度補助辦理身心障礙者庇護性就業服務實施計畫」。

行政院勞工委員會職業訓練局身心障礙者就業開門網（民98a）。何謂職業重建。網址：http://opendoor.evta.gov.tw/sub.aspx?p=0000138&a=0004346。

行政院勞工委員會職業訓練局身心障礙者就業開門網（民98b）。支持性就業。網址：http://opendoor.evta.gov.tw/sub.aspx?p=0004345&a=0004359。

行政院勞工委員會職業訓練局身心障礙者就業開門網（民98c）。庇護性就業。網址：http://opendoor.evta.gov.tw/sub.aspx?p=0004345&a=0004360。

行政院勞工委員會職業訓練局身心障礙者就業開門網（民98d）。職業訓練券。網址：http://demo.evta.gov.tw/sub.asp?p=0000006&a=0004356&r=000430。

周月清（民83）。「臺北縣公私立學校、團體、機關及事業機構僱用殘障者行為與態度相關因素之研究」。臺北縣政府委託。

林宏熾（民95）。《身心障礙者生涯規劃與轉銜教育》。臺北市：五南圖書公司。

林幸台（民80）。《生計輔導的理論與實施》。臺北市：五南圖書公司。

張茂榕（民94）。〈雇主關係與行銷技巧〉。《北基宜花金馬區就業服務中心辦理94年度身心障礙者就業服務專業人員研習實施計畫手冊》，第八篇，頁1-5。行政院勞工委員會職業訓練局北基宜花金馬區就業服務中心。

張彧（民94）。〈職務再設計與職業輔導評量〉。《北基宜花金馬區就業服務中心辦理94年度身心障礙者就業服務專業人員研習實施計畫手冊》。行政院勞工委員會職業訓練局北基宜花金馬區就業服務中心。

張高雄（民90）。〈身心障礙者職務再設計〉。《桃園縣政府辦理九十年度身心障礙者職務再設計宣導活動手冊》。

張勝成（民86）。〈開發殘障者勞動力的方式〉。殘障者勞動力開發研討會資料，頁4-16。行政院勞委會主辦，86年1月7、8日。

張慧慈（民98）。〈技職校院幼保系學生人格類型與職業選擇之相關研究〉。《屏東教育大學學報》，第32期，頁169-210。

郭振昌（民92）。〈身心障礙者就業促進中程（92-95）計畫簡介〉。《空大學訊》，第306期，頁66-76。

陳堅文（民94）。〈身心障礙者就業問題探討〉。《北基宜花金馬區就業服務中心辦理94年度身心障礙者就業服務專業人員研習實施計畫手冊》，第十篇，頁1-10。行政院勞工委員會職業訓練局北基宜花金馬區就業服務中心。

陳靜江（民91）。〈身心障礙者社區化就業服務模式〉。《身心障礙者就業轉銜之社區化就業服務理念與實務——作業流程與工作表格使用手冊》，頁12-13。行政院勞工委員會職業訓練局主辦。

黃志成（民82）。「臺北市八十一年殘障人口普查研究」。臺北市政府社會局委託。

黃志成、彭賢恩、王淑楨（民100）。「臺北市100年度中途致殘之身心

　　障礙者生活需求調查報告」。臺北市政府社會局委託。

黃志成、黃國良、王立勳、高嘉慧（民94）。「金門縣身心障礙者生活
　　需求調查」。金門縣政府委託。

黃志成、蔡嘉泇、蘇玫夙、陳玉玟、王淑楨（民96）。「金門縣政府96
　　年度身心障礙者生活需求調查」。金門縣政府委託。

楊朝祥（民79）。《生計輔導──終生的輔導歷程》（三版）。臺北
　　市：行政院青輔會。

Cabral, A. C., & Salomone, R. (1990). Chance and careers: Normative versus
　　contextual development. *The Career Development Quarterly, 39*, 5-1.

Holland, J. L. (1985). *Making Vocational Choices: A Theory of Careers* (2nd
　　ed.). Englewood cliffs, NJ: Prentice-Hall.

Lewis, R., Dobbs, L., & Biddle, P. (2013). If this wasn't here I probably
　　wouldn't be: disabled workers' views of employment support. *Disability
　　& Society, 28*(8), 1089-1103.

Powell, D. H. (1983). *Human Adjustment-Normal Adaptation Through the
　　Life Cycle*. Boston: Little, Brown and Company.

第二篇
個　論

我國在民國69年所公布的「殘障福利法」中，認定身心障礙福利的服務對象共有七類，在民國79年修法後增為十一類，民國84年增為十二類，民國86年改為十四類，民國90年增為十六類，此十六類包括：視覺障礙者、聽覺機能障礙者、平衡機能障礙者、聲音機能或語言機能障礙者、肢體障礙者、智能障礙者、重要器官失去功能者、顏面損傷者、植物人、失智症者、自閉症者、慢性精神病患者、多重障礙者、頑性（難治型）癲癇症、因罕見疾病而致身心功能障礙、其他經中央衛生主管機關認定之障礙者。民國96年公布之「身心障礙者權益保障法」則依「身體系統構造或功能，有損傷或不全導致顯著偏離或喪失，影響其活動與參與社會生活」的狀況，分為八類，這八類分別為：

1.神經系統構造及精神、心智功能。
2.眼、耳及相關構造與感官功能及疼痛。
3.涉及聲音與言語構造及其功能。
4.循環、造血、免疫與呼吸系統構造及其功能。
5.消化、新陳代謝與內分泌系統相關構造及其功能。
6.泌尿與生殖系統相關構造及其功能。
7.神經、肌肉、骨骼之移動相關構造及其功能。
8.皮膚與相關構造及其功能。

本篇將分別介紹各類之定義、鑑定向度、程度分級、福利需求及福利服務。

第八章

神經系統構造及精神、心智功能障礙者的福利服務

　　根據衛生福利部102年度統計數據，身心障礙者總人數總計1,125,113人，當中領有舊制身心障礙手冊者為870,756人，領有新制身心障礙證明者為254,357人，相較於101年度，身心障礙者總人數為1,117,518人增加了7,595人，102年度身心障礙者占總人口比率4.81%。領有新制神經系統構造及精神、心智功能損傷證明者，人數為54,950人，占102年度領有新制身心障礙證明人數的4.63%（衛生福利部，民103）。本章將新制的第一類神經系統構造及精神、心智功能損傷對應舊制分為智能障礙者、植物人、失智症者、自閉症者、慢性精神病患者、頑性（難治型）癲癇症者，分別介紹其福利需求以及福利服務內容。

第一節　定義及等級標準

　　依衛生福利部（民103a）對神經系統構造及精神、心智功能損傷的定義及等級標準說明如下：

一、定義及等級標準

　　神經系統構造包括腦部、脊髓、腦膜、交感神經系統及副交感神經系統五大部分，與腦功能（又稱心智功能）發展有直接相關，也關係著其他感官、循環、內分泌、泌尿及皮膚等構造之功能。腦功能可分為整體心智功能與特定心智功能兩大類。整體心智功能包括意識、定位（定向）、智力、整體心理社會、氣質與人格特質、精力與驅動力及睡眠等功能。特定心智功能涵蓋注意力、記憶、精神動作控制、情緒、知覺、思考、高階認知、語言、計算、依序執行複雜動作、自我與時間體認等功能。

　　神經系統構造及精神、心智功能損傷即是舊制十六類別中所對
應的智能障礙、自閉症、頑性癲癇症、植物人、失智症、慢性精神
病、多重障礙、罕見疾病而致身心功能障礙者，其他認定之障礙等
（衛生福利部，民103b）。

二、鑑定向度、程度分級及其基準

　　根據衛生福利部（民103b）神經系統構造及精神、心智功能
損傷之鑑定向度、程度分級及其基準，共有十三個向度，說明如**表
8-1**。

表8-1　神經系統構造及精神、心智功能損傷鑑定向度、程度分級及其基準

類別	鑑定向度	障礙程度	基準
神經系統構造及精神、心智功能	意識功能	0	未達下列基準。
		1	一年內平均每個月有兩次或持續一日以上（含）明顯的意識喪失，或意識功能改變，導致明顯妨礙工作、學習或影響與外界溝通之嚴重間歇性發作者。
		4	每日持續有意識障礙導致無法進行生活自理、學習及工作者。
	智力功能	0	未達下列基準。
		1	智商介於69至55或心智商數（mental quotient）介於69至55，或成年後心智年齡介於九歲至未滿十二歲之間或臨床失智評估等於1。
		2	智商介於54至40或心智商數（mental quotient）介於54至40，或於成年後心智年齡介於六歲至未滿九歲之間或臨床失智評估等於2。
		3	智商介於39至25或心智商數（mental quotient）介於39至25，或於成年後心智年齡介於三歲至未滿六歲之間或臨床失智評估等於3。
		4	智商小於或等於24或心智商數（mental quotient）小於或等於24，或於成年後心智年齡未滿三歲或臨床失智評估等於3且溝通能力完全喪失。

（續）表8-1 神經系統構造及精神、心智功能損傷鑑定向度、程度分級及其基準

類別	鑑定向度	障礙程度	基準
神經系統構造及精神、心智功能	整體心理社會功能	0	未達下列基準。
		1	整體功能評估介於41至50。
		2	整體功能評估介於31至40。
		3	整體功能評估介於21至30。
		4	整體功能評估小於20（含）。
	注意力功能	0	未達下列基準。
		1	持續有重度症狀困擾（如：易分心、注意力無法持續或轉移等），對社會、職業或學校功能方面有負面影響，產生中度持續顯著失能（如：無朋友；無法保有工作；學業或工作時，經常需他人提醒，經常粗心犯錯，以導致成就明顯低於一般基本水平下限；生活自理經常需要他人提醒，才能勉強在最寬鬆之時限內完成）。
		2	持續有嚴重程度症狀困擾（如：易分心、注意力無法持續或轉移等），難以對環境之目標依據需求警覺或專注，在社會、職業、學校或生活等多方面都難以獨立維持功能（如：在學校嚴重適應困難，需在他人協助下才能進行學習；無獨立工作能力；經常需要他人提醒或協助，才能完成生活自理，且常無法在最寬鬆之時限內完成）。
		4	持續有極嚴重程度症狀困擾（如：易分心、注意力無法持續或轉移等），幾乎完全無法有目的注意任何目標，對環境之明顯刺激也難以警覺，幾乎在所有的領域都無法獨立維持功能（如：在他人個別協助之下，仍難以進行學習或工作；需他人持續提醒或協助，才能完成生活自理）。
	記憶功能	0	未達下列基準。
		1	有顯著登錄、儲存及提取資訊的記憶困難，以致一般日常生活及學業、工作等方面之活動有明顯持續適應困難。
		2	有嚴重程度登錄、儲存及提取資訊的記憶困難，以致一般日常生活及學業、工作等方面之活動有嚴重適應困難。
		3	因登錄、儲存及提取資訊的記憶困難，幾乎在所有的領域都無法獨立維持功能。
	心理動作功能	0	未達下列基準。
		1	整體功能評估介於41至50。
		2	整體功能評估介於31至40。

（續）表8-1　神經系統構造及精神、心智功能損傷鑑定向度、程度分級及
其基準

類別	鑑定向度	障礙程度	基準
神經系統構造及精神、心智功能	心理動作功能	3	整體功能評估介於21至30。
		4	整體功能評估小於20（含）。
	情緒功能	0	未達下列基準。
		1	整體功能評估介於41至50。
		2	整體功能評估介於31至40。
		3	整體功能評估介於21至30。
		4	整體功能評估小於20（含）。
	思想功能	0	未達下列基準。
		1	整體功能評估介於41至50。
		2	整體功能評估介於31至40。
		3	整體功能評估介於21至30。
		4	整體功能評估小於20（含）。
	高階認知功能	0	未達下列基準。
		1	目標導向相關的執行功能有顯著困難，造成一般日常生活及學業、工作等功能方面有明顯持續適應困難或負二個標準差（不含）至負三個標準差（含）或臨床失智評估量表等於1。
		2	目標導向相關的執行功能有嚴重程度困難，在一般日常生活及學業、工作等多方面之活動有嚴重適應困難或低於負三個標準差或 臨床失智評估量表等於2。
		3	因目標導向相關的執行功能困難，幾乎在所有的領域都無法獨立維持功能或臨床失智評估量表大於或等於3。
	口語理解功能	0	未達下列基準。
		1	可以聽懂簡單是非問題與指令，亦可理解部分簡單生活對話；對較複雜的語句則無法完全理解。
		2	經常需要協助，才能聽懂日常生活中的簡單對話、指令或與自身相關的簡單詞彙。
		3	完全無法理解口語訊息。
	口語表達功能	0	未達下列基準。
		1	說話時經常因語句簡短不完整、詞不達意等問題，以致只有熟悉者才能瞭解其意思，對日常溝通造成明顯限制。

（續）表8-1　神經系統構造及精神、心智功能損傷鑑定向度、程度分級及其基準

類別	鑑定向度	障礙程度	基準	
神經系統構造及精神、心智功能	口語表達功能	2	口語表達有顯著困難，以致熟悉者也僅能瞭解其部分意思，常需大量協助才能達成簡單生活溝通。	
		3	幾乎完全無法口語表達或所說的別人完全聽不懂。	
	閱讀功能	0	未達下列基準。	
		1	1.閱讀能力測驗得分低於就讀年級負二個標準差〈不含〉。 2.年滿十二歲，且就讀國民中學以上之學校或未就學者，閱讀能力測驗得分低於國小六年級常模負二個標準差。	
	書寫功能	0	未達下列基準。	
		1	1.書寫語言能力測驗得分低於就讀年級負二個標準差〈不含〉。 2.年滿十二歲，且就讀國民中學以上之學校或未就學者，書寫語言能力測驗得分低於國小六年級常模負二個標準差。	

資料來源：衛生福利部（民103b）。

三、鑑定的分類項目

表8-2顯示新制身心障礙鑑定向度及類別，並說明各類別的相關疾病。

表8-2　新制身心障礙鑑定向度及類別

新制鑑定類別及向度		相關疾病類別
神經系統構造及精神、心智功能	意識功能	植物人／失智症／頑性癲癇
	智力功能	失智症／智能障礙／自閉症
	整體心理社會功能	失智症／智能障礙／自閉症／慢性精神疾病
	整體心理功能：發展遲緩	智能障礙／自閉症
	注意力功能	失智症／智能障礙／自閉症／慢性精神疾病
	記憶功能	失智症／智能障礙／自閉症／慢性精神疾病
	心理動作功能	失智症／智能障礙／自閉症／慢性精神疾病
	情緒功能	失智症／自閉症／慢性精神疾病
	思想功能	失智症／智能障礙／慢性精神疾病
	高階認知功能	失智症／智能障礙／自閉症／慢性精神疾病
	語言功能	聲音機能或語言機能障礙
	閱讀功能	智能障礙／自閉症／慢性精神疾病
	書寫功能	

資料來源：衛生福利部（民103b）。

四、神經系統構造及精神、心智功能障礙人數概況

　　根據衛生福利部統計數據顯示，民國101年領有新制的身心障礙證明者共有36,070人，當中神經系統構造及精神、心智功能共有14,490人；民國102年領有新制身心障礙證明者總共有131,746人，當中神經系統構造及精神、心智功能共有54,950人（衛生福利部，民103）（**表8-3**）。當中如再細分領有失智症、智能障礙者、自閉症、慢性精神病患者、頑性（難治型）癲癇症者人數，在102年度中以程度及性別區分，失智症患者在每個障礙等級中女性人數均高於男性，總人數女性也多男性8,257人；在智能障礙類別中，每個障礙類別男性則多於女性，總人數男性也高於女性14,192人（**表8-4**）。在102年度各階段特殊教育學生總人數為118,911人，當中智

身心障礙福利服務

能障礙學生為30,140人，智能障礙學生為特殊教育總人數最多的障礙類別（教育部，民103），詳細資料請見**表8-5**。

此外，在自閉症患者人數與各障礙等級中，男性患者人數均高於女性，總人數男性高於女性9,572人；在慢性精神病患者患者中，平均人數女性略高於男性，當中輕度女性高於男性4,171人，其他等級則為男性居高；頑性（難治型）癲癇症者以男性較多，在總患者4,693人中，男性為2,540人，女性為2,153人。

表8-3　101-102年度領有神經系統構造及精神、心智功能證明人數

年度與人數	領有新制神經系統構造及精神、心智功能人數	領有新制身心障礙證明總人數
101	14,490人	36,070人
102	54,950人	131,746人

資料來源：衛生福利部（民103d）。

表8-4　102年度神經系統構造及精神、心智功能障礙類總人數與障礙等級

障礙類別／人數		極重度		重度		中度		輕度	
類別	男	女	男	女	男	女	男	女	
失智症	16,230	24,487	2,505	4,303	3,185	5,964	6,046	8,830	4,494	5,390
智能障礙者	56,840	42,648	4,591	3,669	8,659	6,927	20,383	16,626	23,207	15,426
自閉症	11,322	1,750	298	72	1,205	276	2,839	501	6,980	901
慢性精神病患者	58,886	60,780	1,339	1,241	11,570	10,313	32,835	31,913	13,142	17,313
頑性（難治型）癲癇症者	2,540	2,153	21	14	5	6	17	15	2,497	2,118

資料來源：衛生福利部（民103d）。

146

表8-5　100-102年度各階段特殊教育學生總人數

年度	總人數	智能障礙	視覺障礙	聽覺障礙	語言障礙	肢體障礙	腦性麻痺	身體病弱	情緒／行為障礙	學習障礙	多重障礙	自閉症	發展遲緩	其他障礙
100	111,724	30,779	2,166	4,773	2,456	8,725	－	4,932	5,482	23,752	9,258	9,214	6,410	3,777
101	115,385	30,662	2,059	4,629	2,391	8,109	－	4,956	5,990	26,260	9,142	10,216	7,040	3,931
102	118,911	30,140	1,982	4,547	2,214	7,405	504	4,824	6,034	28,730	8,676	11,179	8,880	3,794

資料來源：教育部（民103）。

第二節　智能障礙者的福利需求與福利服務

一、智能障礙者的福利需求

(一)福利需求之研究結果

　　依據智能障礙者之基本資料、居住及起居生活狀況、個人及家庭經濟狀況、休閒活動、社會參與狀況、外出交通狀況、教育學習狀況、對福利服務及醫療照顧需求、工作現況及職業重建服務需求等資料，作為福利服務的參考依據，以下列舉一些福利需求之研究結果。

◆黃志成（民82）

　　黃志成（民82）以臺北市領有智能障礙之身心障礙手冊者共3,036人為對象，發現智能障礙之福利服務需求前五項依序為：居家生活補助、醫療補助、收容教養補助、技藝訓練、學雜費減免。

◆黃志成、吳俊輝（民93）

黃志成、吳俊輝（民93）進行智能障礙兒童及其家長需求研究指出，智能障礙兒童及其家長需求歸納為以下幾個向度：

1. 就醫服務需求方面：包括醫療補助、免費健康檢查、固定的醫療服務、就醫的諮詢等。

2. 就養服務需求方面：包括居家生活補助、交通服務、收容教養補助、生活自理能力訓練、設立收容或教養機構、臨托服務、提供多樣性的安置服務、建立智能障礙者安養信託制度、復健服務及相關資訊上的支援等。

3. 就學服務需求方面：包括學雜費減免、教導學童藝能活動、相關心理輔導、適當的教育安置、課業輔導、兩性教育、休閒教育、有機會接受較高等的教育、教育資訊上的支援、提供職業有關的課程、畢業後能繼續追蹤輔導等。

4. 就業服務需求方面：包括技藝訓練、就業安置、就業機會的爭取等。

5. 親職教育需求方面：包括家人與親友的支持與瞭解、心理情緒困擾的處理、向他人解釋的需求、家庭休閒娛樂的需求、提供父母有關照顧或教導子女的諮詢服務、家庭與父母適應。

6. 社會適應需求方面：包括溝通與社會適應、社區活動的參與、社會資源運用、社區安全生活能力、建立社會支持網絡、參與公民的活動、規劃未來生活的各項服務內容、婚姻及家庭組成。

7. 無障礙生活環境需求方面：包括社會大眾對智能障礙者的正確看法與接納、無障礙的物理環境。

◆張雅婷（民100）

張雅婷（民100）以嘉義市地區設有特教班或資源班的一般國民中學及特殊學校國中部智能障礙學生家長共計140人為對象，對其子女之生涯規劃做需求研究，智障子女之家長希望為智障子女的生涯規劃的需求為：

1.就學方面：家長對子女教育學習規劃的需求為子女國中畢業後能繼續升學。
2.就業方面：子女成年後能在有人協助的環境下工作。
3.生活自理方面：教導子女能妥善運用金錢。
4.婚姻方面：教導孩子能辨別兩性之間的異同。
5.社會適應需求方面：教導孩子能與他人和諧相處。

◆嘉義市政府（民99）

嘉義市政府99年身心障礙者生活需求調查顯示（鄭尹惠等，民99）：

1.有21.3%的智能障礙者或主要照顧者認為「免費搭乘市區公車」與「生涯轉銜服務」是需要的。
2.智能障礙者在知道並已利用各項的服務中，使用率最高為45.9%的「中低收入生活補助」，其中23%感到滿意，16.45覺得普通；其次是「牌照稅減免」與「職業重建服務」的34.4%，其中有30%以上都感到普通以上的滿意度。

◆新北市政府

新北市政府社會局於100年進行的身心障礙者生活需求調查資料顯示（邱滿艷，民100）：

1.個人需求部分：智能障礙者生活重建需求最高，占49.1%；

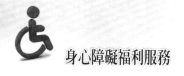

心理重建其次，占36.9%；居家照顧第三，占36.0%。

2.家庭照顧者需求部分：智能障礙家庭照顧者以照顧者訓練及研習需求最高，占69.9%；照顧者支持其次，占69.8%；第三為臨時及短期照顧，占60.3%。

3.經濟安全服務需求部分：智能障礙者以中低收入生活補助費最高，占56.6%；醫療費用補助其次，占40.5%；房屋租金及購屋貸款利息補貼第三，占27.2%。

4.職業重建服務需求部分：智能障礙者以職業訓練服務最高，占39.0%；庇護性就業其次，占28.6%；就業資訊及諮詢第三，占25.3%。

5.外出及交通需求部分：智能障礙者以障礙者搭乘大眾運輸半價優待需求最高，占49.5%；陪伴者搭乘大眾運輸半價優待其次，占36.5%；聯營公車免費搭乘優待第三，占27.8%。

6.就醫服務需求部分：智能障礙者以門診掛號費減免最高，占52.4%％；身心障礙者門診服務其次，占45.6%；身心障礙者口腔診治補助計畫第三，占42.0%。

7.用社會參與服務需求部分：智能障礙者以休閒活動最高，占92.0%；文化活動其次，占57.6%；體育活動第三，占50.4%。

◆**內政部**（民101）

內政部（民101）100年身障者生活需求報告指出，智能障礙者認為最需要之福利服務措施，若以重要度衡量依序為：身心障礙者生活補助費、醫療費用補助、社會保險費補助、身障者或子女就學費用補助、居家照顧費用補助、居家照顧、輔具費用補助。

(二)智能障礙者之福利需求

綜合以上的文獻資料，吾人可歸納智能障礙者的福利需求如下：

◆就醫服務方面

醫療補助、免費健康檢查、固定的醫療服務、就醫諮詢、復健服務及相關資訊上的支援、門診掛號費減免、身心障礙者門診服務、身心障礙者口腔診治補助計畫、社會保險費補助等。

◆就養服務方面

居家生活補助、收容教養補助、交通服務、生活自理能力訓練、設立收容或教養機構、臨托服務、提供多樣性的安置服務、建立智能障礙者安養信託制度、教導子女能妥善運用金錢、教導孩子能辨別兩性之間的異同、教導孩子能與他人和諧相處、免費搭乘公車、生涯轉銜服務、牌照稅減免、生活重建、心理重建、居家照顧、房屋租金及購屋貸款利息補貼、休閒活動、文化活動、體育活動、居家照顧費用補助、輔具費用補助、家人與親友的支持與瞭解、心理情緒困擾的處理、社區活動的參與、社會資源運用、社區安全生活能力、建立社會支持網絡、參與公民的活動、規劃未來生活的各項服務內容、婚姻及家庭組成等。

◆就學服務方面

學雜費減免、教導學童藝能活動、相關心理輔導、適當的教育安置、課業輔導、兩性教育、休閒教育、有機會接受較高等的教育、教育資訊上的支援、提供職業有關的課程、畢業後能繼續追蹤輔導、身障者或子女就學費用補助等。

◆就業服務方面

技藝訓練、就業安置、就業機會的爭取、庇護性就業、就業資訊及諮詢等。

◆親職教育方面

提供父母有關照顧或教導子女的諮詢服務、家庭與父母適應等。

◆無障礙生活環境方面

協助社會瞭解智障兒是可以在幫助下正常生活，也可以和一般人一起生活、社會大眾接納與支持、無障礙的物理環境等。

二、智能障礙者的福利服務

國父說：「苟善盡教養之責，則天無枉生之才。」又說：「……至於聰明才智全無的人，亦當盡一己之力，以服一人之務，造一人之福。」這兩句話道出了智能障礙者的就學、就養與就業之問題，亦即從小就要訓練智能障礙者的生活自理能力，使其不依賴他人，若能力不足，亦可服務自己，當然，福利服務的介入，更有助於其身心的發展與生活品質的提升。

(一)就醫服務方面

智能障礙者由於先天在智力發展的限制，並伴隨語言表達的困難，難以具體描述疾病的癥狀，以致於經常被醫護人員誤診、不當的治療，甚至不做任何的治療，導致許多疾病未能及時有效的處理。Hauw與Vayre（2012）針對智能障礙者進行研究發現，年齡與認知退化有差異，建議智能障礙的醫療與福利應優質化。

　　由此可知，智能障礙者比一般人有更高的醫療需求，醫療花費也較一般人高，但因他們在智力及表達能力的限制，使得社會大眾容易忽略其醫療需求及資源的供給。因此，為確保智能障礙者理想的醫療品質首先應健全基層醫療照護網路，並針對大型醫院提出改善的建議措施，包括：設立特別服務窗口、就醫免掛號費或部分負擔減免措施，以及規劃健全的復健制度等，期能有效提升智障者的醫療品質（孫淑柔，民97）。此外，尚包括醫療費用補助、免費健康檢查、固定的醫療服務、就醫諮詢、復健服務及相關資訊上的支援、身心障礙者門診服務、身心障礙者口腔診治補助計畫、社會保險費補助等。

(二)就養服務方面

◆居家生活和收容教養補助

　　根據內政部（民101）身心障礙者生活需求調查指出，目前智能障礙者居住在身心障礙福利服務機構有5.66%，在日常生活中煮飯、做菜項目最困難，達到69.84%；其次為搭乘交通工具，達66.03%；希望政府優先辦理身心障礙者生活補助費有55.50%。新北市政府在100年身心障礙者生活需求調查也顯示，有高達56.6%智能障礙者有中低收入生活補助費的需求（邱滿艷，民100）。由此可知，智能障礙者的經濟並不寬裕，居家生活費或收容教養費可能不濟，影響生活品質，故政府相關單位可按年編列身心障礙津貼或年金支應，滿足其需求。

◆生活自理能力訓練、生活重建、心理重建、居家照顧

　　根據新北市政府100年身心障礙者生活需求調查顯示，有高達49.1%有生活重建的需求（邱滿艷，民100）。智能障礙者要能獨立

生活，生活自理能力自不可免，然而由於智能障礙者常常在學習儀容、整潔、飲食、如廁等技能發生困難，尤其對許多中、重度及極重度障礙者而言，需要花很長一段時間來學習生活自理能力，值得注意的是現行教育制度六歲入小學，或三、四歲進入幼兒園才開始有「正式」的、專業的人員介入生活自理能力訓練，似嫌太慢，最好在三歲以前就要進入早療系統，或訓練其父母親即時介入智能障礙嬰幼兒的教育工作，更能達到事半功倍之效。

◆提供多樣性的安置服務

智能障礙者的個別差異很大，安置服務需要自然各異，為能滿足各種需要，政府及民間可提供下列之安置服務措施：

1.臨時托育中心。
2.日間托育中心。
3.教養院。

以上服務儘量以社區化為主，如此更能滿足智能障礙者需求，也給家中照顧者在接送、探視時帶來方便。此外，在這些機構裡，也應該有專業的服務人員，如特教老師、社工師、醫生（專任或兼任）、護士、職能治療師、心理學家、復健師、語言治療師等。

◆有效財務規劃

為讓智能障礙者在父母百年之後，經濟不虞匱乏，父母應在生前為智能障礙子女做好財務規劃，規劃的方向可由下列三方面著手：

1.遺囑：父母在生前預立遺囑時可對遺產預作分配，以確保智能障礙者在父母死後，能有足夠的財產，繼續受到妥善的照顧。
2.保險：父母為智能障礙子女投保，在保險商品中，以年金保

險最適合智能障礙子女。如國民年金中的身心障礙年金、身心障礙基本保證年金（擇一請領），活多久領多久，到智能障礙者死亡才停止給付。

3.信託：依據「身心障礙者權益保障法」第83條規定，為使無能力管理財產之身心障礙者財產權受到保障，中央主管機關應會同相關目的事業主管機關，鼓勵信託業者辦理身心障礙者財產信託（衛生福利部，民102c）。意即由父母將特定財產信託移轉予第三人，委託其以該財產之收益，教育、安養智能障礙之子女。

值得注意的是二十歲以上的智能障礙者在法律上仍為有完全行為能力的人，為保障其權益，家屬應主動為他向法院聲請宣告禁治產，使其在法律上成為無行為能力人，並由他的法定代理人代為，或代受意思表示。

此外，尚包括交通服務、教導子女能安善運用金錢、教導孩子能辨別兩性之間的異同、教導孩子能與他人和諧相處、免費搭乘公車、生涯轉銜服務、牌照稅減免、房屋租金及購屋貸款利息補貼、休閒活動、文化活動、體育活動、輔具費用補助、家人與親友的支持與瞭解、社區活動的參與、社會資源運用、社區安全生活能力、建立社會支持網絡、參與公民的活動、規劃未來生活的各項服務內容、婚姻及家庭組成等。

(三)就學服務方面

內政部（民101）在100年身心障礙者生活需求調查資料顯示，智能障礙者依然有73.18%有受教育需求。智能障礙者也需要透過社會化與教育充實日後的自我照顧功能，建議內容如下：

◆教學重點

1. 輕度障礙的教育原則：給予自信心、充分的練習、知覺動作訓練、語言、社交技巧、連續性的評量以及親職教育。
2. 中重度障礙的教育原則：提升生活自理、語言發展、知覺動作協調、基本知能以及謀生能力。

◆適當安置智能障礙兒童在適合的教育場所

1. 融合教育：普通班加上特殊教育輔助服務。
2. 資源教室：提供給輕度與中度的智能障礙學生接受個別化教學的機會。
3. 特殊班：缺點是會減少智能障礙學生與普通學生社會互動的機會，因此有些學校也適時調整依智能障礙學生的能力，使其部分課程回歸普通班，以增加與一般學生互動的機會。
4. 啟智學校：專門為智能障礙兒童所設的學校，主要收中重度的智能障礙兒童。
5. 啟智福利機構：大多數招收重度、極重度障礙兒童。
6. 在家自行教育：適用於有一些行動或情緒有很大困難，或有特殊原因必須留在家裡的重度、極重度智能障礙兒童。

◆教育課程

可教育性智能不足兒童的教育應以部分基本主科學業為其主要學習課程，而可訓練性智能不足兒童則教導他們更具體、更實用的課程，並強調自助及職業技能的培養為主。

對輕、中度智能障礙兒童的教學重點在不同的階段必須著重在不同的領域上。小學初期的教導應著重「學習準備度」（先備技能）的訓練；小學後期的學習重點，則較強調實用性學業（function academics）；中學階段要學習基本社區生活能力與職業生活技能。

　　對於重度和極重度智能障礙學生，其課程特徵應包括以下幾點：

1.適合年齡（age-appropriate）的課程與教材。
2.實用性活動。
3.社區本位教學（community-based instruction）。
4.統合治療（integrated therapy）。
5.與非障礙學生互動。
6.家庭參與（family involvement）。

◆**學雜費減免**

　　根據內政部（民101）100年身障者生活需求報告指出，智能障礙者的家庭經濟狀況，不到半數可以達到收支平衡狀態，主要原因在於其收入來源主要仰賴政府或家屬給予，為讓智能障礙的小學生、國中生或高中職生能順利完成學業，宜給學雜費補助。

　　此外，尚包括教導學童藝能活動、相關心理輔導、課業輔導、兩性教育、休閒教育、有機會接受較高等的教育、教育資訊上的支援、提供職業有關的課程、畢業後能繼續追蹤輔導等。

(四)就業服務方面

　　根據憲法第15條指出，人民工作權應受到保障；第152條指出，人民具有工作能力者，國家應予以適當之工作機會（立法院，民36）。智能障礙者也應享有公民權，應享有就業權利，但並非都有適合的就業能力，智障者有就業意願，是投入就業市場時必要的條件，但若智障者具備就業意願，而其職業相關能力還待瞭解，可透過職業評估，從其興趣、體能、認知、人格、性向等多元的評估來檢視。有關智障者的職業輔導內容說明如下：

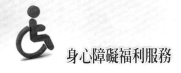

身心障礙福利服務

◆職業重建服務

依據「身心障礙者權益保障法」第33條指出，身心障礙者職業重建服務包括：職業輔導評量、職業訓練、就業服務、職務再設計、創業輔導及其他職業重建服務。亦即心智障礙者可以在有需要的時候尋求職業輔導評量、職業訓練、就業服務、職務再設計、創業輔導及其他職業重建服務。

◆職業輔導評量服務

職業輔導評量服務是由受過訓練的專業人員，運用特別的方式或工具來提供評量服務，評量完成後會與轉介人員及心智障礙者與家屬共同討論出一個可行的職業重建計畫，再交給職業訓練或是就業服務單位作就業服務的提供。

通常遇到以下的情形時可以使用職業輔導評量服務：

1. 當智能障礙者在高中（職）三年級下學期爲了釐清未來就業的方向性及想知道未來生涯需要哪些協助與支持時。
2. 當智能障礙者有就業或接受職業訓練意願，但不知道自己可以從事哪些職業類別的工作時。
3. 對於要進入庇護工場這種特殊僱用場合接受僱用的智能障礙者，或是在庇護工場受僱，目前已經出現愈來愈無法應付工作現場工作要求的情形時。

◆職業訓練服務

職業訓練主要是協助國中畢業或十五歲以上領有身心障礙手冊（或證明）者培養特定職業技能，而智能障礙者的職業訓練通常是透過政府委託給機構或學校來辦理的。

◆就業服務

依「身心障礙者權益保障法」第34條第一項規定，各級勞工主

第八章　神經系統構造及精神、心智功能障礙者的福利服務

管機關對於具有就業意願及就業能力，而不足以獨立在競爭性就業市場工作之身心障礙者，應依其工作能力，提供個別化就業安置、訓練及其他工作協助等支持性就業服務（衛生福利部，民102c）。

　　智能障礙者的就業服務應符合個別化提供之原則，目前就業服務可由政府委託的身心障礙機構、團體、醫療機構或是經許可設立的身心障礙就業服務機構來提供。

　　承辦就業服務的單位主要的任務是提供求職、就業機會開發、就業諮詢、職涯輔導、工作分析、職業分析與推介就業等個別化及專業化就業服務與求才、僱用諮詢。其中個別化專業化的就業服務指的就是由就業服務專業人員，依其為智能障礙者開發到的工作業務性質及智能障礙者本人的就業需求，提供工作機會的推介媒合、實際工作職場線上的訓練與輔導、職務再設計諮詢、就業適應及追蹤輔導等服務。

　　由於政府有責任提供身心障礙者的就業服務，所以接受就業服務的智能障礙者通常不需要負擔服務成本，只有涉及個人飲食用餐及交通的費用需要自行負擔。

◆庇護工場

　　依「身心障礙者權益保障法」第34條第二項規定，各級勞工主管機關對於具有就業意願，而就業能力不足，無法進入競爭性就業市場，需長期就業支持之身心障礙者，應依其職業輔導評量結果，提供庇護性就業服務（衛生福利部，民102c）。

　　庇護性就業主要是由庇護工場來落實。顧名思義庇護工場是有別於一般競爭性的職場，智能障礙者與庇護性就業提供者之間是一種勞僱的關係，庇護性就業提供者提供一個具有保護性的職場。在這個特殊的職場當中，受僱的智能障礙者享有一定的勞動權益保障，包括：薪資、福利、休假、勞動安全保護等；此外，庇護性就

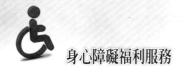

業提供者還需要提供就業支持、就業轉銜及相關服務。

(五)親職教育方面

陳瑋婷（民101）進行「身心障礙者家長在獲知子女具備身心障礙特質」研究後發現，家長往往會歷經震驚、否認、憤怒、妥協與沮喪等心理轉折，很有可能在心理尚未調適下便得儘速瞭解孩子的障礙症狀與行為問題，並滿足障礙子女醫療照顧、發展或教育的服務及基本照顧需求，害怕被汙名化的心態也可能使身心障礙者家長心生自卑感與罪惡感，而逃避讓自己與子女參與社交活動。

長期沉溺於親職壓力中的家長，可能伴隨沮喪、憂鬱或身體不適等負面感受，並導致生活品質低落的現象。因此減緩家長的親職壓力並提升其生活品質，乃成為親職教育的重要議題之一。

在所有因應策略中，尋求社會支持是身心障礙者家長與普通家長較常使用的一種方法，因此政府或民間團體若能為智能障礙青少年兒童的父母提供親職教育講座、座談會等經驗分享與情緒上的支持，對於智能障礙青少年及兒童的父母教養智能障礙青少年兒童應會有所助益。

(六)無障礙生活環境方面

世界各國已經普遍接受「正常化」的原則，專業人員在為智障者設計學習、生活或工作環境的時候，也應考慮這一原則，使智障者盡可能地和一般人在一起接受教育、一起生活和一起工作。正常人要活在人群裡，智能障礙者也同樣可以在人際的交往，獲得社會人際、溝通和認知等方面的學習刺激，使能力有所增強。愈特殊、愈隔離的環境只有使他們更遠離正常，成為怪異分子。尤其是在智能不足人口中占大多數的輕度智能障礙者，他們的能力相當接近普

通兒童，很需要在沒有「標記」的安排下進行學習，才會有比較好的社會和工作適應。就障礙情況比較嚴重的智能障礙兒童而言，他們也需要在關愛的環境下生活和學習，享受家庭和社區生活的樂趣，都不是隔離的環境可以提供的。所以，唯有在「無障礙和無限制」的學習和生活環境之下，才能使智能障礙兒童將來長大以後能夠盡可能地獨立自主（黃志成、王麗美、王淑楨，民101）。

第三節　植物人的福利需求與福利服務

根據行政院衛生福利部（民103b）對植物人的定義，指大腦功能嚴重障礙，完全臥床，無法照顧自己飲食起居及通便，無法與他人溝通者。植物人因障礙嚴重，不論行動、溝通及維生皆需仰仗他人，應列入「一級」身心障礙，無法再分等級。

一、植物人及其照顧者的福利需求

(一)福利需求之研究結果

◆林艾華（民97）

林艾華（民97）研究指出，對植物人照顧者而言，不同階段所需要的協助不同，在即將出院階段，醫院應著重在照顧技巧教導及情緒安撫，因為出院後家屬將自己照顧病人，對於身體管路越多及疾病複雜度越高的病人，家屬壓力越大。出院準備小組需為返家後家屬做持續性照護接軌，因為返家後的初次照護工作會是很大的壓力，若醫院能建立二十四小時聯絡電話或緊急聯絡窗口，可以緩解

家屬的壓力與擔憂。

◆新北市政府

　　新北市政府100年身心障礙者生活需求調查指出，植物人及其家屬各項需求如下（邱滿艷，民100）：

1. 個人照顧服務需求：以居家照顧最高，占60.0%；其次為日間及住宿式照顧最高，占50.0%；第三為生活重建，占48.3%。
2. 家庭主要照顧者需求：以臨時及短期照顧，占83.3%；照顧者支持、照顧者訓練及研習均占58.3%。
3. 經濟安全服務需求：以醫療費用補助最高，占46.7%；中低收入生活補助費其次，占40.4%；第三為日間照顧及住宿式機構托育養護費用補助，占40.0%。
4. 職業重建服務需求：以居家就業最高，占58.3%；就業資訊及諮詢占50.0%其次；第三為職業訓練服務占33.3%。
5. 行動與交通服務需求：以身心障礙者專用停車位識別證61.9%最高；復康巴士其次，占57.1%；設置身心障礙者專用停車位第三，占42.9%。
6. 就醫服務需求：以醫療看護費用補助最高，占75.0%；身心障礙者門診服務其次，占45.8%；門診掛號費減免29.2%第三。
7. 社會參與服務需求：以休閒活動93.3%最高；文化活動66.7%其次；第三為體育活動，占40.0%。

◆內政部（民101）

　　內政部（民101）100年身心障礙生活需求調查指出，植物人目前的各項現況與需求如下：

1. 造成植物人身心障礙之主要原因爲「後天疾病而致」，占42.84%；其次爲「交通事故」，占26.82%。

2. 居住狀況以在「自家」爲最多，占45.09%；其次爲「居住在私立教養、養護機構」，占36.58%。

3. 需要政府或民間團體提供「居家護理」服務（每百人有81人）；其次爲「身體照顧」（每百人有36人）。

4. 對使用居家服務之部分負擔費用看法以「不願意」最高，占44.65%；其次爲「3,000元以下」，占29%。

5. 家庭每月開銷以「60,000元以上」最高，占30.26%；其次爲「40,000～59,999元」，占29.08%。

6. 除了領取各項經濟補助及減免外，尚有領取政府其他補助者，就有領取補助項目觀察，以有領取「國民年金老年基本保證年金」最多（每百人有33人）；其次是「低收入戶家庭生活補助」（每百人有17人）。

7. 認爲政府應優先辦理的醫療照護措施爲「提供醫療補助措施」，占44.65%；其次爲「提供就醫交通協助」，占21.63%。

8. 認爲政府應優先辦理的生活福利措施爲「提高身心障礙者生活補助費」，占56.45%；其次爲「醫療費用補助」，占32.71%；第三爲「居家照顧費用補助」，占10.08%。

9. 認爲最需要之福利服務爲「身心障礙者生活補助」，占52.94%；其次爲「醫療費用補助」，占33.50%；第三爲「輔具費用補助」，占10.35%。

(二)植物人及其照顧者之福利需求

綜合以上及黃志成等（民101），整理出植物人及其照顧者的福利需求，說明如下：

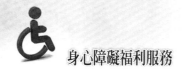

◆就醫服務方面

加強醫療、復健、護理知識，醫療費用補助，提供社區就近醫療服務，成立專科醫院等。

◆就養服務方面

居家生活補助費，居家服務、提供喘息照顧、提供照顧之相關知識、規劃社區服務網路、長期照護之補助。

◆其他服務方面

向大眾宣導接納植物人之家屬、免稅優待、安樂死的問題、交通服務協助就醫。

二、植物人的福利服務

(一)就醫服務方面

◆醫療費用補助

根據內政部（民101）100年統計資料顯示，照顧一位植物人，每個月的開銷約需60,000元（占30.26%），並不是一般家庭可以負擔。植物人因為長期臥病在床，會併發其他疾病，醫療費用是一筆可觀的數目。目前健保所能給予的補助有限，政府應給予更多的醫療費用補助。

◆提供社區就近醫療服務

植物人需要完全協助性的照顧，照顧內容包括餵食、尿管處理、協助服藥、處理壓瘡與痰液、適當的臥位。如果有居家照護護理師協助照顧指導，植物人的照顧者可以獲得協助，壓力指數會降

低。希望能規劃社區服務網路以協助照顧者，居家訪視護士或一般的居家照護的照顧者，提供給家屬的不只是實質專業工作中的支持，同時也提供了情緒上的支持或保證。

◆成立專科醫院

洪素寬（民94）研究指出，植物人的植物狀態是有可能會治好的，植物人仍可能有隱藏的腦部活動及仍有能力產生複雜的腦力活動，他大腦有些「迴路」仍能孤立的持續發揮作用，所以植物人的意識是有可能會清醒的。例如，2002年在英國發生鐵路車禍，曾陷入深度昏迷的鳳凰衛視主播劉海若小姐，原本英國醫師認為，她已經腦死無法醫治，最後只能成為一個植物人，她躺在床上半年多一動也不動，但她的家人不願她腦死在英國，她家人對她的愛心及不放棄希望的狀況下，送她到大陸北京宣武醫院手術治療，經過醫護人員悉心的醫治照顧下，她奇蹟似的逐漸康復中。如果能成立植物人照護專科醫院，如此能集合更專業的腦內外科醫師、護理及其他相關人員，共同為植物人的醫療而努力。

(二)就養服務方面

◆生活費補助

謝淑楓（民92）研究指出，其研究對象之家庭本來均未達社會救助標準，然而當家中有人變成植物人後，整個家庭的經濟旋即陷入困境，以致成為社會救助對象的中低收入戶。其中有一案例表示，本來低收入戶補助7,000元，進入創世基金會後，家屬就沒有再領這筆錢，政府還有補助25,000元給創世，因為由機構（創世）照顧植物人，需有人事費用的支出，所以政府另有補助。當等待創世床位時，家屬就跟社會局的小姐說，「如果沒有床位，我們可以

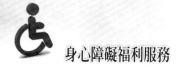
在家自己照顧，社會局可以直接將補貼給創世的費用補貼給家屬啊！」

由家屬這段話更明白透露出「在家照顧不被視為是工作，機構照顧才是工作」！可是當家屬選擇在家安養時，家裡一定要有人需要隨時照顧，無法就業，加上植物人本身的安養費用，政府應該給予居家生活補助費。

◆居家服務

由受訓合格的居家服務員到植物人家中協助分擔照顧，服務的項目包括：

1.家務與日常生活照顧服務：協助洗衣、環境改善、家務與文書處理、友善訪視、餐飲服務、家事指導、陪同或代購生活必需品、陪同就醫。
2.身體照顧服務：協助沐浴、穿換衣服、進食、服藥、翻身、拍背、肢體關節活動、上下床、陪同散步、運動、協助使用日常輔具、其他。

◆提供喘息服務

為了讓照顧者暫時放鬆或暫時離開受照顧者（病人）的一種服務，讓照顧者可以有時間出去走走、整理家務或補充睡眠的一種方式。可分為：

1.居家喘息：家庭照顧者因臨時有事無法照顧時，服務員到家中協助照顧植物人，提供臨時、短期的照顧服務。
2.機構喘息：短時間內家人無法照顧時，將家中需要照顧的植物人送至政府的合約機構中，接受二十四小時全天候的日常生活照顧。

◆提供照顧之相關知識

葉經柱（民102）指出，植物人由於無意識狀態，一切生命現象均需護理人員的觀察照顧，因此照護方法與一般病人相比，自然困難得多，我們必須更加用心及小心。例如：

1. 吃飯：植物人不能運動，吃的必須是流質或半流質食物，不須咀嚼吞嚥而用鼻胃管打進去，至於吃哪些東西才夠營養，應請教醫師和營養師，餵食或灌食每四小時一次。
2. 喝水：每天必須飲水數次，躺著不能用杯子喝，要用鼻胃管緩緩注入，每次約200～300cc.，水用溫水，太燙會傷害口腔和喉嚨，必須避免。
3. 處理排泄物：植物人不分男女都不穿褲子，必須包紙尿片，每兩小時更換一次。如有腹瀉或小便頻繁現象，就要注意隨時更換，若有便秘，就要灌腸。
4. 洗澡：至少每兩天要洗一次，洗澡時，要洗頭、刷牙、剪指甲。至於洗臉，應每天至少一次，每半月理髮一次。
5. 翻身：每兩小時翻一次，左右側平躺交換進行。翻身搥打背部臀部，以促進肌肉輕鬆及血液循環，避免褥瘡。
6. 一般性的量體溫、血壓，也不可忽略。呼吸道的通暢，更是十分重要，如有咳嗽，必須立即抽痰以防呼吸道阻塞。腹部是否脹氣，小便是否有血尿，都要經常注意。
7. 一旦發現有其他疾病發生，應立即送醫院診治。

◆提供社區化安養中心

目前安養中心以社區化、小型化為主要潮流，方便家屬前往探視、暫時照顧也較方便。

(三)其他服務方面

免稅優待、向大眾宣導接納植物人之家屬、安樂死的問題、交通服務協助就醫。

 第四節　失智症者的福利需求與福利服務

根據行政院衛生福利部（民103b）對失智症者的定義，指心智正常發展之成人，在意識清醒狀態下，有明顯症候足以認定其記憶、思考、定向、理解、計算、學習、語言和判斷等多種之高級腦功能障礙，致日常生活能力減退或消失，工作能力遲鈍，社交技巧瓦解，言語溝通能力逐漸喪失。

一、失智症者的福利需求

(一)福利需求之研究結果

◆內政部（民101）

內政部（民101）100年生活需求調查指出，關於失智症者生活狀況分析如下：

1.居住狀況以在「自家」為最多，占74.74%；其次為「居住在私立教養、養護機構」，占17.98%。
2.除領取各項經濟補助及減免外，尚有領取政府其他補助者，就有領取補助項目觀察，以有領取「國民年金老年基本保

證年金」最多（每百人有60人）；其次是「老年農民福利津
貼」（每百人有27人）。

3.失智症者就醫情形以「無法獨力完成掛號就醫的程序」爲最
多，占96.92%；其次爲「交通問題難以解決」，占13.88%。

4.失智症者認爲政府應優先辦理的醫療照護措施爲「提供醫療
補助措施」，占36.98%；其次爲「提供就醫交通協助」，占
20.44%；第三爲「提供社區就近醫療服務」，占11.13%。

5.失智症者認爲政府應優先辦理的生活福利措施爲「提高身
心障礙者生活補助費」，占48.39%；其次爲「提高醫療補
助」，占24.82%。

6.失智症者認爲最需要之福利服務爲「身心障礙者生活補助」
爲最多，占45.69%；其次爲「醫療補助」，占25.96%。

◆陳昱名（民93）

陳昱名（民93）研究指出，發現家庭照顧者對於目前之社會福
利資源與相關服務可說是相當陌生，建議政府對於相關福利服務之
資訊應加強宣導，使家庭照顧者充分瞭解尋求協助的管道、相關服
物內容、申請條件與方式，以便家庭照顧者詢問申請。研究發現家
庭照顧者多爲無工作者，在經濟負荷方面的考量也顯著影響照顧者
的照顧需求，因此建議政府可仿效英國規劃相關長期照顧之家庭照
顧者的「照顧津貼」或「減免稅額」（呂寶靜，民90），降低照顧
者之經濟負擔，而能增加相關照顧服務之使用率，得到充足的喘息
空間。

◆張慈君（民100）

張慈君（民100）研究指出，家庭照顧者的問題處理能力中，
較欠缺的能力依序爲尋求問題處理的知識及技巧、問題發生時處理
過程之能力，及改善與行爲問題有關之照顧活動。因近年來人口老

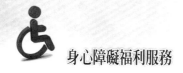

化及少子化的趨勢，照顧者高齡化的情況日增。面對老人照顧老人的情況，護理人員除了提供相關的照護知識外，也要提供照顧者可利用的資源，諮詢和支持的服務。尤其是當失智症患者發生突發狀況時，照顧者希望因應這種臨時需求時能夠有人可以前來服務，以減輕其負擔。

◆新北市政府

新北市政府社會局於100年進行的身心障礙者生活需求調查資料顯示，失智症者需求如下（邱滿艷，民100）：

1. 就醫服務需求：以醫療看護費用補助最高，占59.9%；門診掛號費減免其次，占43.3%；身心障礙者門診服務第三，占39.3%。

2. 行動與交通服務需求：復康巴士最高，占69.9%；停車收費優惠27.1%其次；第三為設置身心障礙者專用停車位，占24.4%。

3. 職業重建服務需求：以居家就業占45.8%最高；職業訓練服務其次，占38.1%；第三為就業資訊及諮詢，占33.3%。

4. 經濟安全服務需求：醫療費用補助50.8%最高；日間照顧及住宿式機構托育養護費用補助44.3%其次；第三為中低收入生活補助費38.9%。

5. 家庭主要照顧者需求：以臨時及短期照顧97.3%最高；其次為照顧者支持57.6%；第三為照顧者訓練及研習48.7%。

6. 個人照顧服務需求：居家照顧90.0%最高；日間及住宿式照顧38.6%其次；第三為心理重建，占34.5%。

(二)失智症者之福利需求

綜合以上及黃志成等（民101），整理出失智症患者及其照顧者的福利需求，說明如下：

◆就醫服務方面

提供醫療協助，改善醫療品質，各大醫院的老人科、神經科及精神科成立失智症的團體工作小組，加強社區護理的服務層面，衛生機構強化社區家庭照顧老年人等。

◆就養服務方面

提供居家服務、協助生活自理，提供家庭支持性服務，推動社區化照顧模式，提供喘息服務，預防失智症者走失，參加支持團體，對失智症患者多付出關心等。

二、失智症者的福利服務

(一)就醫服務方面

◆全面進行失智症篩檢

根據臺灣失智症協會估計，目前全臺失智患者已突破16萬人，申請身心障礙手冊的失智患者大約4萬人。六十五歲以上的失智人口多達13萬人，比二十年前增加2.6倍。一旦被診斷為極輕度失智症，預估在三至五年之間，就會演變成輕度以上失智症，缺乏獨立生活能力，需要旁人照護。失智症的早期篩檢是非常重要的，建議將篩檢失智症項目納入老人健檢項目應辦理項目，加強早期篩檢工

身心障礙福利服務

作,另外衛福部應全面加強醫師的訓練,培養醫師正確辨識失智症的徵兆,讓醫師扮演早期發現、早期治療的積極角色(吳玉琴,民99)。

◆設立整合性失智症門診

目前臺灣對失智症的診療,以「神經內科」或「精神科」為主,這兩科的醫生都擁有診斷失智症的臨床能力。為協助失智症者,各大醫院陸續規劃成立「記憶門診」。失智症大多發生在老年人身上,一般多合併有其他慢性疾病,如果能一次多科就醫治療及整合病人使用的藥物,不但增加病患及家屬就醫的方便性,免除四處奔波就醫之苦、減輕病患及家屬的壓力,更重要的是,也可避免病人重複用藥的危險。有了整合性失智症門診,可針對失智症的可能成因,集結相關科別共同會診,不但可清楚的知道各科之間的治療方向及處置,更可以透過整合會議的討論,給予病人最好的醫療服務,然後再由有護理背景的個案管理師做全人的追蹤。

◆設立日間照護中心

若家屬白天必須工作,或是希望透過機構為失智個案安排適宜的活動時,或是照顧失智長輩感到力不從心,可以考慮將長輩送至日間照顧機構。白天由機構的專業人員提供照顧活動,傍晚接回家仍能與家人共處,長輩比較不會覺得被遺棄,而是去參加活動或上課的感覺。失智日間照顧機構,除了基本的生活照顧服務、護理服務外,更提供適合失智長輩多元化的活動,例如:懷舊團體、感官刺激、認知訓練、社交活動等,透過規律的作息安排與活動參與,可維持失智長輩較佳功能,舒緩問題行為,並增進失智長輩及家屬的生活品質。

(二)就養服務方面

失智症患者只是心智異常，但生理功能正常，常會到處走走，因此容易走失，也會「拿」別人的物品，或無意識地做出危險行為。不少養護機構常以「人力不足」為由拒收失智症患者，政府應正視這個問題。

◆全面推廣失智症預防措施

台大醫學院神經科副教授邱銘章醫師表示，「依據目前失智症個人生活的安排和公共衛生政策的制訂推動上著手，趨吉（增加保護因子）避凶（減少危險因子），而達到所謂『預防』失智症的目標。」邱副教授表示，「趨吉」為多動腦、多運動，「避凶」為避免三高、抽菸、肥胖、憂鬱及頭部外傷。上述趨吉避凶的策略，政府應鼓勵民眾落實在生活中，預防失智症的發生。

◆提供居家護理

失智症患者在病程進展過程中，若有面臨需要居家照護技巧指導時，家屬除了可以向當地醫療院所或長期照護管理中心洽詢辦理家屬照顧技巧訓練班的課程外，亦可向居家護理單位申請居家護理師到家提供指導，而當失智患者因健康問題而有技術性護理及醫療服務需求時，家屬可申請居家護理服務，由受過訓練的居家護理人員到家提供技術性護理之服務。

◆持續推動失智症老人團體家屋的照顧服務模式

失智症老人團體家屋（group home）經過近三年的試辦，讓臺灣失智症者經驗一個像家一樣溫暖的住所，可以在家屋中過著符合個人步調的生活，是很值得繼續推廣的模式，建議未來將團體家屋的模式放入老人福利法的社區式服務項目中，成為正式服務，並爭

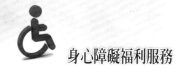

取為長期照護保險給付項目（吳玉琴，民99）。

失智症老人團體家屋是提供失智症老人一種小規模、生活環境家庭化及照顧服務個別化的服務模式，滿足失智症老人之多元照顧服務需求，並提高其自主能力與生活品質。有別於一般的機構式照護，家屋的空間規劃猶如一般家庭，有共用的客廳、餐廳、廚房、廁所，及屬於自己的臥室、廁所。照顧服務員及工作人員都有受過失智症相關訓練，他們像朋友、家人一般陪伴患者共同生活，尊重患者的生活經驗並依照患者的獨特性與病程，依個人喜好與興趣制訂個別生活照顧計畫，將照顧及復健技巧融入日常生活中，且協助患者能夠從生活中維持其既有的功能，幫助失智症患者安心地過正常的生活，延緩退化的速度（失智症社會支持中心，民102）。

◆社區化照顧模式

在社區、機構式照顧模式，加強「單元照顧」的理念落實，讓失智症者生活在像家的小單元（6～9人）裡，而照顧者就像家人般陪伴失智症長輩生活（吳玉琴，民99）。

◆提供喘息服務

為了讓照顧者暫時放鬆或暫時離開受照顧者（病人）的一種服務，讓照顧者可以有時間出去走走、整理家務或補充睡眠的一種方式。包括：

1. 居家喘息：家庭照顧者因臨時有事無法照顧時，服務員到家中協助照顧失智症者，提供臨時、短期的照顧服務。
2. 機構喘息：短時間內家人無法照顧時，將家中需要照顧的失智症者送至政府的合約機構中，接受二十四小時全天候的日常生活照顧。

◆預防失智症者走失

1.建立有規律的生活：
(1)保留失智老年人熟悉的環境及生活習慣，以增加他們的安全感。
(2)安排規律作息並避免改變，這樣既可減少午睡或晚上起床的機會，並可分散失智老年人出門的意願。
(3)陪伴失智老年人外出，舒展身心，例如：與他們一起到公園或商場內散步，或選擇一些視線不會被阻擋而設計安全的步道，允許他有較多的自由，降低照顧者對他的控制。
2.善用輔助用具：
(1)利用圖畫或文字作提示，增加失智老年人辨識環境的能力。
(2)利用顏色或布簾隱藏出口，使失智老人不易察覺。並可考慮加裝防盜鍊，使失智老年人不易外出，但照顧者必須顧慮到失智老年人在危急時逃生的需要。
(3)使用警報工具，例如：感應門鈴、離床警報器、走失警報器等，當失智老年人離家時能讓照顧者即時得知（呂奕樞，民98）。
3.配戴預防走失的「愛的手鍊」：民國87年7月老人福利推動聯盟推出第一批愛的手鍊，至民國102年5月底，已提供15,644人預防走失的服務。愛的手鍊上有兩組號碼，分別代表著：
(1)手鍊號碼：每一個編號代表一位使用人在協尋中心電腦建檔時之編號。
(2)0800-056789（二十四小時免付費電話），如遇使用人走失情形，服務中心經由通報者告知手鍊號碼，即可查詢其詳細資料，並儘速聯絡家屬。

◆參加支持團體

在臨床經驗上，偶見照顧失智症老人的家庭照顧者患有憂鬱症，嚴重者甚至比患有失智症的老人，更早離開人世的情形發生。這樣的家庭照顧者常被稱為「隱形的受害者」。照顧的痛，不是非照顧失智症老人的家屬能夠理解的，相對地，也得不到其他家庭成員的認同與支持、協助。

目前不論是社會局（處）、衛生局或是其他非營利組織（如臺灣失智症協會、失智老人基金會、財團法人康泰醫療基金會），大多會舉辦失智症家屬支持團體，透過團體彼此分享照顧歷程與方法，參與的成員在參與後，大都會有的感覺如：

1.原來天底下可憐的人不只有我。
2.有人瞭解我的心情與壓力真好。
3.參加後學到更多的照顧技巧等。

另外，研究與臨床經驗發現，家庭照顧者參加支持團體後，患有憂鬱症的比例降低，且能夠對其他家庭成員有較多的情緒反應（林昱宏，民98）。

第五節　自閉症者的福利需求與福利服務

一、自閉症者的福利需求

在美國自閉症（autism）孩童被稱為「雨人」；在臺灣則被稱為「星星的孩子」。autism一字，出於希臘文字根auto（自己），由於行為呆滯刻板、無法用言語和別人正常交流、遊戲方式簡單重

複，因此在中國大陸又被稱爲「孤獨症」。

　　1940年，美國小兒精神醫學之父肯納博士（Dr. Leo Kanner, 1894-1981）首先將「嬰兒退縮到自己內在的幻想世界，無法與外界建立人際互動」稱之爲「自閉症」。1943年，肯納博士發表一篇名爲〈情感接觸的自閉障礙〉（Autistic disturbance of affective contact）醫學研究報告。次年，肯納將此篇針對11位未滿二歲孩童的研究報告更名爲early infantile autism，「幼兒自閉症」（child autism）一詞正式成爲醫學專有名詞。從Kanner首度提出此名詞，至今已逾半個世紀，如今對自閉症的研究已有相當的進展與發展。大眾對這個名詞也由陌生而變爲熟悉，自閉的診斷標準也已經過數度修訂；對解釋發生此疾病的原因推斷也有大幅度的轉變，從早先學者提出的「環境養育論」，之後轉向病患本身基因或中樞神經系統異常所導致的發展障礙。國內對此類兒童的逐漸重視，可以從民國79年的「殘障福利法」中首度將自閉症列入，以及第二次全國特殊兒童普查中將自閉症列爲單獨的類別看出端倪。正式確立其法律地位則爲民國86年所修訂通過的「特殊教育法」，該法第2條將自閉症明列在身心障礙類別中的十二大類中（張勝成、徐享良、許天威，民102）。

　　由於自閉症者之特性使得他們在社會上生活的能力受到很多限制，102年底公布的資料指出，國內自閉症者人數爲13,072人，約占全國身心障礙者人數的0.012%（全國身心障礙人數爲1,125,113人）（衛生福利部，民103d）。而針對自閉症者的服務在新修訂的「身心障礙者權益保障法」，雖有明文規定，但主要重點放在針對全面性的身心障礙者之相關人員與權責的界定、體系的建立，以及服務項目的規定等，並未針對自閉症者及其照顧者的特質及需求訂定相符的法令。由上述種種情形，我們可以發現自閉症者照顧者可能需要面對家中自閉症者不同的發展障礙及遲緩所帶來的困境，而產生

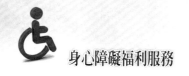

不同的需求。以下就列舉相關研究結果說明如下：

(一)福利需求之研究結果

◆內政部（民101）

內政部（民101）身心障礙者生活狀況及各項需求評估調查報告指出，自閉症者目前的各項現況與需求如下：

1. 婚姻及家庭情況：以障礙類別觀察，自閉症「未婚」者最多，占比例99.82%；自閉症「無生養育子女」者，所占比例為99.82%。自閉症者家庭每月開支以「40,000～59,999元」者居多，占30.37%。

2. 交通：自閉症者最近一個月有搭乘市區公車（含捷運）的比例占54.49%，相對高於其他障礙類別者。

3. 就醫：自閉症及多重障礙者無法獨力就醫的比例高達八成以上；自閉症之身心障礙者有超過五成表示目前需要接受復健治療；自閉症者在兒童時期曾被診斷是發展遲緩者的比例占73.63%；自閉症者接受早期療育且當時有健保身分並有接受政府補助的比例占42.34%。

4. 居家服務：自閉症者對「友善服務」的需求最多（每百人有51人），願意負擔部分費用的比例相對較高，為52.01%。

5. 政府補助：自閉症者希望政府能提供照顧者的支持、照顧訓練項目以「照顧者心理支持與關懷團體」及「照顧者溝通訓練團體」兩項需求並列最多，每百人各有48人。自閉症者以身障者或子女就學費用補助、保障身心障礙就業及合理薪資、課後照顧、自立生活支持服務、心理重建、發展遲緩兒童早期療育費用補助等重要度較高。

6.就學：自閉症「未在學且有受教育需求」的比例相對較高，為79%。

7.就業：自閉症「受私人僱用」的比例者占91.40%。「自閉症」者需要就業協助的比例為66.35%。自閉症主要希望參加「電腦資訊類」第二專長訓練為50.19%。想「接受僱用」占100%為最多。希望月收入為「30,000元以下」占100%為最多。自閉症（100%）需要政府提供就業服務的比例相對較高。

◆臺北市政府

臺北市政府社會局100年度進行的中途致殘身心障礙者生活需求調查資料顯示（黃志成、彭賢恩、王淑楨，民100）：

1.自閉症者發生身心障礙之後有幫助的排行中，家庭支持協助最高，占97.1%；其次為福利服務措施占68.6%；第三為社福機構團體支持協助與特殊教育服務措施，均為22.9%。

2.自閉症者目前依然感到困難的部分，在人際關係問題最高，占68.6%；其次為學習困難，占34.3%；第三為受到社會人士的異樣眼光，占20.0%。

3.自閉症者認為目前主要幫助解決困難的社會福利為生活補助最高，占60.0%；搭乘公民營公共交通工具優待其次，占48.6%；第三社會保險費補助為28.6%。

◆新北市政府

新北市政府100年度進行的身心障礙者生活狀況與需求服務調查顯示，自閉症者、「社會福利」狀況與需求如下（邱滿艷，民100）：

1.居住狀況：100.0%與家人同住。

2.個人照顧服務現況：最需要生活重建，占57.9%；其次為心理重建占44.4%；第三為日間及住宿式照顧，占38.6%。

3.家庭主要照顧者需求狀況：最需要照顧者支持，占72.9%；其次為照顧者訓練及研習，占66.9%；第三為臨時及短期照顧，占60.2%。

4.經濟安全服務需求狀況：中低收入生活補助費最高，占59.4%；其次為社會保險自付保費補助，占34.3%；第三為醫療費用補助34.1%。

5.職業重建服務需求狀況：以職業訓練服務最高，占50.0%；其次為庇護性就業，占33.3%；第三為就業資訊及諮詢占25.0%。

6.行動與交通服務需求部分：障礙者搭乘大眾運輸半價優待最高，占45.4%；其次為身心障礙者專用停車位識別證，占28.1%；第三為休閒設施優待，占25.2%。

7.就醫服務需求部分：門診掛號費減免占42.4%；其次為身心障礙者口腔診治補助計畫占41.9%；第三為發展遲緩兒童療育補助，占41.8%。

8.在社會參與服務需求部分：休閒活動最高，占79.4%；文化活動，占63.7%；第三為體育活動，占56.9%。

◆徐英嘉（民101）

自閉症相較於過去以「生活補助費」及「日間照顧及補助」為主要項目之情況，新制下以「臨時或短期照顧」、「照顧者支持」、「照顧者訓練及研習」、「生活補助費」、「交通陪伴者」及「文康陪伴者」為最多。由此取得情形來看，在一定程度上，顯示自閉症家庭的負擔可能較高，於家庭照顧類及日常生活陪伴等層面需求較大（徐英嘉，民101）。

第八章　神經系統構造及精神、心智功能障礙者的福利服務

◆臺中市政府

臺中市政府100年度身心障礙者生活需求調查顯示，自閉症者需求狀況如下（許素彬、陳美智，民100）：

1. 自閉症者在日常生活狀況中，以「修剪指甲」需他人協助占20.5%最高。
2. 自閉症者送到日間照顧中心，晚上接回來的需求。
3. 自閉症者對於勞健保社會保險補助項目感到不滿意。
4. 自閉症的收入來自「父母」。
5. 自閉症者在休閒娛樂部分，偏好玩電腦和電視遊樂器。
6. 自閉症者在無障礙設施與環境改善中，以騎樓、公園、電影院、百貨公司、公家機關等項目為最高。

(二)自閉症者之福利需求

綜合上述及黃志成等（民101）歸納自閉症及其家庭的福利需求說明如下：

◆就醫服務方面

醫療補助、增加自閉兒約談次數、早期療育、加強語言及行為治療、降低縣市醫療補助差距、增加長期複診及約談之醫療費用補助、成立鑑定團隊等。

◆就學服務方面

重視特殊教育、學雜費減免，加強語言能力訓練、增加就業機會、提供學業輔導、加強學前教育、提供個別化教學、提供社區化特殊學校等。

◆就養服務方面

臨時托育、成立養護機構、給予愛及安全的生活、給予良好的生活教育、居家補助、居家看護、提供社區化安養等。

◆就業服務方面

技藝訓練、加強職能評估、立法保障工作權、成立庇護中心（庇護工場）、落實個別化職業媒合、提供支持性就業、加強就業宣導等。

◆其他服務方面

多給自閉症及其家屬社會支持、為自閉症患者之母親舉辦醫療及心理壓力減輕講座、加強有關自閉症之社會教育、免稅優待、立法保障生存權、社會能接納自閉兒等。

二、自閉症者的福利服務

(一)就醫服務方面

在醫療服務方面包括：(1)醫療及健康保險費補助；(2)各種療育方法（中華民國自閉症總會，民102）。

各種療育方法茲分述如下：

◆遊戲治療

遊戲療法（play therapy）是基於心因論的一種心理治療方式。對於兒童無法完全明確的使用語言表達及理解的情況下，治療者用兒童能夠以身體機能表達心理面的遊戲取代語言作為溝通的方法。在遊戲的過程中，兒童可瞭解人我之分離，並學習人際社交技巧，培養社會適應力。遊戲治療的目的就是藉遊戲的特質發揮兒童本身

的自我治癒力，以抒發內在的情結，使人格得以正常發展。

◆行為療法

　　行為療法是自閉症教育治療中最常被採用且有效的方法。其乃是應用個體自發性的反應行為，及所謂的操作制約，來改善與去除自閉症狀與不適應行為，或者形成適應行為與日常生活自理及專業技能。

◆感覺統合療法

　　感覺統合失常乃是由於腦功能障礙，無法將人類的視覺、聽覺、觸覺、前庭覺及肌肉關節動覺五種基本感覺的刺激加以統合並適切反應。感覺統合療法的目的即在於提供以上幾種感覺刺激的輸入，並適當的控制，讓孩童依內在驅策力引導自己的活動，自動形成順應性的反應，藉此促成這些感覺的組合和統一。

◆藝術治療

　　藝術治療即一般所謂的繪畫治療。其目的是藉著繪畫及其創造性的自由表現活動將潛意識內壓抑的感情與衝突呈現出來，並且從繪畫過程中獲得抒解與滿足，而達到診斷與治療的效果。

(二)就養服務方面

◆提供居家式服務

　　如居家生活補助、居家看護、家務服務、友善訪視。

◆成立收容養護機構

　　在自閉症患者的生涯規劃中，其中又屬安養階段為最弱的一環，許多家長經常會去思考當自己年紀的逐漸增長時，「我還可以照顧他多久？」、「當我不在的時候誰來照護他？」等等問題。建

議家長若在選擇孩子的就養機構時，可從孩子本身的需求、機構的品質、交通的方便性以及家長本身的經費等等面向替孩子選擇最適合的就養機構。

◆妥善的生活照顧

運用結構化教學法（臺北市自閉症家長協會，民102）。

1.結構化的學習及作息環境：可以將家中各部分的空間，作出清晰的分布和安排，明確向孩子指出應當在家中的哪些地方學習、遊戲、休息等（**圖8-1**）。這樣有助孩子在家中行為變得更有規律。

2.學習及作息時間表：為孩子設計學習及作息時間表，可讓孩子明確知道自己每天活動的安排情況，或每天流程的轉換。這樣能夠使孩子預知任何的轉變，或下一項活動的內容（**圖8-2**）。

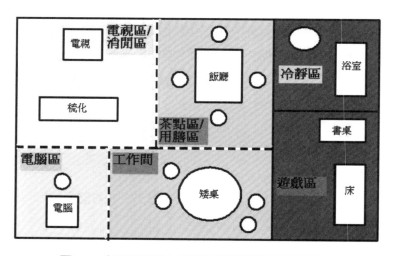

圖8-1　家居的結構化學習及作息環境分區建議圖

資料來源：臺北市自閉症家長協會（民102）。

時間＼星期	星期一	星期二	星期三	星期四	星期五
4點－4點9			換衫		沖涼
4點9－5點半	睇電視	聽音樂	睇電視	畫畫	睇電視
5點半－6點3	玩電腦	做功課	做功課	做功課	玩電腦
6點3－7點	做功課	畫畫	聽音樂	聽音樂	做功課
7點－8點			晚飯		
8點－8點半	洗碗	洗碗	洗碗	掃地	掃地
8點半－9點3	睇電視	玩電腦	睇電視	玩電腦	睇電視

圖8-2　作息時間表

資料來源：臺北市自閉症家長協會（民102）。

3.個別工作系統：可因應孩子的學習能力，為他們建立一個屬
於自己的工作系統或計畫。此工作系統，目的在於為孩子培
養一個「順序工作」的習慣，即是將工作先後次序和層次的
概念，孩子要先完成一項工作，再做下一項工作。在此固定
而有規律的環境下，孩子可以更專注學習和工作，也能培養
他們獨立工作的能力。

(1)個別時間表：在特定的學習或工作時間中，家長可以將指
示工作程序的活動或指示單，按次序放到該活動區域的時
間表內。每次孩子要先取出活動單，再到有關的區域放下
該活動單，並進行活動。完成活動後，孩子需將有關指示

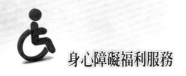

單放回時間表。為免混亂，已完成的活動指示單也可以放到特定的完成格內，或將圖片反轉。此外，為鼓勵孩子跟從「個別時間表」的程序，家長可考慮在孩子完成最後一項活動後，給予恰當的獎勵。

(2)順序的工作流程：家長為孩子制訂學習項目時，可將不同的教材（如功課習作、勞作材料等）順序放進不同的籃子內，並將籃子由上而下或由左而右擺放。工作時，每一步所需要的物品或工具可放於不同的小籃子中，由左至右排開，最右側的籃子，讓孩子擺放已完成的作品。完成每一項工作後，孩子將籃子放回層架中。這樣的學習和工作過程，可以教導孩子如何有系統地完成各項工作。

(3)溝通冊：溝通冊是一本讓孩子表達自己意願的小冊子，當中貼滿各種物件、人物或事件的圖案。溝通冊採用「圖片交換法」（Picture Exchange Communication System, PECS）的概念，當孩子欲表達自己的意願時，可以利用溝通冊內的圖案來表達。如果孩子欲表達較複雜的意願，他可以利用數張圖案，組合成不同的句子來表達。當孩子能夠成功表達意願，就能瞭解溝通的功能，並因為能夠成功表現意願而得到滿足感，從而使溝通學習變得更主動。

(三)就學服務方面

◆學雜費減免

減輕家庭負擔，增進就學機會。

◆學前教育

至早療中心詢問或瞭解，該學區內是否有較適合幼兒就讀的公

私立幼兒園，並請機構協助安排進入該園就讀的相關事宜，若家長希望幼兒能夠進入公立幼兒園就讀，則須經過鑑輔會安置。學前特殊教育巡迴輔導最主要在提供特殊幼兒、家長和學前融合教育班級教師相關的特殊教育教學支援服務，並結合普通教育及特殊教育的方式，讓特殊幼兒能在融合教育的環境中，也能接受適合其需求的特殊教育，達到落實融合教育的理念。

◆國民教育

　　許多自閉症兒童的家長，常在孩子轉銜階段面臨是否該替孩子申請緩讀的困境，一般而言，建議家長都能夠讓孩子於適當的年齡就予以入學，再進行額外的輔助。考量緩讀原因，主要著重於希望藉由一年的緩讀時間，加強自閉兒在社交技巧、溝通能力、對情境變化的適應、減緩孩子固執、儀式、自我刺激行為、自我傷害或負向情緒問題等對整體學習的影響，而有助於一年後的入學表現及適應者，則可考量申請緩讀。另外當孩子要進入國小就讀時，可以依照孩子的發展狀況，選擇適合孩子就讀的班級，包括在家教育班、特殊學校或是普通班接受特教服務（身心障礙資源班或巡迴輔導班）。

(四)就業服務方面（身心障礙者服務資訊網，民102）

◆設立庇護工場

1.短期目標：期能藉由庇護福利商店之設立，一方面提供自閉症者就業機會，另一方面，則以社區化的環境，使一般社會大眾得以進一步瞭解自閉症，同時，亦給予自閉症者與他人互動的機會。

2.中期目標：期在庇護福利商店步上軌道後，將店內工作表現

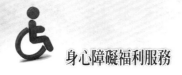

較穩定的自閉症者，轉介至其他類似性質工作場所就業，並進一步吸收更多自閉症者進入庇護福利商店接受工作訓練。同時，也期望使庇護福利商店融入社區生活。

3.長期目標：期能與社區化就業加以結合，長續性的經營，藉此與社會大眾有所接觸，並進一步謀求福利。自閉症者的就業在整體社會環境中，實有其困難之處，庇護商店的成立為自閉症者開啓一扇通往社區之門，逐漸使自閉症者得以進入大社會，亦請社會各界給予他們更多的支持與鼓勵，進而開啓一個更開闊的天空。

◆技藝訓練

針對自閉症者的身心特質，如喜歡做固定的事，發展適合他們的工作，並給予技藝訓練，協助自閉症者順利就業。提供支持性就業做好技藝訓練及就業輔導後，職業輔導員隨時在職場附近給予指導，以增進其職業適應能力。

◆加強就業宣導

一方面向自閉症或其家人做就業宣導，給予正確的職業觀念，加強就業意願並樂於接受職業訓練。二方面向企業界廠商雇主宣導，促其僱用自閉症者，以達到人盡其才之目的。

(五)其他服務方面

社會再教育、親職教育講座、免稅優待、情緒管理等。

第六節　慢性精神病者的福利需求與福利服務

隨著社會環境的改變，衍生包括：高齡化社會、自殺、憂鬱症、物質濫用、家庭暴力等問題，導致精神病患者的逐年增加，Nosarti等（2012）研究指出，早產、子宮內胎兒生長受限、缺氧等因素與精神分裂症有關，但目前還不清楚這些因素是否與成人時期發病有相關。Grano等（2014）也指出，精神疾病的嚴重程度與生活品質下降有相關。相對地，精神病患者權益保障需求議題亦備受各界關注。

一、慢性精神病者的福利需求

(一)福利需求之研究結果

◆何華欽等（民98）

何華欽、李亞蓉、徐夢舷（民98）研究指出：

1.高雄市輕度精神障礙者就業比率為21%，屬於勞動力人口四成，非勞動力人口近六成。

2.已就業者其行業以服務業為最多，職務類別亦以服務工作員及售貨員為最多，工作年資平均為6.4年，每週平均工時為32.3小時，平均月薪則為15,002元，八成以上滿意目前之工作。

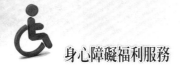

3.無論目前有無工作，有四成以上的受訪者表示需要政府提供就業措施。

4.疾病因素與精神狀況爲影響輕度精神障礙者有無工作能力及工作意願之主要因素。

5.整體而言，目前有就業者之生活品質佳。

◆蘇文怡等（民100）

　　蘇文怡、葉人豪、洪櫻枝、黃姵絣、邵文娟（民100）在進行一位因受負性病徵影響導致社會功能退化的精神分裂症患者邁入庇護性工作職場之護理經驗研究後指出，依五大層面進行整體性護理評估，發現個案住院期間主要護理問題爲：自我照顧能力缺失、社交互動障礙、危害性家庭因應能力失調。

◆內政部（民101）

　　內政部（民101）在100年身心障礙者生活狀況及各項需求評估調查報告指出，慢性精神病者目前各項現況以及需求如下：

1.就業：

(1)以聽覺機能障礙、平衡機能障礙、智能障礙、失智症、慢性精神病患受僱者在工作場所遭受不公平待遇的比例較高，各約13.1～18.5%。

(2)「日薪制」計薪之受僱者平均每日薪資爲956元，其中慢性精神病患者682元較低。

(3)慢性精神病患者從事「農林漁牧業」及「住宿及餐飲業」的比例分別占14.19%及12.41%，相對高於其他障礙類別者。

(4)慢性精神病患者需要就業協助的比例爲36.32%，相對高於其他障礙類別。

(5)以障礙類別觀察，慢性精神病患者（43.42%）不知道勞委會職訓局就業服務中心可提供就業媒合服務的比例相對較高。慢性精神病患者不知道全國就業e網可登錄求職的比例相對較高，皆有六成以上。慢性精神病患者不知道各直轄市、縣市政府有提供職業重建服務的比例相對較高，皆在七成九以上。

(6)慢性精神病患者（92.61%）需要政府提供就業服務的比例相對較高。

(7)希望從事「基層技術工及體力工」者，慢性精神病患者為51.10%。

(8)慢性精神病患者希望接受的職業訓練種類依序分別為：電腦軟體應用16.8%；食品烘焙7.8%；清潔服務7.0%。

2.婚姻與家庭：慢性精神病患「未婚」者，為53.49%；「無生養育子女」者達56.20%。

3.交通：平均每月交通費用以罕見疾病者的1,935元及植物人的1,852元相對較高，而以智能障礙者的874元及慢性精神病患者的789元相對較低。

4.就醫：慢性精神病患者，「需要」定期就醫的比例均高達九成以上，相對高於其他障礙類別者。慢性精神病患者願意負擔部分費用的比例相對較低，占25.54%。

5.政府服務措施：各障礙類別都以「身心障礙者生活補助費」為最需要之福利服務措施。

6.就學：慢性精神病患者「未在學且有受教育需求」的比例相對較高為76%。而未在學者以慢性精神病患的比例相對高於其他障礙類別，為51.92%。

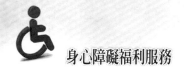

◆衛生福利部（民103）

　　根據衛生福利部（民103）的統計資料，全臺灣患慢性精神病的總人數從民國84年12,023人至民國102年底爲119,666人，共增加10,7643人，比率呈現上升現象。面對如此遽增的精神疾病患者，單一住院治療模式已不敷使用，建立多元化以個案爲中心的精神社區照護模式已是刻不容緩。

◆宋麗玉（民99）

　　慢性精神病患出院返家後，若無人協助其安排日常生活、就醫、就業等問題，經常會造成病患生活鬆散、疾病復發及無法復歸社會等問題；如此一來，將形成病患的重複發病住院、功能再次退化、個人或家庭成爲封閉系統的惡性循環（宋麗玉，民99）。

◆曾華源、白倩如（民93）

　　提供慢性精神病患社區照顧可以增加他們的適應力和降低疾病復發。慢性精神病回歸社區生活可達成多項目標，不僅是在尊重社會多元需求，實踐人道主義，以更合乎人道方式照顧病患，也能減少政府支出、增加社會生產力，那麼協助慢性精神病患回歸社區生活，以獲致有效的社會生活適應，便成爲社會工作者現階段需要關注的重點。慢性精神病患在社區中「工作」或就業，本身同時具備治療性、經濟性、社會心理上的效益。因此，若能協助慢性精神病患在社區中獲致良好的工作與適應，將可望解決前述多數慢性精神病患與家屬的需求（曾華源、白倩如，民93）。

(二)慢性精神病者之福利需求

　　綜合上述及黃志成等（民101）歸納慢性精神病患的福利需求，說明如下：

◆就醫服務方面

醫療費用補助、物理治療、建立通報系統、早期發現早期治療、機構治療、長期住院療養、多設立精神病院、對病患作教育、更能瞭解自己之病狀、建立多元化以個案為中心的精神社區照護模式等。

◆就養服務方面

家庭、社會支持與照顧、生活補助、在宅服務、送到機構日夜照顧、臨時托育照顧、加強福利與補助、多設立療養院、病患居家生活安排、宗教活動、社區活動、婚姻與家庭輔導等。

◆就業服務方面

工作是精神障礙者回歸社區最佳的終點站，提供病患就業輔導相關資訊、工作機會和工作訓練（如電腦軟體應用、食品烘焙、清潔服務等）、安置就業、職業復健與建立社會支持系統等。

◆家屬服務方面

瞭解精神病患的福利措施、具備照顧病患的知識、鼓勵病患接受復健訓練、家屬情緒支持、不要過度保護病患、給予病患正向態度、尋求專業服務、與病患良好溝通等。

◆就學服務方面

接受教育需求。

二、慢性精神病者的福利服務

內政部（民99）表示為提供精神障礙者完善之照顧與福利服務，乃依「身心障礙者權益保障法」規劃並辦理生活補助、托育養護費用補助、居家及社區服務、國民年金身心障礙年金給付、社會

身心障礙福利服務

保險自付保險費補助等各項福利服務措施，以提供適切可近性之服務；另為滿足慢性精神病患者就地養護需求，內政部積極輔導地方社政主管機關籌設安置慢性精神障礙者之機構並提供居家服務外，並對於民間籌設慢性精神障礙機構者仍給予適度補助，以獎勵民間籌設機構，紓解安置養護床位之不足。有關慢性精神疾病者的福利服務更具體說明如下：

(一)就醫服務方面

社區精神醫療服務，主要有以醫院為基礎和以社區為基礎的醫療服務模式。

◆精神醫療照護之方式

病人之精神醫療照護，應視其病情輕重、有無傷害危險等情事，採取之方式如下：

1. 門診：提供診斷鑑別，以病況需要做適當轉介，或針對社區病患追蹤治療，或提供教育諮詢。
2. 住院治療：
   (1)急性短期住院。
   (2)長期復健住院。
   (3)日間留院：白天在醫院接受復健訓練，晚上返家，日間提供家人短暫休息，使精神病患有人替代照顧。
   (4)慢性長期養護：在機構內接受長期照顧。
3. 社區精神復健：
   (1)社區復健中心。
   (2)庇護性工廠：提供各項職能治療、職能評估與訓練，以就業輔導為目標。

(3)康復之家：對於病況已穩定，無法馬上適應家庭生活，提供暫時性、半保護性的居住場所，由社工人員定期給予輔導，學習如何獨立生活。

4.居家護理：透過合格專業的護理人員，針對無法來院就診，或無法規則用藥的病人，在病患住處提供健康照顧的服務，可以用電話諮詢或家庭訪視等方式進行。

5.緊急居家治療：到府或社區中提供緊急醫療處置或轉介，或緊急送醫等服務。

6.環境治療：所謂「境由心生，心隨境轉」，在有目的的規劃與設計的環境下，精神病患能提早適應住院生活，並透過人與人的互動過程，促進與他人溝通，增進社交技巧的能力。物理環境如光線色彩，會影響個體焦慮程度與暴力傾向，在合宜環境中才能建立安全感與信任感。

7.認知行為治療：治療者與病患經由共同探索，並透過言語解釋說明，提供訊息及認知示範等方式，教導辨識過度類化、個人化、斷章取義等錯誤的認知，重建新的認知結構，並配合行為改變技術，促使病患產生合宜的適應行為（如古典制約、操作制約）。

8.團體治療：由特定的專業人員擔任治療者，採用團體方式提供成員彼此討論個人感受所面臨的問題，藉此瞭解自我思考與行為模式，學會解決問題的技巧。

9.社交技巧訓練：教導其獨立生活且有效發揮社會功能技巧，除了可提升社會適應能力外，並能降低病患再住院率。

◆藥物治療

精神分裂症不是不治之症。精神分裂症最明顯的症狀有妄想、幻覺、語無倫次與乖異行為，這些症狀可以用抗精神病藥物來治

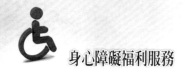

療。因為精神分裂症的症狀是腦部功能障礙的表現，所以抗精神病藥物治療是針對腦部功能來加以調整以達到治療的效果。如果中止使用藥物，過分亢奮的現象又會再度出現，精神病症狀也就會再度惡化，因此，精神分裂病患需要長期服用抗精神病藥物，以便長期而有效的抑制精神病症狀的發生。

在急性發病期的時候，可以用短效性的針劑抗精神病藥物，以便迅速而有效的控制乖異、暴戾的行為。如果是在平時，通常是用口服藥來治療。因為口服藥要每天服用，對需要長期藥物治療的病人來說不大方便，病人很容易忘記服用，所以後來又發明了長效針劑，病人只需要每隔一至兩星期做一次肌肉注射就可以達到長效治療的效果。抗精神病藥物的種類相當多，在作用方面則大同小異，一般精神科醫師都能夠準確的選擇最適合於病患的藥劑。如果遵照精神科醫師的指示服用，抗精神病藥物的服用是非常安全的，它通常不會上癮。病人一定要遵照精神科醫師的指示來服藥，這樣才能達到最好的治療效果。

◆電痙治療

利用電流，誘導腦部產生痙攣發作的生物治療方式，主要用於改善心理疾病的症狀。雖然醫學界對電氣痙攣治療的看法不一，但電療仍是對憂鬱症患最安全且最有效的治療。如果病情太嚴重且無法等待藥物出現效果的時間、對許多抗鬱劑都無效、有身體疾病或懷孕使得用藥不安全時，電療是必需的。就像其他的治療一樣，電療也有它的副作用，雖然電療會造成短期記憶障礙，但是大部分的電療患者覺得它的好處遠超過去忍受長期嚴重且難治的鬱期。

(二)就業服務方面

Drake等（2013）研究指出，就業可以協助精神障礙患者恢復

健康，並且可以預防社會福利預算的支出。有關對精神病患者的就業服務說明如下：

◆支持性就業服務

　　支持性就業是指就業服務員透過有計畫而持續性的支持計畫，安排並協助症狀與工作能力穩定之精障者能在社區中就業，在一般職場與人共事，領取合理的薪資。就業服務員須於精障者就業期間，持續提供個案工作評估、問題解決、能力強化與支持等就業服務，並協助個案與雇主間維持良性之互動。而支持性就業通常是一種先安置再訓練的模式，有就業服務員在個案就業過程中提供各項服務，如督導或訓練個案工作技能、工作態度與就業相關技能等，使精障者能獨自完成工作。就業服務員從事支持性就業服務之職責，包括：接案、辦理個案就業輔導評量、訂定個別化就業服務計畫和目標、外出陪同案主面談、適應工作、持續輔導、追蹤個案等。而每名支持性就業服務員與個案比例建議為1：3～6，以便能維持對個案提供支持性就業的品質。

◆庇護性就業服務

　　是指精障者目前的症狀與工作能力，尚未達到可以獨自工作或需要有人持續在旁指導及支持下才能工作的就業模式。一般是由就業服務員帶領個案於機構內或庇護性工場從事工作，或以代工之就業模式進行訓練。主要訓練個案的體力、責任感、穩定度、工作行為及工作態度等。因為庇護性工場是個封閉性的環境，且限於工場設備及人力等問題，因此其生產內容常會限於某單一類別，對案主的學習刺激、經驗轉移應用能力不足。常見的庇護性工場包含：工廠、商場、農場、工作坊、工作室等訓練與經營方式。就業服務員從事庇護性就業服務之職責，包括：針對經評估不適至一般就業市場工作之學員、在庇護工廠（商店）內處理代工接洽或陪同外出集

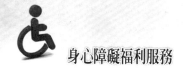

體工作。從事學員能力評估、技能訓練、個別輔導、團體輔導、家庭訪問等。而每名庇護性就業服務員與個案比例建議為1：4～8，以便能對個案做最好之庇護性就業服務。

◆競爭性就業服務

指已具備競爭性就業能力，包括：症狀穩定、工作技能與人際互動佳、交通與飲食能自理等之精障者，能與一般人在相同的工作場所獨立工作，同工同酬且不需就服員特別的協助與支持的就業模式，憑實力躋身就業市場。競爭性就業又稱為一般性就業，目前就業市場上大部分工作皆屬於此一類型。就業服務員從事一般性（競爭性）就業服務之職責，包括：提供個案有關媒合、轉介及輔導等服務，以協助個案能更快適應工作並穩定就業；建立求才求職資料庫、進行一般性就業晤談、初步評估、協助生涯規劃及就業中之諮詢輔導及追蹤等，不屬於庇護性就業服務員與支持性就業服務員之業務皆屬之。而每名一般性就業服務員每月至少服務個案至少須達10人以上，且每年至少服務50人以上之個案（中華民國康復之友聯盟，民92）。

(三)支持服務方面（內政部，民99）

◆支持性團體

促進家屬間相互關懷與協助，協助病患獲得完善的醫療與復健，及爭取病患應有的權益與福利，喚起社會大眾對精神病患的關懷與接納而設立的民間團體。

◆社區精神衛生中心

工作人員由不同的專業人員組成，提供個別團體及家庭治療。

◆社區服務機構

社區精神衛生的工作範圍，已由傳統的醫療機構延伸至整個社區中，結合社區中的精神衛生機構，如醫院、衛生所、庇護工場、學校、心理輔導機構等等，共同促成一個完整的社區精神衛生服務體系。

◆居家護理

由護理人員依法對需要繼續護理之身心障礙者，於其居住處所提供護理服務。

◆身體照顧服務及家務服務

由照顧服務員到宅提供經評估有生活自理照顧需求，且需他人協助之身心障礙者身體照顧服務及家務服務。

◆友善服務

志願服務人員等到宅關懷身心障礙者及其家庭，並協助服務對象改善困境。

◆送餐到家

志願服務人員等提供餐食予無法準備餐食之獨居或家屬無法提供照顧之身心障礙者，解決其餐食問題。

◆居家復健

由物理治療師、職能治療師或語言治療師依法對居家需繼續復健之身心障礙者，於其居住處提供復健治療服務。

◆照顧者支持及訓練與研習

指對家庭照顧者提供心理及情緒支持、成長團體、諮詢服務及照顧技能訓練。

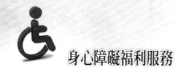

◆提供喘息服務

面對家屬照顧負荷及社區支持系統薄弱問題，提供喘息服務包括臨托服務、居家服務、家屬自助團體，紓解照護者的壓力。

(四)教育服務方面

對於屬於國民義務教育範圍內之精神障礙學生，提供更具彈性之特殊教育服務；對於超過義務教育範圍內之精神障礙者，提供較具彈性之補習教育，以滿足其求知慾或獲得更高之文憑。

(五)其他服務方面

社區關懷專人訪視制度：精神病社區關懷專人訪視制度，為的是使精神病患出院後能持續規律就醫，並視需求給予適當轉介，以妥善規劃其接受醫療、復健及追蹤治療；對高危險群個案，教導家屬危機處理方法，降低其突發傷人及自傷危險度。另外，根據患者及家屬需求，建構資源體系，結合社政、勞政、衛政、教育行政之完整服務（中華民國康復之友聯盟，民95）。

第七節　頑性（難治型）癲癇症者福利需求與福利服務

根據身心障礙等級（行政院衛生署，民98）指出，癲癇患者每兩年要重新鑑定一次，癲癇患者與其他障礙類型最大的差異為患者僅能領取輕度的身心障礙證明，目前癲癇患者在職場受到很大的限制，鮮少有合適的職業符合癲癇患者，在職業限制最大、福利服務最少的情境下，癲癇患者可謂是雪上加霜的窘境。

一、頑性（難治型）癲癇症者的福利需求

(一)福利需求之研究結果

◆內政部（民101）

內政部（民101）100年身障者生活需求報告指出，頑性（難治型）癲癇症者認為最需要之福利服務措施，若以重要度衡量依序為：身心障礙者生活補助費、醫療費用補助、保障身心障礙就業及合理薪資、社會保險費補助、身障者或子女就學費用補助、居家照顧費用補助、居家照顧、輔具費用補助。

◆黃志成等（民100）

黃志成等（民100）以臺北市中途致殘之身心障礙者為研究對象，發現頑性（難治型）之現況與福利需求為：

1. 安養方面：主要照顧人為「家人照顧」者占70.0%，其中所指的家人以「母親」最多，占42.9%；其次為「配偶」，占33.3%；再次為「父親」，占23.8%。

2. 家庭主要經濟來源以「工作薪資」為最多，占66.7%；其次為「政府補助」，占43.3%；「親友資助」占6.7%（註：本題可複選）；其中「家庭支出大於收入（不夠用）」者占70.0%，「收支平衡」占30.0%。

3. 在目前就業狀況分析中發現：目前「未就業」之比率為70.0%；在工作中感到困難之處，比率最高的兩項為「主管態度不友善」、「體能不足」均占28.6%；需要政府協助之就業項目，最高的三項依序為：「職業訓練」（23.3%）、

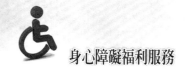
「庇護性就業」（23.3%）、「獎勵或補助雇主僱用身心障礙者」20.0%。

4.醫療服務方面：「需要復健治療」者占66.7%；「需要定期就醫」者占90.0%。

5.在患病後自覺最有幫助的協助以「家庭支持協助」占86.7%為最高；其次是「社會福利服務措施」占60.0%；再次為「醫療復健」占46.7%。

6.目前主要的困難前三項為：「經濟困難」（57.6%）、「生理上的病痛」（57.6%）、「失去工作」（23.3%）。

7.目前主要幫助解決的社會福利前三項依序為：「生活補助」80.0%，「搭乘公民營公共交通工具優待」23.3%，「就業服務」20.0%。

◆蔡景仁（民100）

在親職教育方面，根據蔡景仁（民100）研究指出，有癲癇子女的家長應學習不過度保護，也不會有排斥歧視的態度或差別待遇，而且能夠以理性和感性的心態，運用正確的處置原則來照顧和幫助癲癇子女，使他們感受到來自家長與家庭的支持。

(二)頑性（難治型）癲癇症者之福利需求

綜合以上資料歸納出頑性（難治型）癲癇症者的福利需求如下：

◆就醫服務方面

醫療費用補助、社會保險費補助、復健治療、定期就醫等。

◆就養服務方面

生活補助費、身障者或子女就學費用補助、居家照顧費用補

助、居家照顧與支持協助、輔具費用補助、搭乘公民營公共交通工具優待、父母適當的管教。

◆**就業服務方面**

　　保障身心障礙就業及合理薪資、主管態度要友善、選擇體力能負荷的工作、職業訓練、庇護性就業、獎勵或補助雇主僱用身心障礙者、就業服務等。

二、頑性（難治型）癲癇症者的福利服務

(一)就醫服務方面

1.依照身權法及相關法規之規定，提供必要之醫療費用之補助。
2.依照「身心障礙者參加社會保險保險費補助辦法」之規定，提供必要之保險費用之補助。
3.協助定期就醫與復健治療，以期達到治癒或至少儘量不再惡化之目的。

(二)就養服務方面

◆**家庭社會支持及照顧**

　　家庭成員對癲癇症應有正確的知識與觀念，避免過度保護或是漠不關心排斥，應多給予瞭解與關懷，並提供正確的照護服務。

◆**生活補助**

　　頑性（難治型）癲癇症需要長期醫療，無論居家生活或工作會

受到一定程度的影響，對於經濟狀況上來說也較不易有穩定收入，因此，政府給予生活津貼補助，一方面可以解決其生活困境，二方面也可以減輕經濟上的壓力，有助於病情上的康復。

◆身障者或子女就學費用補助

依「身心障礙學生及身心障礙人士子女就學費用減免辦法」規定，給予必要之就學費用補助。

◆輔具費用補助

經需求評估後，依輔具需求給予必要之輔具費用補助。

◆搭乘公共交通工具優待

繼續實施搭乘公民營公共交通工具優待之措施。

◆父母適當的管教

根據蔡景仁（民100）研究指出，有癲癇子女的家長最常見的兩種極端錯誤模式，說明其發展及後果，並提出改善之道以供參考。

第一，錯誤的「過度保護」。

過度保護為家長們最常見的錯誤處理方式，他們深怕子女的癲癇隨時隨地都可能發作，因而焦慮到需要隨時跟在子女身邊，以免發作時發生意外傷害，這樣才能稍微放心。有的家長擔心子女在學校發作時，除了可能發生意外之外，更深怕因而受到同學的取笑與排斥，而傷害其自尊、自信。也有家長甚至受到老師的負面態度與壓力，例如要求家長先把其子女的癲癇治療好才來上課，或學校不能負責其子女的安全而要求轉學或休學等，使得家長因羞愧而將子女帶回家，有的甚至憤而將子女帶回家，使得其子女們輟學。這些不知道、不敢或不願意與學校老師據理力爭的家長與不瞭解癲癇的

學校老師所造成的後果，不但是剝奪兒童、青少年患者受教育的機會，而且也使他們喪失與同儕交朋友的機會，同時更傷害了他們的自尊心。這些家長有時還會進一步限制子女參加其他種種的活動，或不鼓勵子女上學、交友、工作或甚至外出做休閒活動。這些態度與措施的另一項嚴重後果為一方面由於排斥與限制的挫折感及被羞辱感而影響癲癇子女的心情，使得他們轉而對老師和父母抱怨、生氣甚至產生怨恨，另一方面更是打擊其自尊與自信心，使他們變得更畏縮。

第二，冷漠、不關心或責罵、排斥。

有些家長則出現恰恰相反的心態與作為，他們由失望，進而無法接受癲癇子女，因而表現漠不關心，甚至責罵和排斥。這是由於家長感受到癲癇子女給家庭帶來的麻煩、羞辱，尤其加上若子女併有身心障礙，更使得他們有放棄之心，任其自生自滅，甚至轉而對癲癇子女動怒、責罵，給予差別待遇。癲癇子女由家庭中感受到這些不良的負面經驗，也可能使得他們有錯誤的聯想，即朋友和旁人可能也與其家人相同，對他們也會有同樣的偏見、歧視，使得他們更自社交中畏縮，例如他們不願上學、不願去工作、不願與人交友，終而與社會日漸隔離，同樣地，最後也影響其情緒與自尊、自信心。因此，正確的心態是去瞭解癲癇，並給予實質支持，家長們可透過仔細的觀察以及與醫療人員、教育和輔導人員的交談、諮詢而學習到正確的瞭解癲癇，進而接受癲癇，並積極的尋求社會中的資源，除了自己本身外，還鼓勵子女參加各項活動，使得他們能夠面對現實。

基於上述原由，若是政府與民間團體能提供相關的親職講座與座談會等，提供資訊與經驗上的交流，對於頑性（難治型）癲癇症者家長給予情緒上支持與正確面對頑性（難治型）癲癇症兒童的方式，相信會有所助益。

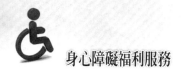

(三)就業服務方面

1.提供職業訓練機會，習得一技之長，作就業之準備。

2.對於有工作能力之患者，提供職業推介，使其能在競爭性就業市場工作，並能保障合理薪資；至於工作能力無法勝任競爭性就業者，宜提供庇護性就業。

3.主管態度要友善，多多協助身心障礙者，不要苛責。

4.獎勵或補助雇主僱用身心障礙者，讓身心障礙者有更多的就業機會。

參考文獻

中華民國自閉症總會（民102）。自閉症各種療育法。檢索日期：
　　103.06.19。網址：www.autism.org.tw/。

中華民國康復之友聯盟（民95）。精神醫療照顧體系權責劃分。檢索日
　　期：103.06.16。網址http://www.tamiroc.org.tw/。

中華民國康復之友聯盟（民92）。《精神障礙者就業服務工作手冊》。
　　臺北市：行政院勞工委員會職業訓練局。

中華民國智障者家長總會（民103）。智能障礙就業狀況。檢索日期：
　　103.06.05。

內政部（民101）。「100年身心障礙者生活狀況及各項需求評估調查報
　　告」。

內政部（民99）。《身心障礙者福利措施手冊》。檢索日期：
　　103.05.10。網址：http://sowf.moi.gov.tw/05/c.htm。

臺北市自閉症家長協會（民102）。自閉症教養方式。檢索日期：
　　103.06.10。網址：http://www.tpaa.org.tw/。

立法院（民36）。「中華民國憲法」。

行政院衛生署（民98）。「身心障礙類別與等級」。

何華欽、李亞蓉、徐夢舷（民98）。「高雄市慢性精神障礙者就業狀況
　　與需求調查計畫」。高雄市政府委託。

吳玉琴（民99）。〈臺灣失智症者的權益維護與福利服務建言〉。《社
　　區發展季刊》。第130期，頁185-192。

呂奕樞（民98）。〈如何避免失智老年人走失？〉。《台大醫院北護分
　　院院訊》，第53期，頁24-36。

呂寶靜（民90）。《老人照顧：老人、家庭、正式服務》。臺北市：五
　　南圖書公司。

宋麗玉（民99）。〈建構臺灣慢性精神病患之社區支持體系──醫療模
　　式與社會心理模式之整合〉。《社區發展季刊》，第92期，頁126-

140。

身心障礙者服務資訊網（民102）。自閉症者的就業問題。檢索日期：
　　103.06.12。網址：disable.yam.org.tw/。

林艾華（民97）。《植物人主要照顧人格韌性、壓力及生活品質之相關
　　性探討》。美和技術學院健康照護研究所碩士論文。

林昱宏（民98）。〈照顧者的痛──失智症老人的問題行為〉。《台大
　　醫院北護分院院訊》，第53期，頁11-23。

邱毓玲（民100）。《自閉症者父母之照顧需求探討》。東海大學社會
　　工作學系碩士論文。

邱滿艷（民100）。「新北市身心障礙者生活狀況與需求服務調查」。
　　新 市政府社會局委託。

洪素寬（民94）。《生命神聖──從史懷哲「敬畏生命」探討植物人安
　　樂死的議題》。南華大學哲學研究所碩士論文。

孫淑柔（民97）。〈智能障礙者醫療需求及資源運用情形之探討〉。
　　《屏師特殊教育》，第16期，頁49-57。

徐英嘉（民101）。《我國採用ICF概念對身心障礙者取得福利及服務的
　　影響──以2010年花蓮縣實驗計畫為例》。慈濟大學社會工作學系
　　碩士論文。

張勝成、徐享良、許天威（民102）。《新特殊教育通論》。臺北市：
　　五南圖書公司。

張雅婷（民100）。《國中智能障礙學生家長對其子女之生涯規劃現況
　　及需求之相關研究》。國立嘉義大學特殊教育學系碩士論文。

張慈君（民100）。《失智症家庭照顧者問題處理能力及其憂鬱程度與
　　生活品質之相關》。長庚大學護理研究所碩士論文。

教育部（民103）。「各特殊教育階段學生數」。

許素彬、陳美智（民100）。「臺中市身心障礙者生活狀況與需求服務
　　調查」。臺中市政府社會局委託。

陳昱名（民93）。《社會福利資源與需求的落差：以老年失智症病患家
　　庭照顧者之照顧負荷、需求與困難為例》。臺北醫學大學醫學研究
　　所碩士論文。

陳瑋婷（民101）。〈親職壓力、社會支持與生活品質之關係、研究：身心障礙者家長與普通家長之比較〉。《特殊教育研究學刊》，第37卷，第3期，頁1-26。

曾華源、白倩如（民93）。〈落實慢性精神病患的社區照顧——建構工作場域的社會支持網絡〉。《社區發展季刊》，第106期，頁209-219。

黃志成（民82）。「臺北市八十一年殘障人口普查研究」。臺北市政府社會局委託。

黃志成、吳俊輝（民93）。〈智能障礙兒童及其家長的福利需求〉。《空大學訊》，第335期，頁92-97。

黃志成、王麗美、王淑楨（民101）。《身心障礙者的福利服務》。臺北市：亞太。

黃志成、彭賢恩、王淑楨（民100）。「臺北市100年度中途致殘之身心障礙者生活需求調查報告」。臺北市政府社會局委託。

葉經柱（民102）。植物人的護理方法。檢索日期：102.08.07。身心障礙者服務資訊網：http://disable.yam.org.tw/。

蔡景仁（民100）。〈父母有正確的瞭解對孩子才能有好的幫助〉。載於社團法人臺南市癲癇之友協會，13。

衛生福利部（民103a）。「身心障礙者鑑定作業辦法」。

衛生福利部（民103b）。「新制身心障礙鑑定向度及類別」。

衛生福利部（民103c）。「身心障礙者權益保障法」。

衛生福利部（民103d）。身心障礙者人數。檢索日期：103.05.25。網址：http://www.mohw.gov.tw/。

鄭尹惠、莊世杰、楊思偉、龔昶元（民99）。「嘉義市99年度身心障礙者生活狀況與福利需求調查報告」。嘉義市政府委託調查。

謝淑楓（民92）。《婦女、照顧與非營利組織——以創世基金會「植物人媽媽」為例》。世新大學社會發展研究所碩士論文。

蘇文怡、葉人豪、洪櫻枝、黃姵綝、邵文娟（民100）。〈協助一位慢性精神分裂症患者邁向職業復健之護理經驗〉。《志為護理》，第10卷，第1期，頁120-128。

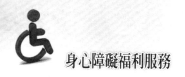
Drake, R. E., Xie, H., Bond, G. R., McHugo, G. J., & Caton, C. L. M. (2013). Early psychosis and employment. *Schizophrenia Research, 146*(1-3), 111-117.

Grano, N., Karjalainen, M., Edlund, V., Saari, E., Itkonen, A., Anto, J., & Roine, M. (2014). Health-related quality of life among adolescents: a comparison between subjects at risk for psychosis and other help seekers. *Early Intervention in Psychiatry, 8*(2), 163-169.

Hauw, J. J., & Vayre, P. (2012). Mental decline handicap and loss of autonomy associated with aging: a personal risk and a social concern. *Bulletin de L'Académie Nationale de Médecine, 196*(6), 1197-1207.

Nosarti, C., Reichenberg, A., Murray, R. M., Cnattingius, S., Lambe, M. P., Yin, L., MacCabe, J., Rifkin, L., & Hultman, C. M. (2012). Preterm birth and psychiatric disorders in young adult life. *Archives of General Psychiatry, 69*(6), 610-617.

第九章

眼、耳及相關構造與感官功能及疼痛障礙者的福利服務

身心障礙福利服務

　　本章依舊制之分類，分為視覺障礙、聽覺機能障礙、平衡機能障礙三類，分別將各類之定義及等級標準、福利需求與福利服務說明如下。

第一節　視覺障礙者的福利需求與福利服務

一、定義及等級標準

　　根據「身心障礙者權益保障法」第5條第二款所指視覺障礙，係指由於先天或後天原因，導致視覺器官（眼球、視覺神經、視覺徑路、大腦視覺中心）之構造或機能發生部分或全部之障礙，經治療仍對外界事物無法（或甚難）作視覺之辨識而言。

　　根據行政院衛生福利部（民103）「身心障礙者鑑定作業辦法」第5條鑑定報告標準，說明如**表9-1**。

表9-1　視覺障礙等級及基準

等級	基準
0	未達下列基準。
1	1.矯正後兩眼視力均看不到0.3，或優眼視力為0.3，另眼視力小於0.1（不含）時，或優眼視力0.4，另眼視力小於0.05（不含）者。 2.兩眼視野各為20度以內者。 3.優眼自動視野計中心30度程式檢查，平均缺損大於10dB（不含）者。
2	1.矯正後兩眼視力均看不到0.1時，或優眼視力為0.1，另眼視力小於0.05（不含）者。 2.優眼自動視野計中心30度程式檢查，平均缺損大於15dB（不含）者。
3	1.矯正後兩眼視力均看不到0.01（或小於50公分辨指數）者。 2.優眼自動視野計中心30度程式檢查，平均缺損大於20dB（不含）者。

資料來源：衛生福利部（民103a）。

依教育的觀點來界定視覺障礙，教育學生能夠運用其視力以從事學習的程度，根據威利斯（Willis, 1976）的調查發現，在法定的視障者仍有52%的人使用大字或普通字體讀本，僅有18%是全盲，顯示視障者其視覺效率（visual efficiency）仍有差異（引自何華國，民95）。若是無法用視覺來學習為全盲，其視力設定值優眼未達0.03，通常以點字為主要學習工具，因此，全盲又稱為「點字閱讀者」。若用視覺來學習有困難則是弱視，其視力測定值優眼介於0.03（含）以上，未達0.3，或是視力測定值優眼在0.3以上，但其周邊視野在20度以內者，在學習活動中，須將教材字體適當放大（用放大鏡或擴視機），而仍然以文字為主要學習工具者，有人稱為「放大文字閱讀者」（引自黃志成等，民102）。

二、視覺障礙人數概況

根據教育部的統計，**表9-2**顯示自民國93～102學年度各教育階段視覺障礙類學生人數。

根據衛生福利部的統計，**表9-3**顯示102年視覺障礙總人數與等級，由表可知，各等級及總人數均男性多於女性。

表9-2　各教育階段視覺障礙類學生人數

年度	93	94	95	96	97	98	99	100	101	102
學前	82	91	125	131	106	86	87	99	90	74
國小	801	768	745	679	363	599	555	533	507	476
國中	439	442	442	440	469	437	437	402	336	309
高中職	424	442	458	449	438	451	458	466	451	455
大專	458	506	527	585	631	661	696	666	675	668
總人數	2,204	2,249	2,297	2,284	2,280	2,234	2,233	2,166	2,059	1,982

資料來源：衛生福利部（民103b）。

表9-3　102年視覺障礙總人數與等級

障礙類別／總人數			極重度		重度		中度		輕度	
類別	男	女	男	女	男	女	男	女	男	女
視覺障礙	29,813	27,027	14	13	10,812	9,216	8,746	8,531	10,241	9,267

資料來源：衛生福利部（民103b）。

三、視覺障礙者的福利需求

(一)福利需求之研究結果

◆嘉義市政府

　　根據嘉義市政府社會處在民國99年所進行的身心障礙者生活需求調查資料顯示，視覺障礙者的福利需求如下（鄭尹惠、莊世杰、楊思偉、龔昶元，民99）：

1.居住狀況：視覺障礙者居住狀況以「與家人親戚同住」最多，占75.0%；主要照顧者以「配偶或同居人」最多，占47.2%。

2.經濟狀況：視覺障礙者生活費主要來源以「自給」最多，占61.1%；在家庭收入是否夠支應日常生活需要，以「收入不足支出（需向人借貸等）」最多，占50.0%；對目前的福利服務以「輔助器具補助」最高，達52.6%。

3.就業狀況：視覺障礙者在就業與教育現況以「就業」最多，占66.7%，工作型態以「自營彩券、按摩」最多，占70.8%。

4.外出狀況：視覺障礙者外出休閒的頻率以「幾乎每天外出」最多，占33.3%，外出交通工具以「親友開車或騎車接送」

最多，均占50.0%，但最滿意交通優惠的福利服務爲「免費的公車」

5.休閒狀況：視覺障礙者平日從事的休閒活動以「視聽」活動最多，占55.6%。

6.健康狀況：視覺障礙者身體狀況以「偶而有感冒病痛」最多，均占47.2%。

◆新北市政府

根據新北市政府社會局100年身心障礙者生活需求調查顯示（邱滿艷，民100）：

1.居住狀況：有90.7%的「與家人同住」最多。

2.個人照顧服務需求部分：以「居家照顧」最高，達73.2%。

3.家庭主要照顧者服務之需求狀況：以「照顧者支持」最高，達78.8%。

4.經濟安全服務需求狀況：以「中低收入生活補助費」最高，達58.7%；其次爲「醫療費用補助」，達49.9%。

5.就業福利需求部分：在「就業資訊及諮詢」需求上有達43.97%未使用；在「一般性就業（媒合）」達46.3%未使用；在「支持性就業」達48.8%未使用，也有46.3%不知道；在「庇護性就業」有達58.5%未使用，也有39.0%不知道；其他如「職業輔導評量」需求爲未使用最高；「職務再設計」、「轉介服務」均爲不知道最高。在就業上，目前以「職業訓練服務」最高，達40.0%。

6.交通與行動福利需求部分：以「搭乘大衆運輸半價優待」最高達48.6%。

7.就醫需求部分：以「門診掛號費減免」最高，達52.4%。

8.社會參與需求部分：以「休閒活動」最高，達87.8%。

◆臺北市政府

臺北市政府社會局的中途致殘之身心障礙者生活需求調查報告資料顯示（黃志成、彭賢恩、王淑楨，民100）：

1. 經濟狀況：家庭主要經濟來源以「本人」最高，達45.8%。
2. 教育需求：以「高中／職」教育程度最高，達30.0%，有50.0%需要「成人教育」（如終身學習課程、社區大學、社區學苑等）。
3. 就業需求部分：以「服務及銷售工作人員」類型最高，達47.6%；就業困擾以「薪水太低」及「體能不足」最高，達32.1%。
4. 外出交通部分：以「坐公車」最高，達52.5%。
5. 目前最期待的福利：以「生活補助」最高，達88.3%。

◆內政部（民101）

根據內政部（民101）身心障礙生活需求狀況及各項需求評估調查報告：

1. 外出交通部分：以「步行」最高，達48.62%。
2. 日常生活部分：以「煮飯、作菜」最困難，達63.79%。
3. 經濟狀況：以「兒子（含媳婦）」提供最高，達40.07%。
4. 就醫需求：目前有「定期就醫需求」達68.52%，有73.21%需要「物理治療」，但有高達86.15%「無法獨力完成掛號就醫的程序」。
5. 輔具需求部分：以「步行活動相關輔具」需求最高，達22.69%。

(二)視覺障礙者之福利需求

綜合以上之文獻，可將視覺障礙者之福利需求歸納如下：

◆就醫服務方面

醫療費用補助、門診掛號費減免及協助就醫等。

◆就學服務方面

提供成人教育服務（如終身學習課程、社區大學、社區學苑）等。

◆就養服務方面

經濟補助、輔助器具補助、免費（或半價）公車、居家照顧服務、照顧者支持服務、提供休閒活動及家務服務（如煮飯、做菜）等。

◆就業服務方面

就業資訊提供、就業諮詢服務、就業媒合、提供支持性及庇護性就業、職業輔導評量、職務再設計及職業訓練等。

四、視覺障礙者的福利服務

(一)就醫服務方面

根據內政部100年度生活需求調查顯示（內政部，民101），視覺障礙者目前應優先辦理的醫療照護措施為「提供醫療補助措施」，達44.55%。根據許素彬、陳美智（民100）在臺中市身心障礙者生活需求調查資料顯示，視覺障礙者疾病以「骨骼肌肉疾病」

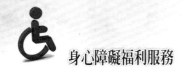

最多（占45.7%），其次為「高血壓」（占42%）。

(二)就養服務方面

1.根據內政部100年度生活需求調查顯示（內政部，民101），視覺障礙者目前最需要「身心障礙者生活補助費用，達53.99%。

2.目前在桃園縣政府社會局提供了「視覺障礙者生活重建服務」，透過個案管理的方式提供視覺障礙者定向行動、生活自理、盲用電腦、點字等多元的服務，為視覺障礙者擬定適切的個別服務計畫，連結所需的資源協助，減少家庭其他成員的負擔，避免視覺障礙者被社會隔離排除，與社會脫節（桃園縣政府社會局，民103）。

3.高雄市政府提供「視覺障礙者生活照顧輔佐服務」，內容包括（高雄市政府社會局，民103）：

(1)居家協助：協助視障者獲得資訊、家務處理、錄音、讀報及文件資料處理。

(2)陪同外出：陪同視障者外出就醫（學）、福利申請、休閒活動、求職、購物等。

(3)職場協助：協助在職之視障者，因視力障礙而無法完成之工作事項，包括：讀報、電腦打字、其他與工作相關事項等。

4.嘉義縣政府社會局（民103）提供「視覺功能障礙者生活重建服務」，包括：

(1)個案管理。

(2)盲用電腦與點字文書作業。

(3)定向行動訓練。

(4)生活自理能力訓練。

(5)提供相關資源訊息或進行轉介。

(6)社會暨心理評估與處置。

5.臺南市政府社會局（民103）提供視覺障礙者生活重建服務，包括：

(1)定向行動能力訓練。

(2)生活自理能力訓練。

(3)輔助科技、器具訓練及評估。

(4)家庭支持服務。

(5)休閒服務。

6.花蓮縣政府社會處（民103）的生活重建包括：

(1)定向行動訓練：協助從居家環境開始，至輔助器材的運用，感知外在環境的情況，以及安全的行走、搭乘交通工具，找回自己行動的自由，與社會有更多接觸與交流機會

(2)生活技能訓練：可以學習自主生活的小技能，例如飲食、自己衣物及環境的整理。

(3)盲用電腦訓練：教導視障者使用盲用電腦，將可上網、收發e-mail等。

(4)點字訓練：接受點字訓練，培養其基本閱讀能力。

(5)功能性視覺評估及視光學評估及輔具評估訓練：透過功能性視覺評估及視光學評估來瞭解視力狀況，進一步地選擇合適自己的輔具，將剩餘視力發揮到最好的功能。

(6)社會暨心理評估與處遇：連結心理相關資源，包含心理輔導、親職教育及成長團體等。

(8)技藝、體能及休閒服務活動：藉由技藝、體能及休閒服務活動，提供視障者增加社會參與之機會，增進其與人互動之機會。

7.新北市政府社會局（民103）提供視覺障礙者生活重建，包

括：

(1)定向行動能力訓練服務：以一對一方式提供服務，依個案狀況提供感覺訓練、知覺訓練、空間概念養成、室內行走法、學習運用獨走技巧（含穿越十字路口技巧）、搭乘大眾運輸交通工具、人導法技巧、手杖技法等課程。

(2)生活自理能力訓練服務：提供簡易生活自理能力訓練，包含簡易的飲食學習（外出用餐禮儀及技巧）、衣物及環境整理、個人護理及衛生訓練（清潔與儀容）、一般家電用品操作等項目。

(3)視覺障礙者及其家庭支持服務：依個別及其家庭需求狀況，協助轉介及提供相關服務資源。

(4)連結生活重建方案：依據個別需求，提供低視能評估、點字訓練、盲用電腦、輔具評估與訓練、心理諮商及成長團體等相關專業課程。

(三)就學服務方面

根據內政部100年度生活需求調查顯示（內政部，民101），視覺障礙者認為政府對教育，應該優先辦理的項目為「依需求提供學雜費補助」達43.78%。

(四)就業服務方面

根據內政部100年度生活需求調查顯示（內政部，民101），視覺障礙者目前就業以「服務及銷售工作人員」最高，達22.81%，以在「私人僱用」最多，達39.44%，最希望參加的職業訓練類別為「餐飲廚藝類」，達44.45%。造成視障者就業限制的原因很多，其中雇主的態度又成為視障者是否能順利就業的關鍵因素（花敬凱、

彭淑青，民93）。

第二節　聽覺障礙者的福利需求與福利服務

一、定義及等級標準

(一)特殊教育法

　　根據「特殊教育法」（教育部，民103）第3條第三款所稱聽覺障礙，指由於聽覺器官之構造缺損或功能異常，致以聽覺參與活動之能力受到限制者。

(二)身心障礙及資賦優異學生鑑定辦法

　　依據「身心障礙及資賦優異學生鑑定辦法」（教育部，民101），其鑑定標準如下：

1.接受行為式純音聽力檢查後，其優耳之500赫（Hertz，簡稱Hz）、1,000赫、2,000赫聽閾平均值，六歲以下達21分貝以上者；七歲以上達25分貝以上。
2.聽力無法以前款行為式純音聽力測定時，以聽覺電生理檢查方式測定後認定。

(三)聽覺障礙等級

　　根據「身心障礙者鑑定作業辦法」（衛生福利部，民102），聽覺障礙標準如**表9-4**所示。

表9-4 聽覺障礙等級及基準

等級	基準
0	未達下列基準。
1	雙耳整體障礙比率介於50～70%如無法取得純音聽力閾值則為優耳（ABR）聽力閾值介於55～69分貝。
2	雙耳整體障礙比率介於70.1～90%如無法取得純音聽力閾值則為優耳（ABR）聽力閾值介於70～90分貝。
3	雙耳整體障礙比率大於90%如無法取得純音聽力閾值則為優耳（ABR）聽力閾值大於90分貝。

資料來源：衛生福利部（民103a）。

二、聽覺障礙學生數

從教育部各年度各教育階段身心障礙類學生人數統計概況，93年各階段學生人數共有76,532人，當中聽覺障礙共4,689人，101年各階段學生共有115,385人，聽障礙共有4,629人（**表9-5**、**表9-6**）。

表9-5 各年度聽覺障礙類總人數與障礙等級

年度	93	94	95	96	97	98	99	100	101	102
學前	439	449	522	465	463	451	454	432	411	309
國小	1,608	1,569	1,532	1,459	1,446	1,373	1,353	1,314	1,301	1,278
國中	1,053	986	922	909	911	902	884	841	795	754
高中職	813	923	1,032	1,069	996	919	936	939	905	877
大專	776	886	902	957	1,087	1,173	1,209	1,247	1,217	1,233
總人數	4,689	4,813	4,910	4,859	4,903	4,818	4,836	4,773	4,629	4,547

資料來源：衛生福利部（民103b）。

表9-6 102年聽覺障礙總人數與等級

總人數			極重度（4級）		重度（3級）		中度（2級）		輕度（1級）	
總計	男	女	男	女	男	女	男	女	男	女
122,348	70,774	51,574	13	17	10,176	8,319	20,901	14,227	39,684	29,011

資料來源：衛生福利部（民103b）。

三、聽覺障礙者的福利需求

(一)福利需求之研究結果

◆嘉義市政府

　　根據嘉義市政府社會處在民國99年所進行的身心障礙者生活需求調查資料顯示，聽覺障礙者的福利需求如下（鄭尹惠、莊世杰、楊思偉、龔昶元，民99）：

1. 聽覺障礙者居住狀況以「與家人、親戚同住」最多，占76.3%。
2. 聽覺障礙主要照顧者以「父母親」最多，占47.5%。
3. 聽覺障礙者生活費主要來源以「（祖）父母親」最多，占33.9%。
4. 聽覺障礙者之家庭收入是否夠支應日常生活需要，以「收支平衡（剛好足夠）」最多，占49.2%。
5. 聽覺障礙者在就業與教育現況以「就學」最多，占33.9%，就業型態以「技術員操作員」最多，占33.3%。
6. 聽覺障礙者外出休閒的頻率以「幾乎每天外出」最多，占33.9%，外出交通工具以「自行駕駛機車或電動車」最多，均占32.8%。
7. 聽覺障礙者平日從事的休閒活動以「視聽」活動最多，占76.3%。
8. 聽覺障礙者身體狀況以「偶而有感冒病痛」最多，均占59.3%。

◆新北市政府

根據新北市政府社會局身心障礙者生活需求調查顯示（邱滿艷，民100）：

1. 居住狀況：有90.9%「與家人同住」最多。
2. 個人照顧服務需求部分：以「生活重建」最高，達48.5%。
3. 家庭主要照顧者服務之需求狀況：以「照顧者支持」最高，達74.2%。
4. 經濟安全服務需求狀況：以「中低收入生活補助費」最高，達50.4%；其次為「醫療費用補助」，達50.3%。
5. 就業福利需求上：在「就業資訊及諮詢」福利需求最高，達39.9%。
6. 交通與行動福利需求部分：以「障礙者搭乘大眾運輸半價優待」最高達39.4%。
7. 就醫需求部分：以「門診掛號費減免」最高，達50.3%。
8. 社會參與需求部分：在「休閒活動」達90.6%。

◆臺北市政府

臺北市政府社會局的中途致殘之身心障礙者生活需求調查報告資料顯示（黃志成、彭賢恩、王淑楨，民100）：

1. 經濟狀況：家庭主要經濟來源以「本人」最高，達43.3%。
2. 教育需求：以「國小」教育程度最高，達36.7%，就學困難以「經濟困難」最高，達30.3%。
3. 就業需求部分：以「基層技術工及勞力工」類型最高，達31.3%。
4. 外出交通部分：以「坐公車」最高，達69.3%。
5. 目前最期待的福利：以「生活補助」最高，達80.0%。

◆內政部（民101）

根據內政部（民101）身心障礙者生活狀況及各項需求評估調查報告顯示：

1.外出交通部分：以「步行」最高，達46.80%。
2.日常生活部分：以「搭乘交通工具」最困難，達37.73%。
3.經濟狀況：以「兒子（含媳婦）」提供最高，達41.61%。
4.就醫需求：目前有「定期就醫需求」達53.88%，有68.22%需要「物理治療」，但有高達79.71%「無法獨力完成掛號就醫的程序」。
5.輔具需求部分：以「聽覺功能相關輔具」需求最高，達76.10%。

◆黃志成等（民101）

黃志成、王麗美、王淑楨（民101）指出，聽覺機能障礙的福利需求分述如下：

1.在職業訓練需求前三名依序分別為：電腦課程、水電木工、中餐烹調，而聽覺障礙者就業最大的困擾以「無保障」、「薪水太低」、「福利不佳」等情形居多。
2.在人生發展需求上前三名依序為：生涯輔導規劃、個別化就業／生涯探索、職涯技能訓練。

(二)聽覺障礙者之福利需求

綜合以上之文獻，可將聽覺障礙者之福利需求歸納如下：

◆就醫服務方面

醫療補助、語言治療（口語訓練）補助、聽力檢查費用補助、

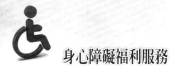

手術矯治費補助、助聽器補助、健保費補助、早期療育等。

◆就學服務方面

學雜費減免、子女課業輔導、特殊教育、寒暑假課外輔導、電腦輔助教學補助等。

◆就養服務方面

居家生活補助、在宅服務、心理諮商、乘車優待、身心障礙年金、兒童托育等。

◆就業服務方面

提供就業機會訊息、職業諮商、職業介紹、協助處理就業糾紛、職能評估等。

◆無障礙生活環境方面

輔助器具補助、手語翻譯、傳真機補助、電視新聞要有字幕、增加娛樂性活動與設備。

四、聽覺障礙者的福利服務

(一)就醫服務方面

對聽覺障礙者的福利服務，大致可朝下列五個方向著手：

◆早期療育

聽力損失早期發現與介入，長期的聽覺訓練，是使聽障者成長後，能夠進入社會工作與獨立生活的重要手段（韓福榮、鄒啓蓉、莫素娟，民96）。早期發現及早治療是人類發展上的一個鐵律，對於聽覺障礙嬰幼兒自不例外，尤其一些非遺傳性且進行性的聽覺障

礙嬰幼兒，都有可能透過早期的聽力檢查，發現後予以控制病情或治療。因此，醫院最好能爲新生兒全面進行聽力篩檢。此外，父母親在與嬰兒相處時，也可初步瞭解嬰兒是否有聽覺障礙，可儘速尋求醫療協助。

◆醫療補助

　　聽覺障礙者可能基於手術、復健的需要，而需要更多的醫療費用，故應斟酌予以醫療補助。補助時可依家庭經濟狀況、輕重不同障礙程度給予不同的補助金額。內政部於100年身心障礙者生活需求調查指出，有高達44.55%的聽覺障礙者認爲最需要提供醫療補助措施。

◆語言治療／口語訓練

　　聽覺障礙者由於聽力的問題，常出現學習語言的障礙，爲改善溝通能力，有必要做語言治療，提升語言溝通能力。

◆配戴助聽器

　　助聽器是將麥克風蒐集到的聲音加以擴大再送至耳內，加強刺激內耳感音器之殘存毛細胞，部分聽覺障礙者配戴助聽器後，聽覺可以獲得改善，將障礙減到最低，助聽器依外型之不同，可分爲下列類型（全國助聽器資訊網，民103）：

1.口袋型：長度約5～7公分，重約50～100毫克，內設置有麥克風、增幅器及電池。其特點爲：可以充分放大音量；操作簡便，適合幼兒重聽者使用。可放入口袋或掛於胸前，並以一條電線連接接收器，塞在耳道口以傳達聲音。

2.耳掛型（behind-the-ear, BTE）：此型配戴於耳殼和頭骨之間，適用於輕度到重度的聽障者，如果兩耳各掛一副時，可

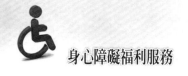
以收到兩耳效果。

3. 眼鏡型：此一形式的助聽器係裝置於眼鏡架內。並以小管由鏡框末端凸出深入耳道口來傳送聲音，適用於輕度、重度障礙者使用，有氣導式和骨導式兩種型式。

4. 耳道型（in-the-canal, ITC）：此種體積小可插入耳道中，具有美觀舒適輕便和聲音清晰自然之特性，適合輕度、中度重聽者配戴使用。

5. 電子耳蝸植入術（cochlear implants）：電子耳蝸植入術又稱人工電子耳，其構造分為耳外裝置和耳內裝置。耳外裝置包括麥克風、刺激器和外感應線圈（magnetic coil）；耳內裝置分為內感應線圈和電極。人工電子耳是從耳後劃刀，經乳突進入中耳腔，找到卵圓窗和鐙骨的位置後，在耳蝸的底圈，卵圓窗附近鑿個小洞再將電極插入耳蝸中。藉著植入內耳的電子耳蝸直接刺激蝸牛，再沿著聽神經傳至大腦。電子耳蝸無法像一般助聽器一樣將電流轉換成聽覺聲音（acoustic sounds），而且電流又是直接由內耳傳至大腦，因此所聽到的聲音與一般的聲音並不相同。

(二)就養服務方面

就養服務旨在作支持性的服務，協助家庭功能運作正常，服務內容說明如下：

◆生活費用補助

根據內政部100年度生活需求調查顯示（內政部，民100），聽覺障礙者目前最需要「身心障礙者生活補助費用」，達49.26%。臺北市政府社會局（民103）提供聽覺障礙者「人工電子耳暨耗材補助」，其資格限制優耳聽力要劣於90dBHL，且符合下列所有條件：

1.經配戴助聽器及聽能復健三個月，效果不佳者，雙耳聽力劣
　於110dBHL者，不在此限。

2.感覺神經性聽力障礙病史在五年以內，或曾配戴助聽器因成
　效不佳中斷配戴且中斷期間不超過五年者。

3.先天性聽障者，經電腦斷層或核磁共振攝影確定至少具有一
　圈完整耳蝸存在且無其他手術禁忌者。

◆家務服務

　　聽覺障礙者由於聽覺和語言方面的問題，在日常生活中可能需
要在宅服務員的介入，如代打電話，聯絡事情；代接電話，接受訊
息；協助前往就醫，代為說明病情，並與醫生做充分溝通；代為照
顧嬰幼兒，尤其是和嬰幼兒說話，教導嬰幼兒說話。

◆心理諮商

　　可以訓練會手語的心理諮商員協助有問題的個人、家庭或子女
作心理輔導，解決心理困擾，發揮潛能。

◆托育服務

　　由於聽覺障礙者在聽力和語言的限制，故其子女的托育需求將
更高於一般人，亦即不論其是否為全職，半職或沒有工作，均有托
育需求，尤其在零歲至六歲是嬰幼兒語言發展的關鍵期，勢必藉由
保母、保育員的托育，同時作語言的輔導。

(三)就學服務方面

　　根據內政部100年度生活需求調查顯示（內政部，民100），認
為政府對聽覺障礙者的教育，應該優先辦理的項目為「依需求提供
學雜費補助」達44.06%。

　　「給他魚吃，不如給他釣竿」，這是耳熟能詳的福利觀念，而

給予聽覺障礙者特殊教育，正是最符合經濟效益的投資，有關就學服務的具體內容說明如下：

◆**學前教育**

基於「特殊教育法」（民102）規範，「提前與延伸」的教育原則，聽覺障礙幼兒比一般幼兒更有必要接受學前教育，學前教育大致可分為兩類：

1.特殊班：將聽覺障礙幼兒編在同一班級，接受特殊教育，此類特殊班通常設於特殊學校或國民小學附設幼兒部，也有學術機構附設聽覺障礙幼兒實驗班。此外，政府應獎勵或補助私立幼兒園設立特殊班。

2.融合教育：即將聽覺障礙幼兒安置在幼兒園的普通班，一般而言，為了不讓老師負擔太重，每一班以安置一至二名幼兒為限。此外，讓老師也有必要修習相關專業科目，以提高教學效能。

◆**義務教育階段**

義務教育指國中、小學階段，教育重點著重在基本學科的學習及語言溝通訓練，聽覺障礙學生的安置方式不外乎是普通班（融合教育）、特殊班、特殊學校、資源班，各種設置方式均有利弊，不過依時代潮流，以趨向安置在「最少限制」的普通班內為主（黃志成等，民102）。

◆**高中職階段**

聽覺障礙學生在國中畢業之後，與一般學生一樣，可升上高中、高職或五專，由於高中教育只是普通學科的學習，而聽覺障礙學生能升上大學的並不多，故為能訓練一技之長，以就讀高職部，

接受職業教育為佳。目前啟聰學校所設置的職業類科有（國立臺中啟聰學校，民103）：資訊處理科、美工科、印刷科、餐飲管理科、綜合職能科。

◆大專院校階段

聽覺障礙學生欲進大專院校就學者可以透過保送甄試、推薦甄試、申請入學，或直接參加五專、二專、大學指考等多元化升學管道。在就學福利服務方面，除了前述的特殊教育外，目前已實施了學雜費按輕重程度的不同加以減免、電腦輔助教學，爾後更應加強對學生課業的輔導。

◆課業輔導

由於聽覺障礙者父母親要輔導子女的課業有實質上的困難，故學校老師（或可組義工）宜對此類兒童特別作課業輔導。

(四)就業服務方面

根據內政部100年度生活需求調查顯示（內政部，民100），聽覺障礙者目前就業以「基層技術工及體力工」最高，達36.78%；以在「私人僱用」最多，達52.83%；最希望參加的職業訓練類別為「電腦資訊」，達67.49%。就業服務旨在對聽覺障礙者職前作評估、職業訓練及職業輔導，說明如下：

◆職業諮商與職能評估

一個人在職場上要成功，必先瞭解自己的職業性向、興趣、人格特質與工作價值觀，這是成功的先決條件。一位聽覺障礙者在就業前，最好先做好職業諮商，然後再透過職能評估，如此可知道自己如何作職業生涯發展。

身心障礙福利服務

◆職業訓練

在確定個人的職業發展方向後，就可以做職業訓練，就訓練的內容來講，可以充實該項職業所必須具備的知識，以及該項職業所必須具備的技能；就訓練的時程而言，可分為職前訓練與在職訓練。

◆就業輔導

包括就業機會訊息的提供及職業推介。聽覺障礙者由於難以聽覺系統來得到就業訊息，自然會影響就業機會，故政府及民間職業輔導機構應多利用聽覺障礙者能接收到的訊息，如文字、傳真機、電腦網路等方式，傳達給聽覺障礙者。此外，基於適才適所，協助聽覺障礙者能夠得到乙份適合的工作。

◆協助處理就業糾紛

由於聽力及語言的限制，聽覺障礙者在工作場所常因誤會又無法有效溝通，較易產生不愉快事件。若聽覺障礙者在職場上遇到糾紛時，真是「啞口莫辯」，有理說不清，故有關單位可成立協調或申訴服務，服務方式可利用傳真機或由聽覺障礙者親自前往申請協助。

◆職務再設計

根據勞動部（民103）明定「推動身心障礙者職務再設計服務實施計畫」，明定職務再設計之項目以就業需求性及合理性等因素考量，包括：

1. 改善職場工作環境：指為協助身心障礙者就業，所進行與工作場所無障礙環境有關之改善。
2. 改善工作設備或機具：指為促進身心障礙者適性就業、提高生產力，針對身心障礙者進行工作設備或機具之改善。

3.提供就業所需之輔具：指為增加、維持、改善身心障礙者就業所需能力之輔助器具。

4.改善工作條件：包括提供身心障礙者就業所需手語翻譯、視力協助等。

5.調整工作方法：透過職業評量及訓練，按身心障礙者特性，分派適當工作，包括：工作重組、調派其他員工和身心障礙員工合作、簡化工作流程、調整工作場所、避免危險性工作等。

6.為協助身心障礙者就業有關之評量、訓練所需之職務再設計服務。

(五)無障礙生活環境方面

為協助聽覺障礙者能夠好好的生活，提升其生活品質，設計無障礙的生活環境是有必要的，說明如下：

◆提供輔助器具

包括助聽器、傳真機，前者能增進其聽覺功能，後者則具電話的功能，可以協助聽覺障礙者與他人做雙向交流。尤其在政府機構、車站、機場、百貨公司等應置投幣或刷卡公用傳真機。

◆社會福祉電話

電信局備有適合聽覺障礙者使用的特殊電話機，聽覺障礙者可以申請換裝，列舉如下：

1.增音電話：話筒上裝有按鈕及音量調整器，可將來話音量依需要放大。

2.閃鈴電話：如有來話，除了電話鈴聲會響以外，話機上附設之閃光燈會每隔三秒亮一次。

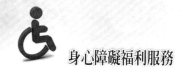

3.振響電話：適合較嚴重聽覺障礙者使用，有甲乙兩話筒，乙話筒有「突出部分」，放在耳朵後面骨神經部位就可通話，並可依需要調節受話量及音質。

◆電傳視訊服務（videotex service）

是結合電腦、通訊和資料庫三方面領域的傳播媒體，提供便捷的資訊服務，只要簡單的操作程序，可以取得有關證券即時行情、投資理財、外貿商情、外匯、求才求職、農產品行情、觀光旅遊、公告政令、新聞氣象、醫療服務、消費指南、航空鐵公路時刻表等。

◆手語翻譯員

訓練聽人手語翻譯員，駐進政府機構、大企業公司、醫院、學校、國家公園等，協助聽覺障礙者洽公、洽商、就學、就業、就醫、參觀。手語翻譯員可有三種方式呈現，對於聽覺障礙者使用頻率高的機構，可聘專任；使用頻率不高者，可聘兼任，如固定時間有手語翻譯員；或聽覺障礙者有需要時，電話（或傳真機）預約，陪同前往處理事情。

◆電視節目顯示字幕

電視是目前民眾不可或缺的家庭用品，有知識、新聞、娛樂等用途，但如無字幕顯示，許多聽覺障礙者只能看到影像，無法（或難以）聽到聲音，效果大失。因此，各種電視節目（尤其是電視新聞）應打出字幕或手語即時翻譯。

◆公車電子布告牌

公車上以電子字幕顯示到站及下一站站名，以利下車。

◆提供適合聽覺障礙者娛樂性活動及設備

此一點事實上與一般聽人無異，然而在娛樂活動場所，如需廣

播告知訊息或其他需要聽聲音者，應以字幕、圖片或其他足以讓聽覺障礙者瞭解的訊號。

◆公共場所標示牌

　　為提供聽覺障礙者資訊，可在公共場所多多設置標示牌或電子字幕、圖像。

第三節　平衡機能障礙者的福利需求與福利服務

一、定義及等級標準

　　根據衛生福利部（民103a）身心障礙等級，其定義與標準如**表9-7**。

二、平衡機能障礙人數概況

　　根據衛生福利部之統計，102年平衡機能障礙總人數與等級如**表9-8**所示。

表9-7　平衡機能障礙等級及基準

名稱	等級	基準
平衡功能障礙	0	未達下列基準。
	1	平衡機能障礙致步行困難者。
	2	平衡機能障礙而無法站立者。
	3	平衡機能障礙而無法坐立者。

資料來源：衛生福利部（民103a）。

表9-8　102年平衡機能障礙總人數與等級

總人數			極重度（4級）		重度（3級）		中度（2級）		輕度（1級）	
總計	男	女	男	女	男	女	男	女	男	女
4,063	2,341	1,722	9	1	86	109	474	404	1,772	1,208

資料來源：衛生福利部（民103b）。

三、平衡機能障礙者的福利需求

(一)福利需求之研究結果

◆嘉義市政府

　　根據嘉義市政府社會處在民國99年所進行的身心障礙者生活需求調查資料顯示，平衡機能障礙者的福利需求如下（鄭尹惠、莊世杰、楊思偉、龔昶元，民99）：

1.平衡機能障礙者居住狀況以「獨居」及「其他」最多，占50.0%。

2.平衡機能障礙主要照顧者以「子女」最多，占100.0%。

3.平衡機能障礙者生活費主要來源以「（孫）子女」最多，占100.0%。

4.平衡機能障礙者在家庭收入是否夠支應日常生活需要，以「夠用且有儲蓄」及「收入不足支出（需向人借貸等）」最多，均占50.0%。

5.平衡機能障礙者在就業與教育現況以「失業」最多，占100.0%。

6.平衡機能障礙者外出休閒的頻率以「一星期一天」及「幾

乎不外出」最多，均占50.0%，外出交通工具以「步行」及「輪椅」最多，均占50.0%。

7. 平衡機能障礙者平日從事的休閒活動以「視聽」活動最多，占100.0%。

8. 平衡機能障礙者身體狀況以「沒有病痛」及「有較嚴重病痛，需他人照料」最多，均占50.0%。

◆新北市政府

根據新北市政府社會局身心障礙者生活需求調查顯示（邱滿艷，民100）：

1. 居住狀況：有92.3%「與家人同住」最多。

2. 個人照顧服務需求部分：以「居家照顧」最高，達100.0%。

3. 家庭主要照顧者服務之需求狀況：以「臨時及短期照顧」最高，達91.1%。

4. 經濟安全服務需求狀況：平衡機能障礙者有經濟補助需求，但卻以不知道政府補助內容最高，包括「日間照顧及住宿式機構托育養護費用補助」達61.5%、「房屋租金及購屋貸款利息補貼」達69.2%；此外，平衡機能障礙者目前以「中低收入生活補助費」需求最高，達66.7%。

5. 就業福利需求上：在「工作適應與追蹤輔導」福利需求最高，達50.0%。

6. 交通與行動福利需求部分：以「障礙者搭乘大眾運輸半價優待」最高，達47.6%。

7. 就醫需求上：以「門診掛號費減免」最高，達66.7%。

8. 社會參與需求部分：在「休閒活動」達88.9%。

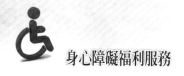

◆臺北市政府

臺北市政府社會局的中途致殘之身心障礙者生活需求調查報告資料顯示（黃志成、彭賢恩、王淑楨，民100）：

1. 經濟狀況：家庭主要經濟來源以「配偶」及「兒媳」最高，達40.0%。
2. 教育需求：以「國／初中」教育程度最高，達36.7%，但100.0%表示無教育需求。
3. 就業需求部分：以「基層技術工及勞力工」類型最高，達100.0%。
4. 外出交通部分：以「坐捷運」最高，達53.3%。
5. 目前最期待的福利：以「生活補助」最高，達66.70%。

◆內政部（民100）

根據內政部（民100）身心障礙者生活狀況及各項需求評估調查報告顯示：

1. 外出交通部分：以「親友開車或騎車接送」最高，達41.33%。
2. 日常生活部分：以「煮飯、作菜」最困難，達76.57%。
3. 經濟狀況：以「兒子（含媳婦）」最高，達41.13%。
4. 就醫需求：目前有「定期就醫需求」達83.85%，有69.76%需要「物理治療」，但有高達90.55%「無法獨力完成掛號就醫的程序」。
5. 輔具需求部分：以「輪椅類、推車或四處移動相關輔具」需求最高，達49.80%，但目前高達40.98%有缺乏此輔具。

(二)平衡機能障礙者之福利需求

綜合以上之文獻，可將平衡機能障礙者之福利需求歸納如下：

◆**就醫服務方面**

　　包括：門診掛號費減免及協助掛號就醫等。

◆**就養服務方面**

　　包括：生活費補助、居家照顧、臨時及短期照顧、搭乘大眾運輸工具半價優待、提供休閒活動、家務協助及生活輔具提供等。

◆**就業服務方面**

　　包括：就業輔導、工作適應與追蹤輔導等。

四、平衡機能障礙者的福利服務

(一)就醫服務方面

　　1.根據許素彬、陳美智（民100）在臺中市身心障礙者生活需求調查資料顯示，平衡機能障礙者疾病以「高血壓」最多（占48.1%），其次為「心血管疾病」（占33.3%）。

　　2.根據內政部100年身心障礙者生活需求調查顯示，平衡機能障礙者致殘主要為「後天疾病而致」高達64.53%，有高達87.44%有就醫需求，但卻有高達90.55%無法獨力完成掛號就醫程序，有高達64.22%的平衡機能障礙者需要接受復健治療，當中需要物理治療者達69.76%。

(二)就養服務方面

　　1.根據內政部100年度生活需求調查顯示（內政部，民101），平衡機能障礙者目前最需要「身心障礙者生活補助費用」最高，達51.51%。

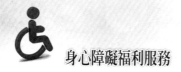

身心障礙福利服務

2.邱滿艷、韓福榮（民99）進行宜蘭縣身心障礙需求分析、資源盤點與政策規劃研究發現，不管什麼障礙類別，在經濟補助項目中均以「生活補助費」最高。

3.在嘉義縣身心障礙福利服務地理資訊系統研究報告顯示，平衡機能障礙者98.69%都居住在自宅（陳昭榮、鄭清霞，民100）。

(三)就學服務方面

根據內政部100年度生活需求調查顯示（內政部，民101），認為政府對平衡機能障礙者的教育，應該優先辦理的項目為「依需求提供學雜費補助」達48.29%。

(四)就業服務方面

根據內政部100年度生活需求調查顯示（內政部，民101），平衡機能障礙者目前就業以「基層技術工及體力工」最高，達26.74%，以在「私人僱用」最多，達47.50%，最希望參加的職業訓練類別為「電腦資訊類」，達97.49%。

參考書目

內政部（民101）。「100年身心障礙者生活狀況及各項需求評估調查報告」。

臺南市政府社會局（民103）。視覺障礙生活重建。檢索日期：103.07.06。網址：http://www.tycg.gov.tw/。

全國助聽器資訊網（民103）。助聽器種類。檢索日期：103.07.06。網址：http://www.welhear.com/product_01.asp。

花敬凱、彭淑青（民93）。〈從雇主的觀點談視覺障礙者的就業限制〉。《啓明苑通訊》，第51期，頁2-9。

花蓮縣政府社會處暨新聞處（民103）。視覺障礙生活重建。檢索日期：103.07.06。網址：http://sa.hl.gov.tw/bin/home.php。

邱滿艷（民100）。「新北市身心障礙者生活狀況與需求服務調查」。新北市政府社會局委託。

邱滿艷、韓福榮（民99）。「身心障礙需求分析、資源盤點與政策規劃──宜蘭縣」。內政部委託研究報告。

桃園縣政府社會局（民103）。視覺障礙生活重建服務。檢索日期：103.07.06。網址：http://www.tycg.gov.tw/。

高雄市政府社會局（民103）。身心障礙福利。檢索日期：103.07.06。網址：http://socbu.kcg.gov.tw/。

國立臺中啓聰學校（民103）。學部介紹。檢索日期：103.07.06。網址：http://www.thdf.tc.edu.tw/。

教育部（民101）。「身心障礙及資賦優異學生鑑定辦法」。

教育部（民102）。「各教育階段身心障礙類學生人數統計概況」。

許素彬、陳美智（民100）。「臺中市身心障礙者生活狀況與需求服務調查」。臺中市政府社會局委託。

勞動部（民103）。「推動身心障礙者職務再設計服務實施計畫」。

黃志成、王麗美、王淑楨（民101）。《身心障礙福利服務》。臺北

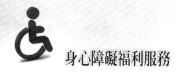
身心障礙福利服務

市：亞太圖書。

黃志成、王麗美、王淑楨、高嘉慧（民102）。《特殊教育》。臺北市：揚智文化。

黃志成、彭賢恩、王淑楨（民100）。「臺北市100年度中途致殘之身心障礙者生活需求調查報告」。臺北市政府社會局委託。

新北市政府社會局（民103）。新北市視覺障礙者定向行動暨生活自理能力訓練服務。檢索日期：103.07.06。網址：http://www.sw.ntpc.gov.tw/。

嘉義縣政府社會局（民103）。視覺障礙生活重建。檢索日期：103.07.06。網址：http://www.sabcc.gov.tw/。

衛生福利部（民103a）。「身心障礙者鑑定作業辦法」。

衛生福利部（民103b）。「身心障礙人數統計概況」。

鄭尹惠、莊世杰、楊思偉、龔昶元（民99）。「嘉義市99年度身心障礙者生活狀況與福利需求調查報告」。嘉義市政府社會局委託。

韓福榮、鄒啓蓉、莫素娟（民96）。「影響臺灣地區聽覺障礙者接受人工電子耳植入術後成效追蹤研究」。中華民國聲暉聯合會委託。

第十章

涉及聲音與言語構造及其功能障礙者的福利服務

- 第一節　定義及等級標準
- 第二節　聲音或語言機能障礙者的福利需求與福利服務

　　語言是人類主要的溝通工具，自嬰兒期牙牙學語，開始表達自己的意思，而其他人也漸能瞭解嬰幼兒的身心需求。然而，有某些人卻因為種種原因而無法表達自己的意思，或無法理解別人的言語，以至於生活、求學或職業產生一定程度之困難，面對這些聲音或語言機能有障礙者，吾人當發揮仁心並理解其人性應有的尊嚴，給予合理的福利服務。

第一節　定義及等級標準

一、定義及等級標準

　　依行政院衛生署（民98）對聲音機能或語言機能障礙的定義說明如下：係指由於器質性或機能性異常導致語言理解、語言表達、說話清晰度、說話流暢性產生困難。在此所謂各種原因，依Starkweather（1983）和Moore（1986）所言，指的是組織增生（如結節、息肉、癌組織）、喉頭感染（如喉炎）、喉部神經損傷或意外傷害、嚴重聽力喪失等均會造成聲音異常（包含音調太高或太低、音量太大或太小和音質異常）；依李乙明（民96）所言，腦傷、控制說話所用的肌肉神經損傷、脣顎裂、缺牙齒等會導致構音異常。

(一)特殊教育法

　　「特殊教育法」（教育部，民103a）第3條第四款所稱語言障礙，指語言理解或語言表達能力與同年齡者相較，有顯著偏差或低落現象，而造成溝通困難。

(二)身心障礙及資賦優異學生鑑定辦法

根據「身心障礙及資賦優異學生鑑定辦法」（教育部，民101），其鑑定基準依下列各款規定之一：

◆構音異常

語音有省略、替代、添加、歪曲、聲調錯誤或含糊不清等現象。

◆嗓音異常

說話之音質、音調、音量或共鳴與個人之性別或年齡不相稱等現象。

◆語暢異常

說話節律有明顯且不自主之重複、延長、中斷、首語難發或急促不清等現象。

◆語言發展異常

語言之語形、語法、語意或語用異常，致語言理解或語言表達較同年齡者有顯著偏差或低落。

(三)行政院衛生署身心障礙等級

根據行政院衛生署（民98）身心障礙等級定義，機能或語言機能障礙係因器質性或機能性異常導致語言理解、語言表達、說話清晰度、說話流暢性或發聲產生困難。

此外，衛生署（民98）又將語言功能障礙程度之評定標準另作說明。語言功能主要指語言之理解與表達能力，其等級障礙程度之定義如下：

◆極重度障礙

缺乏有意義的語言溝通功能者屬之。這類病人最多僅能理解極少數生活有關之事物；表達方面最好者只能以推拉等肢體動作及怪異行為表達需要，及少數未具功能之仿說。

◆重度障礙

顯著偏差與遲滯之溝通功能，以仿說、推拉、不易瞭解的生氣和怪異行為為主要表達方法，僅具表達少數日常生活需要（如吃、喝、出去）者屬之。病人之理解能力僅限於較常接觸之事物；表達能力最多只能以單字或詞主動表達少數基本需要，但可主動或被動的仿說詞或句。

◆中度障礙

具有簡單對話能力，但語言理解與表達均有明顯之偏差。這類病人對有興趣的問題、熟悉的問題，可以主動或在提示之下發問，發問的語句常是簡短、固定、反覆、怪異的；對熟悉的語句仍夾雜仿說和代名詞反轉現象（但少於50%）；可以句子或詞表達部分生活上自己立即的需要。

◆輕度障礙

語言功能近乎正常之輕度障礙者屬之。語言理解與表達能力可符合家庭、學校、工作生活之基本需要，但較一般人略遜；語法結構正常，但使用之情境不甚恰當；詞彙較少、句子較短或像背書似的；聊天、講笑話等能力較差；談話時缺乏主動，或只是「告訴」對方而少「聽」對方內容而反應，反應可能離題，談話中斷時缺乏使談話繼續下去的能力。

由以上定義可知，語言障礙的兒童有語言理解的問題，也就是

說，他人所講的話他不見得聽得懂，這種現象通常是語言中樞出了問題。還有語言表達有問題，也就是說他想講的話不一定可以完全的表達清楚，或講出來了別人不一定聽得懂。客觀的評量標準是和同年齡兒童比較，有顯著的偏差或遲緩的情形。由觀察結果得知，下列兒童較易被鑑定為語言障礙：

1.講話時容易引起別人的注意。
2.妨礙溝通。溝通是雙向的，一方面是他講的話別人聽不懂；
　二方面是別人講的話他無法理解。

(四)身心障礙者鑑定作業辦法

根據「身心障礙者鑑定作業辦法」（衛生福利部，民103a）的規定，涉及聲音與言語構造及其功能之鑑定向度、障礙程度和基準說明如**表10-1**。

表10-1　涉及聲音與言語構造及其功能之鑑定向度、障礙程度和基準

鑑定向度	障礙程度	基準
嗓音功能	0	未達下列基準。
	1	發出的嗓音音質不佳，包括沙啞、鼻音過重、氣息聲、音調過低或過高，大部分時間影響溝通對象的辨識。
	3	無法發出嗓音。
構音功能	0	未達下列基準。
	1	構音明顯偏差，大部分時間影響溝通對象的理解。
	3	構音嚴重偏差，使溝通對象完全無法理解。
言語功能的流暢與節律	0	未達下列基準。
	1	說話的流暢度或韻律明顯異常，大部分時間造成溝通困擾。
	3	說話的流暢度或韻律明顯異常，幾乎完全無法與人口語溝通。

（續）表10-1　涉及聲音與言語構造及其功能之鑑定向度、障礙程度和基準

鑑定向度	障礙程度	基準
口結構	0	未達下列基準。
	1	口腔嚴重疾病導致張口或咀嚼機能受損，經手術修復後張口度仍小於25mm或口腔內剩餘牙齒數目少於十四顆，經手術或贗復治療仍無法或難以修復者。
	2	口腔嚴重疾病導致張口或咀嚼機能受損，經手術修復後張口度仍小於15mm或口腔內剩餘牙齒數目少於六顆，經手術或贗復治療仍無法或難以修復者。
	3	口腔嚴重疾病導致張口度小於5mm，經手術處理仍無法或難以修復者，或口腔嚴重疾病導致牙齒完全缺損，僅能進食流質者，經手術或贗復治療仍無法或難以修復者。
咽結構	0	未達下列基準。
	1	損傷25～49%。
	2	損傷50～95%。
	3	損傷96～100%。
喉結構	0	未達下列基準。
	1	喉頭部分切除25～49%。
	2	喉頭部分切除50～96%。
	3	全喉切除。

資料來源：衛生福利部（民103a）。

二、聲音機能或語言障礙的學生數

從教育部（民103b）各教育階段身心障礙類學生人數統計概況可知，93年各階段學生人數共有76,532人，當中語言障礙共1,653人，102年各階段學生共有語言障礙2,214人（**表10-2**）；根據衛生福利部（民103）統計，聲音機能或語言障礙人數則為13,509人（**表10-3**）。

表10-2 各階段聲音機能或語言障礙類學生人數

年度	93	94	95	96	97	98	99	100	101	102
學前	540	831	745	750	657	634	651	615	584	501
國小	789	1,029	879	1,172	1,294	1,432	1,414	1,403	1,355	1,268
國中	149	177	158	167	188	187	175	137	147	156
高中職	89	115	111	140	136	146	131	134	134	112
大專	86	116	93	137	148	148	102	167	171	177
總人數	1,653	1,168	1,968	2,366	2,423	2,547	2,473	2,456	2,391	2,214

資料來源：教育部（民103b）。

表10-3 102年聲音機能或語言障礙類總人數與障礙等級

總人數			極重度		重度		中度		輕度	
總計	男	女	男	女	男	女	男	女	男	女
13,509	9,662	3,847	382	61	2,355	651	1,979	879	4,946	2,256

資料來源：衛生福利部（民103b）。

 # 第二節 聲音或語言機能障礙者的福利需求與福利服務

一、聲音或語言機能障礙者的福利需求

(一)福利需求之研究結果

◆黃志成（民82）

黃志成（民82）以臺北市領有身心障礙手冊者為研究對象，調

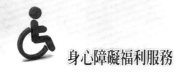

查聲音或語言機能障礙者的福利需求，在二十四個項目中，需求最大的前五項依序為：居家生活補助、醫療補助、技藝訓練、免稅優待、健康保險自付保費補助。

◆黃志成等（民94）

黃志成、黃國良、王立勳、高嘉慧（民94）在金門縣身心障礙者生活需求調查發現，金門縣身心障礙者最迫切需要的服務項目前五項依序分別為：居家生活補助、居家服務、生活輔助器具補助、子女課業輔導、臨時托育或照顧。

◆內政部（民101）

內政部（民101）調查身心障礙者生活需求報告指出，聲音或語言機能障礙者認為政府應優先辦理的醫療照護措施為：

1. 提供醫療補助措施。
2. 在住家／宅之服務需求為「陪同就醫」。
3. 認為政府應優先辦理的生活福利措施為「提高生活補助」。
4. 認為最需要之福利服務為「身心障礙者生活補助」。
5. 認為應優先辦理之教育項目為「依需求提供學雜費補助」。

◆林慶仁等（民95）

林慶仁、劉信雄、吳昆壽、陳文雄、詹士宜、林家瑜（民95）研究發現聲音機能或語言機能障礙者想要再接受的訓練課程類別為電腦知能，占60.0%；需要獎助學金或減免學雜費者占69.6%。

◆黃志成等（民96）

黃志成、蔡嘉洳、蘇玫夙、陳玉玟、王淑楨（民96）在金門縣身心障礙者生活需求調查發現，聲音或語言機能障礙者最需要的職業訓練為「電腦課程」；在人生發展需求上最需要的為「提供就業

升學資訊」。

◆任麗華等（民96）

　　任麗華、林堤塘（民96）在「身心障礙者生活與照護福利服務需求之研究——以臺灣中部某縣為例」研究發現，聲音或語言機能障礙者以就醫程序不清楚最困擾，其次為沒有人陪同就醫。此外，提供就業機會需求為最迫切。

(二)聲音或語言機能障礙者之福利需求

　　綜合上述各家之研究調查結果，對於聲音或語言機能障礙者之福利需求歸納如下：

◆就醫服務方面

　　醫療費用補助、健康保險自付保費補助、陪同就醫。

◆就學服務方面

　　子女課業輔導、學雜費補助或減免、提供升學資訊、獎助學金。

◆就養服務方面

　　居家生活補助、免稅優待、居家服務、生活輔助器具補助、臨時托育或照顧。

◆就業服務方面

　　電腦知能訓練、提供就業資訊、技藝訓練、提供就業機會。

二、聲音機能或語言機能障礙者的福利服務

　　由上述針對聲音或語言機能障礙者的福利需求之陳述後，茲擬

提出福利服務措施：

(一)就醫服務方面

◆醫療費用及健康保險自付保費補助

　　由於聲音或語言機能障礙者較難找到工作，如有找到工作者，也常因待遇偏低，導致收支不平衡，故政府應透過法律之制訂，給予醫療費用及健康保險自付保費之補助。

◆語言治療

　　語言治療通常由醫院的語言治療師負責，語言治療的方法，當然需依障礙的原因來治療，說明如下：

1. 構音異常的矯治：如因脣顎裂或牙齒畸形兒造成的構音異常者，可藉外科手術修補或齒形矯治而獲得改善。
2. 聽力障礙的矯治：如因聽力障礙所引起的語言障礙，可藉助配戴助聽器或裝人工電子耳改善聽力後，再作語言學習。
3. 語暢異常的矯治：語暢異常大都指口吃而言，主要係語言之節律異常，治療的方法通常有兩種：
   (1) 心理治療：認為口吃的原因係過度焦慮或緊張所造成，因此可以配合使用身心鬆弛術、呼吸及說話速度的控制來治療。
   (2) 行為治療：即利用正增強原理慢慢地矯治口吃的現象。
4. 語言發展遲緩的補救：部分兒童可能因為缺乏文化刺激或智能障礙而導致語言發展遲緩時，宜加強語言刺激，亦即常說話給他聽，同時也常讓他有說話的機會。
5. 失語症的矯治：失語症患者通常有語言理解或語言表達的困難。因此，治療的目標乃在協助患者學習語言的理解與表

達。方法如下（何華國，民96）：

(1)治療時語言理解困難的處理，應先於語言表達的問題。

(2)聽覺管道的溝通應重於視覺管道的溝通。

(3)具體語言的指導，應先於抽象語言的指導。

(4)語言表達的學習應採由簡入繁的漸進原則。

(5)在治療初期，應減少治療情境中的分心因素，不過隨著治療的進展，則須逐步培養患者對分心因素的容忍力。

(6)治療時應強化患者之所能，並補救其所不能。

(7)應借重患者日常所接觸的人士（如教師、父母、家人等），輔導他們多與患者作語言溝通，以增強治療的效果。

◆鑑定工作的強化

　　語言障礙的鑑定工作是一個團隊，包括：心智科醫生、耳鼻喉科醫師、語言病理學家、語言治療師、聽力檢查人員、心理（語言）測驗人員、腦神經科醫師等，需彼此通力合作，共同會診，再利用先進科技器材、儀器輔助鑑定，必能正確鑑定病因及提供有效治療之道。

◆陪同就醫

　　由於語言障礙者較難用語言與醫師或其他醫事人員充分溝通，故須由社工、家務服務員或志工陪同就醫。

(二)就學服務方面

◆早期療育

　　任麗華、林堤塘（民96）指出，不管身心障礙者經濟狀況如何，均會接受早期療育。語言發展的關鍵期應在幼兒期，

因為一位四歲至六歲的幼兒已具基本的語言能力，因此，一方面吾人要給幼兒更多的語言刺激，以利其語言的學習；二方面要即早發現聲音機能或語言機能障礙之幼兒，作早期療育，必有事半功倍之效。張秀玉（民96）認為，早期療育資源使用需考量資源的可及性（availability）、可近性（accessibility）、適切性（appropriateness）、充分性（adequacy）、可接受性（acceptability）五種主要社區資源的特徵，是影響早期療育家庭在使用資源上的重要因素。

◆給予特殊教育

語言障礙學生應給予特殊教育，特殊教育的形式可分下列兩種：

1. 資源班：亦即語言障礙的學生在普通班就讀，另每天利用一或二節課的時間至資源教室由資源老師作語言輔導。
2. 融合教育：亦即語言障礙的學生全時間在普通班就讀，此時老師應具備語言輔導的專業知能，就近輔導學生，以利學生語言發展。

由於學校通常較少具備語言治療之專業教師，且現行教育法規聘用語言治療師方面有諸多限制，以至於語言障礙學生之治療大大的打折扣。

◆實施心理及行為治療

前已述及，在醫院的語言治療師可對語言障礙的病患作心理及行為治療。在學校的老師亦可採用這兩種治療方式。

◆定期評量及實施個別化教學方案

語言障礙學生宜實施個別化教學方案（Individual Education

Program, IEP），經過治療之後，應或多或少會有一些進步，進步的情形當然會有個別差異，但不管如何，可於每學期末重新評量，檢討得失，再修改個別化教學方案，如此定期評量，長期追蹤，必能有效掌握進展的情況。

◆提供上下學交通服務

　　雖然語言障礙兒童的行動能力並沒有中重度智能障礙或多重障礙兒童來得嚴重，但在實務上，小學生上下學需要由家長接送的比比皆是，因此，語言障礙兒童若因障礙因素、經濟因素或家長因素而上下學有困難時，教育主管或社會福利單位應提供上下學交通服務。

◆學業輔導

　　語言障礙兒童由於表達或理解能力的問題，對於學科的學習自然較不利，尤其是閱讀、朗誦、背誦、唱歌，以及其他需要表達思維的地方，因此，有賴教師提供課業輔導，其方式可為課後輔導、課間輔導或到資源教室接受資源教師輔導，亦可請班上的小老師、家長義工代為輔導。

◆語言學習機

　　語言學習機（language master）是一種多功能的教學輔助器材，可用於各種不同學科教材的學習。語言學習機本身實為兼具錄音功能的機器，唯其所處理的磁帶係貼於一張張的卡片上。每一張卡片上編有圖形或文字，下端則貼上磁帶。教師可將字、詞、句的正確發音錄在磁帶上。當學生將卡片插入語言學習機後，此一卡片隨即慢慢移動，學生不只可聽到聲音，也可同時看到卡片上與錄音內容相配的圖形或文字。此外，學生使用此一機器時，尚可說出（或複誦）每一卡片有關的語言內容，並與教師所錄的正確發音作

比較，以矯正發音上的錯誤。語言學習機的優點在於教材的製作容易，操作方便，並可讓學生按自己的進度獨自學習，在個別化的教學情境中，使教師有更多的時間可以對學生實施個別化的輔導（何華國，民96）。

◆提供學雜費補助及獎助學金

學雜費補助或減免、獎助學金，以減輕家庭負擔。

◆提供升學資訊

由於語言障礙學生較難以用語言與教師、父母或同儕充分溝通，故相關單位宜利用其他管道，如書面資料等，提供升學資訊。

(三)就養服務方面

◆經濟輔助

聲音機能或語言機能障礙者較缺乏職業上的競爭力，以至於收入並不豐，甚或無法順利找到工作，故可透過立法給予居家生活補助，發給年金，至少也要做到低收入戶或失業救濟金的生活補助。

◆免稅優待

依稅法規定，減免身心障礙特別扣除額、汽車牌照稅等。

◆托育服務

可為全托或臨時托，前者主要在解決障礙的父母親因就業等問題而無法照顧小孩的問題，同時，從嬰兒期開始也需由保母教小孩子說話，以免造成語言發展遲緩。後者主要是因應障礙的父母臨時有事情而無法照顧小孩時，送往臨時托育機構。

第十章　涉及聲音與言語構造及其功能障礙者的福利服務

◆輔具提供

聲音機能或語言障礙者需要一些生活上的輔具，如傳真機、溝通板、語言學習機、微電腦語言溝通板等，政府社政單位可編列預算給予全額或半額補助。此外，有些輔具維修費用昂貴，也可視情況給予補助。

◆居家服務

尤其對年邁、行動不便、重病等語言障礙者提供居家服務，如打掃、沐浴、送餐等家務。

(四)就業服務方面

吳秀照（民96）指出，對身心障礙者就業需求而言，透過就業參與，個人可獲得全面的關照，包括：生理層面上能獲得經濟資源與生活的滿足；心理層面上個人的才能得以發揮，工作獲得成就感；社會層面上則建立與社會的關聯及歸屬感。而針對聲音機能或語言障礙者的就業服務，應考量不需要或較少用口語表達的職業，並依其人格、興趣、性向等方面的特質作考量，提供語言障礙者多元且個別化的就業服務，說明如下：

◆職業輔導評量

提供聲音機能或語言障礙者（尤其在學者）職業輔導評量，以協助其未來可以順利進入／重返職場。

◆職業訓練

適合此類障礙者的職種，例如：刻印、網版印刷、電腦排版、陶藝、成衣製作、農藝、食品烘焙、飾品製作、汽車清潔、製鞋、電腦繪圖、電腦文書等，障礙者可依其需要，至相關職訓單位接受職業訓練。

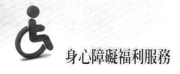

◆就業適應訓練

在就業過程中，身心障礙者和一般非障礙者一樣，會因為客觀的物理環境變化或身心障礙者本身情緒不穩、生理不適等問題，遭受適應不良或職業倦怠現象，進而影響就業的穩定和持續性。訓練的主要目的在於培養職業前（prevocational）和職業外（extravocational）的工作適應技能，訓練內容多半以服從上級的督導、守時、不缺席、避免意外事故的發生、確保工作品質、控制自我情緒、成熟的工作態度、合宜的社交禮儀和行為等（林宏熾，民96）。一般人就業後，會有適應問題，身心障礙者更是如此，所以要加強就業適應訓練，其作法包括以下三者：

1. 就障礙者本身而言：要有自立自強的決心，不要認為自己是「弱勢者」，需要被保護，被同情，須知職場如戰場，老闆找你工作是希望你能幫他賺錢，若無法達到老闆滿意的程度，就是被解僱的時候了。同時，對於自己的工作品質、成果，一定要不斷的提升。改善自己的缺點，向上司、同事證明障礙者的能力並不輸給一般人。

2. 就雇主工作場所而言：雇主應提供無障礙的工作環境，並做到零拒絕、零歧視，以包容的心給障礙者一個機會，相信障礙者亦能克服本身的困難，力求達到或超越一般人的產能。

3. 就職業輔導機構而言：不要將障礙者推介後就像斷了線的風箏一樣，應時時追蹤。並協調雇主與障礙者雙方所產生的問題、誤會或其他不愉快事件，讓雙方的合作基礎更為穩固。

◆就業能力的開發

吳秀照（民96）調查臺中縣身心障礙者的就業狀況發現，聲音機能或語言障礙者的就業率最高，且認為「可憑自己能力在外賺錢」者，也是以聲音機能或語言障礙者為最高。任麗華、林堤塘

（民96）亦建議：

1. 落實定額僱用、擴展就業機會，宣導工作擴及中小企業。
2. 開發並訓練身心障礙者從事較技術性、非體力性且符合市場需求的新就業職種，並做就業市場開發以幫助目前未就業者進行就業規劃。開拓彈性工時與新職種，提供職業訓練，整合職訓、就業機會與就業輔導之連貫性服務，使障礙者學有所用，獲得就業保障。
3. 庇護性工場，成立公辦民營之工作坊如洗車、烘焙等。

◆就業輔導

聲音機能或語言障礙者如經職業訓練後，可至公私立就業輔導機構登記職業推介，進入合適之就業場所，亦可協助其創業所需之各項協助，貢獻一己之力。

(五)無障礙生活環境方面

「無障礙環境」是為每個人所設計、準備的，更是身心障礙者回歸人群、服務社會的重要道路。就硬體設備來說，所謂「無障礙環境」，就是標誌指引明確、來去自如的空間、安全無虞的環境以及交通與通訊無障礙生活環境（中華民國殘障聯盟，民95）。

◆手語翻譯

在大型公民營機構設置手語翻譯員，視業務需要可為專職或兼職，亦可在現職的工作人員中，找有興趣者做手語培訓，以嘉惠聲音機能或語言機能障礙者。此外，障礙者若有需要亦可請手語翻譯員到宅服務，或陪同外出看病或辦理事情等。

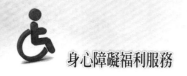

◆研發電腦語音中文字幕翻譯機

語言障礙者可藉電腦輸入訊息，經轉換為口語由電腦表達出來。

◆公共運輸交通工具加裝到站站名電子顯示字幕

在公車、火車、捷運車、高鐵等公共運輸交通工具，加裝到站站名電子顯示字幕，以利語言障礙者方便下車。

◆公共場所設置傳真機

這就相當於一般人使用電話一樣，可見其需求性很高，故政府宜在縣市政府、車站、機場、學校、百貨公司或其他公私大型場所設置傳真機，方便聲音機能障礙或語言障礙者使用。

◆標誌

在公共建築內多設指示標誌，如廁所、傳真機、服務台、前進指示、逃生指示等。

◆大眾傳播媒體宣傳服務

由於此類障礙者較無法用口語方式傳導訊息，故可多利用電視、報紙、雜誌多多宣導政府或民間之服務訊息或其他資訊。

參考文獻

中華民國殘障聯盟（民95）。「2006年身心障礙者處境報告」。

內政部（民101）。「100年身心障礙者生活狀況及各項需求評估調查報告」。

任麗華、林堤塘（民96）。「身心障礙者生活與照護福利服務需求之研究──以臺灣中部某縣為例」。「建立臺灣永續發展的家庭、人口、健康、社區與勞動保障體系：公民權利契約觀點」國際學術研討會。國立台北大學主辦。

行政院衛生署（民98）。「身心障礙類別與等級」。

何華國（民96）。《特殊兒童心理與教育》。臺北市：五南圖書公司。

吳秀照（民96）。〈臺中縣身心障礙者就業需求：排除社會障礙的就業政策探討〉。《社會政策與社會工作學刊》，第11卷，第2期，頁150-198。

李乙明（民96）。〈溝通障礙〉。王文科主編，《特殊教育導論》，頁303-344。臺北市：心理出版社。

林宏熾（民96）。《身心障礙者生涯規劃與轉銜教育》。臺北市：五南圖書公司。

林慶仁、劉信雄、吳昆壽、陳文雄、詹士宜、林家瑜（民95）。「身心障礙者教育需求調查報告」。教育部特教小組委託專題研究成果報告。

張秀玉（民96）。〈影響早期療育家庭使用資源之相關因素〉。《社區發展季刊》，第120期，頁233-251。

教育部（民101）。「身心障礙及資賦優異學生鑑定辦法」。

教育部（民103a）。「特殊教育法」。

教育部（民103b）。「各教育階段身心障礙類學生人數統計概況」。

黃志成（民82）。「臺北市八十一年殘障人口普查研究」。臺北市政府社會局委託。

黃志成、黃國良、王立勳、高嘉慧（民94）。「金門縣身心障礙者生活需求調查」。金門縣政府委託。

黃志成、蔡嘉泗、蘇玫夙、陳玉玟、王淑楨（民96）。「金門縣政府96年度身心障礙者生活需求調查」。金門縣政府委託。

衛生福利部（民103a）。「身心障礙者鑑定作業辦法」。

衛生福利部（民103b）。「語言障礙人收與等級統計概況」。

Moore, P. (1986).Voice disorders. In G. H. Shames & E. H. Wing (eds.). *Human Communication Disorders* (2nd ed.). Ohio: Chas. E. Merrill.

Starkweather, C. W. (1983). *Speech and Language: Principles and Processes of Behavior Change*. Englewood Cliffs, N.J.: Prentice Hall.

第十一章

重要器官失去功能者的福利服務

- 第一節　定義及等級標準
- 第二節　重要器官失去功能者的福利需求與福利服務

　　五臟肺腑是吾人賴以生存之運作器官，其功能正常者，則人
必生龍活虎，體力充沛，不管讀書、工作或休閒均充滿了活力。然
而，世間有一些不幸者，或因遺傳，或因先天，或因後天等諸多病
變，造成器官功能損害，而影響日常生活運作，甚至危害生命，面
對這些，吾人應給予福利服務，藉以提升生活品質，確保人性尊
嚴。

　　以「國際健康功能與身心障礙分類系統」（簡稱ICF）作為分
類，依其身體構造、功能分類為八大類，本章擬針對其中的第四類
「循環、造血、免疫與呼吸系統構造及其功能」、第五類「消化、
新陳代謝與內分泌系統相關構造及其功能」、第六類「泌尿與生殖
系統相關構造及其功能」的福利需求及福利服務做探討。

第一節　定義及等級標準

一、定義及等級標準

(一)第四類「循環、造血、免疫與呼吸系統構造及其功能」

　　所謂循環、造血、免疫與呼吸系統構造及功能障礙者，表示其
在循環、造血、免疫與呼吸系統構造有損傷或不全導致功能喪失，
而影響其活動與參與社會生活者。

◆循環系統
　　循環系統主要由兩大系統整合而成，包含心血管系統與淋巴系
統。心血管系統由心臟、血管與血液所組成。循環系統具備三大功

能（阮勝威等，民101）：

1.運動氣體、營養物質及排泄廢物。

2.調節體溫及藉由運送激素達到體內組織器官功能的恆定。

3.血液的免疫功能可幫助個體對抗外來入侵的抗原。

◆造血系統

所謂造血系統是指製造血液的整個系統，造血是血液系統不斷發育、成熟的過程（馬青等，民101）。造血系統包含卵黃囊、肝臟、脾臟、腎、骨髓、淋巴組織等。

◆免疫系統

為了對抗或排除外來入侵物質（細菌、病毒及寄生蟲等）對人體的傷害，人體組織會有多種防禦結構及作用產生，這稱為免疫系統（阮勝威等，民101）。免疫系統在體內分布廣泛，如周邊淋巴器官位於全身各個部位淋巴細胞和其他免疫細胞不僅定居在淋巴器官中，也分布在黏膜和皮膚等組織中（馬青等，民101）。

◆呼吸系統

所謂呼吸系統是由鼻、咽、喉、氣管、支氣管和肺所組成（馬青等，民101），主要的功能是提供體內細胞正常新陳代謝所需，並將所產生的二氧化碳排出體外。

有關循環、造血、免疫與呼吸系統構造及其功能障礙之等級標準，以下將依心臟功能、血管功能、血液系統功能、呼吸功能和呼吸系統結構五部分來加以說明（表11-1）。

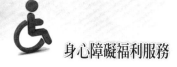
表11-1　循環、造血、免疫與呼吸系統構造及其功能障礙者之障礙程度分級及
　　　　其基準

類別	鑑定向度	障礙程度	基準
循環、造血、免疫與呼吸系統構造及其功能	心臟功能	0	未達下列基準。
		1	1.有鬱血性心衰竭病史及證據，藥物治療六個月，且介入性治療或手術預期無法改善症狀，但可用藥物控制症狀者。 2.發紺性先天性心臟病經矯治後，血氧飽和度介於85%至90%。 3.永久性心律調節器置放者。
		2	1.有鬱血性心衰竭病史及證據，藥物治療六個月，尚難完全控制症狀且介入性治療或手術預期無法改善症狀者。 2.發紺性先天性心臟病經矯治後，血氧飽和度介於80%至84%。 3.先天性心臟病手術後六個月，殘存心臟結構異常，心臟機能損害第二度。
		3	1.有鬱血性心衰竭病史及證據，心臟機能損害第三度，藥物治療六個月無改善且介入性治療或手術預期無法改善症狀者。 2.發紺性先天性心臟病經矯治後，血氧飽和度介於70%至79%。 3.先天性心臟病手術後六個月，殘存心臟結構異常，心臟機能損害第三度。
		4	1.第三度房室傳導阻滯。 2.心室性心律不整合併有心臟功能障礙者。 3.心室跳動過速或心室顫動經證實者。 4.複雜性或多發性心室早期收縮（為多形性二連脈或couplets以上）。 5.確認診斷病竇症候群合併心室心博速率小於每分鐘40下且心臟射出率小於或等於50%者，並尚未裝置永久性心律調節器前。 6.心電圖校正後，QT間期超過480毫秒且有QT間期過長之昏厥家族史。 7.射血分率35%以下。 8.左主冠狀動脈狹窄達70%以上。 9.難以控制之鬱血性心衰竭，心臟機能損害第四度，經治療三個月仍無法改善且介入性治療或手術預期無法改善症狀者。 10.發紺性先天性心臟病經矯治後，血氧飽和度小於70%。 11.先天性心臟病手術後六個月，殘存心臟結構異常，心臟機能損害第四度。 12.符合心臟移植之條件，但未獲心臟移植前。

（續）表11-1　循環、造血、免疫與呼吸系統構造及其功能障礙者之障礙程度分級及其基準

類別	鑑定向度	障礙程度	基準
循環、造血、免疫與呼吸系統構造及其功能	血管功能	0	未達下列基準。
		1	患有下肢深部靜脈疾病具有顯著下肢水腫，導致血管機能遺存障礙，室內生活可自理，但室外活動仍受限制，或有危險性者。
		2	患有夾層性主動脈瘤或動脈瘤無法手術完全切除，導致血管機能遺存障礙，室內生活可自理，但需賴藥物治療，無法從事輕度勞動（第三度）或勞動可能導致生命危險者。
		3	患有肢體周邊動脈阻塞性疾病（經超音波或血管攝影證實），無法手術，但經藥物治療三個月以上仍有缺血性潰瘍，導致血管機能遺存顯著障礙，生活自理能力欠缺，需賴醫藥及家人周密照顧者。
	血液系統功能	0	未達下列基準。
		1	1.血色素值小於8g/dL，或白血球小於2,000/uL，或中性球小於500/uL，或血小板小於50,000/uL，連續兩次且間隔三個月以上的檢驗報告。 2.第八、九凝血因子介於5%至30%之間。 3.血小板數目介於五萬至十萬之間持續超過十二個月的時間。 4.第八、第九凝血因子以外的凝血因子缺乏者（患有罕見出血性疾病者）。 5.抗磷脂質抗體症候群或抗血栓因子（Protein C、Protein S、Antithrombin）缺乏引起的血栓症。
		2	1.經治療三個月後，血色素值小於8g/dL，白血球小於2,000/uL，中性球小於500/uL，血小板小於50,000/uL，控制穩定。 2.第八、九凝血因子介於1%至5%。 3.血小板數目兩萬至五萬之間持續超過十二個月的時間。 4.類血友病第二型，及類血友病第一型vWF活性低於25%者。 5.抗磷脂質抗體症候群或抗血栓因子（Protein C、Protein S、Antithrombin）缺乏引起的血栓症，經治療或停藥後首次血栓復發。 6.罕見出血性疾病出血症狀含一項嚴重出血症狀者（腦出血、胃腸出血、關節出血或肌肉內出血）。

（續）表11-1　循環、造血、免疫與呼吸系統構造及其功能障礙者之障礙程度分級及其基準

類別	鑑定向度	障礙程度	基準
循環、造血、免疫與呼吸系統構造及其功能	血液系統功能	3	1.經治療後控制不良者，須持續輸血治療者持續超過三個月的時間。 2.第八、九凝血因子小於1%以下且無抗體存在。 3.血小板數目五千至兩萬之間持續超過三個月的時間。 4.類血友病第三型（vWF活性小於5%者）。 5.抗磷脂質抗體症候群或抗血栓因子（Protein C、Protein S、Antithrombin）缺乏引起的血栓症，經治療或停藥後兩次以上復發者。 6.罕見出血性疾病出血症狀含兩項以上嚴重出血症狀者（腦出血、胃腸出血、關節出血或肌肉內出血）。
		4	1.經治療後持續惡化，且發生經治療後持續惡化，且發生與貧血相關休克，敗血症，內臟器官出血。 2.第八、九凝血因子小於1%以下，合併抗體存在。 3.血小板數目小於五千持續超過三個月的時間。 4.抗磷脂質抗體症候群或抗血栓因子（Protein C、Protein S、Antithrombin）缺乏引起的血栓症，合併有體內器官嚴重傷害或衰竭者（含腦中風後遺症、心、肺、腎等功能明顯傷害或衰竭或腸子切除明顯影響營養攝取者）。 5.罕見出血性疾病合併體內器官嚴重傷害者（含腦出血後遺症、關節肌肉系統功能明顯傷害等）。
	呼吸功能	0	未達下列基準。
		1	1.PaO$_2$介於60至65mmHg或SpO$_2$介於93%至96%（呼吸常壓空氣時或經氣切術後未長期使用呼吸器病患）。 2.FEV1介於30%至35%。 3.FEV1/FVC介於40%至45%。 4.DLco介於30%至35%。 5.Apnea-hypopnea index（AHI）大於40/hr，連續使用呼吸輔助器六個月以上，確認其狀況為不可逆之變化無法改善，需長期使用呼吸輔助器者。 6.十九歲以下於未用呼吸器時 PaCO$_2$介於50至55mmHg。
		2	1.PaO$_2$介於55至59.9mmHg或SpO$_2$介於89%至92%（呼吸常壓空氣時或經氣切術後未長期使用呼吸器病患）。 2.FEV1介於25%至29.9%。 3.FEV1/FVC介於35%至39.9%。 4.DLco介於25%至29.9%。 5.十九歲以下於未用呼吸器時 PaCO$_2$介於56至60mmHg。
		3	1.PaO$_2$介於50至54.9mmHg或SpO$_2$介於85%至88%（呼吸常壓空氣時或經氣切術後未長期使用呼吸器病患）。 2.FEV1小於25%。 3.FEV1/FVC小於35%。 4.DLco小於25%。

（續）**表11-1**　循環、造血、免疫與呼吸系統構造及其功能障礙者之障礙程度
　　　　分級及其基準

類別	鑑定向度	障礙程度	基準
循環、造血、免疫與呼吸系統構造及其功能	呼吸功能	3	5.每日使用非侵襲性呼吸器超過6小時。 6.十九歲以下於未用呼吸器時$PaCO_2$介於61至65mmHg。
		4	1.PaO_2小於50mmHg或SpO_2小於85%（呼吸常壓空氣時或經氣切術後未長期使用呼吸器病患）。 2.呼吸器依賴（Ventilator-dependent）。 3.十九歲以下於未用呼吸器時$PaCO_2$大於65mmHg。
	呼吸系統結構	0	未達下列基準。
		1	肺臟切除一葉或以上未達兩葉者。
		2	1.肺臟切除兩葉或以上未達一側肺者。 2.氣管腔內徑狹窄大於70%以上。
		3	肺臟切除或先天缺失一側（含）以上者。

資料來源：衛生福利部（103a）。

(二)第五類「消化、新陳代謝與內分泌系統相關構造及其功能」

依衛生福利部（民103a）「身心障礙者鑑定作業辦法」的規定，其定義與等級說明如**表11-2**。

表11-2　消化、新陳代謝與內分泌系統相關構造及其功能障礙者之障礙程度分級
　　　　及其基準

類別	鑑定向度	障礙程度	基準
消化、新陳代謝與內分泌系統相關構造及其功能	攝食功能	0	未達下列基準。
		1	食道嚴重狹窄經擴張術後或口腔嚴重疾病僅能進食流質者。
		2	因吞嚥機能缺損而需長期以管食方式或造廔灌食維持生命者。
	胃結構	0	未達下列基準。
		1	胃全部切除，經口飲食但無法保持理想體重的75%，或需長期全靜脈營養治療者。
	腸道結構	0	未達下列基準。
		1	因醫療目的，將腸道部分外置於體表，需裝置永久性人工肛門，終生由腹表排便。

（續）表11-2　消化、新陳代謝與內分泌系統相關構造及其功能障礙者之障礙
程度分級及其基準

類別	鑑定向度	障礙程度	基準
消化、新陳代謝與內分泌系統相關構造及其功能	腸道結構	3	因醫療目的將小腸大量切除或因先天短腸症，腸道蠕動異常或腸道吸收黏膜缺陷等，無法經口飲食保持理想體重75%，或需長期全靜脈營養治療者。
	肝臟結構	0	未達下列基準。
		1	室內生活可自理，室外生活仍受限制者，且符合Pugh's modification of Child-Turcotte criteria等級之Child's class B者。
		2	1.符合Pugh's modification of Child-Turcotte criteria等級之Child's class B，且合併食道或胃靜脈曲張破裂出血者。 2.反覆性膽道狹窄或肝內膽管結石經兩次以上手術，仍有反覆性膽管發炎者。 3.因先天膽管阻塞或狹窄，經手術後，仍有生長遲滯或反覆膽管發炎者。
		3	1.肝硬化併難治性腹水。 2.肝硬化併反覆發生及肝性腦病變。 3.肝硬化併反覆發生之食道或胃靜脈曲張破裂出血。 4.反覆發生自發性腹膜炎。 5.肝硬化併發生肝肺症候群或門脈性肺高壓。
		4	1.符合Pugh's modification of Child-Turcotte criteria等級之Child's class C者。 2.符合肝臟移植之條件，但未獲肝臟移植前。

資料來源：衛生福利部（103a）。

(三)第六類「泌尿與生殖系統相關構造及其功能」

　　根據衛生福利部（民103a）「身心障礙者鑑定作業辦法」，泌尿與生殖系統相關構造及其功能障礙，包括腎臟功能、排尿功能障礙，當中腎臟功能障礙0～4級，排尿功能障礙如鑑定達到標準，則僅有2級（為舊制的中度）等級，詳細內容請見**表11-3**。

二、人數概況

(一)學生數

　　本章探討「重要器官失去功能」，在特殊教育的領域屬於「特殊教育法」第3條所稱之「身體病弱」，各年度及各階段身體病弱類學生人數統計如**表11-4**。

表11-3　泌尿與生殖系統相關構造及其功能障礙者之障礙程度分級及其基準

類別	鑑定向度	障礙程度	基準
泌尿與生殖系統相關構造及其功能	腎臟功能	0	未達下列基準。
		1	慢性腎臟疾病或泌尿系統疾病，併發腎機能減退，肌酸酐廓清試驗（eGFR）每分鐘在31至60公撮之間，日常生活需要醫藥或人照顧，經治療三個月無進步者。
		2	腎臟機能或泌尿系統疾病遺存極度障礙，日常生活需要醫藥或人照顧，而有慢性腎臟疾病或泌尿系統疾病併發腎機能衰竭且肌酸酐廓清試驗（eGFR）每分鐘在16至30公撮之間，經治療三個月無進步者。
		3	慢性腎臟疾病或泌尿系統疾病併發腎機能衰竭，日常生活需要醫藥或人周密照顧，且肌酸酐廓清試驗（eGFR）每分鐘在15公撮以下，且合併有高血壓或貧血，經治療三個月無進步者。
		4	慢性腎臟疾病或泌尿系統疾病併發尿毒症，需長期透析治療，生活無法自理，經常需要醫藥或家人周密照顧者。
	排尿功能	0	未達下列基準。
		2	1.裝置永久性人工膀胱或膀胱造廔，終生需由腹表排尿者。 2.因神經受損致膀胱功能異常，無法正常排尿，需長期導尿照護者。 3.因神經病變、長期憋尿、攝護腺肥大或尿液長期無法排空引發感染後膀胱收縮力變差，導致膀胱功能失常，膀胱變大、缺乏收縮力，膀胱脹卻無尿意感，導致滿溢性尿失禁者。

資料來源：衛生福利部（民103a）。

身心障礙福利服務

表11-4　各階段身體病弱類學生人數

年度	93	94	95	96	97	98	99	100	101	102
學前	334	303	369	383	365	344	365	350	305	259
國小	1,546	1,626	1,664	1,603	1,622	1,655	1,667	1,637	1,589	1,507
國中	577	689	856	962	1,000	947	903	887	858	827
高中職	365	480	529	600	729	890	964	999	957	875
大專	338	447	593	695	825	916	922	1,059	1,247	1,320
總人數	3,060	3,554	4,011	4,243	4,541	4,742	4,891	4,932	4,956	4,824

資料來源：教育部（民103）。

(二)身心障礙總人數

根據衛生福利部102年底統計數據顯示，身心障礙人數共有1,125,113人，重要器官功能失去者共136,599人，占身心障礙人數的8.24%左右（**表11-5**）。

表11-5　102年重要器官功能失去者總人數與等級

總人數			極重度		重度		中度		輕度	
總計	男	女	男	女	男	女	男	女	男	女
136,599	76,934	59,665	33,646	33,123	5,852	3,978	10,464	6,779	26,972	15,785

資料來源：衛生福利部（民103b）。

第二節　重要器官失去功能者的福利需求與福利服務

　　為提供重要器官失去功能者的福利，必須先瞭解其福利需求為何？在有限的資源、人力下，給予最適當的福利服務，以下列舉一些研究或文獻說明之。

一、重要器官失去功能者的福利需求

(一)福利需求之研究結果

◆黃志成（民82）

　　黃志成（民82）以臺北市領有重要器官失去功能之身心障礙手冊居民606人為研究對象，針對臺北市政府所提供的二十四項福利服務措施作需求調查，結果發現重要器官失去功能者最需要的前五項福利服務依序為：醫療補助、居家生活補助、健康保險自付保費補助、殘障者免稅優待、乘車優待。

◆林慶仁等（民95）

　　林慶仁、劉信雄、吳昆壽、陳文雄、詹士宜、林家瑜（民95）指出，重要器官失去功能者選擇與一般正常者一起同班上課，在學校的各項教育服務中有62.8%的無障礙環境需求。

◆吳秀照（民96）

　　吳秀照（民96）在「臺中縣身心障礙者就業需求」調查指出，

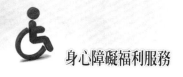

重要器官功能失去者在就業前最需要的就業服務為工作訊息提供，其次為人員諮詢與就業安置服務。

◆行政院勞工委員會（民96）

行政院勞工委員會（民96）在身心障礙者勞動狀況調查中指出，重要器官失去功能者希望接受的職業訓練前三順位為：電腦軟體應用10.1%、網頁設計7.3%、電腦程式設計6.0%。

◆黃志成等（民96）

黃志成、蔡嘉洳、蘇玫夙、陳玉玟、王淑楨（民96）在金門縣身心障礙者生活需求調查中指出，重要器官失去者以電腦課程職業訓練需求為最多。

◆新北市政府社會局

新北市政府社會局於民國100年針對新北市身心障礙者生活狀況與需求服務調查中指出（邱滿艷，民100）：

1. 重要器官障礙者在使用個人照顧服務需求之重要度中，第一順位為「居家照顧」，占77.2%。若以使用家庭照顧者需求之重要度來看，重要器官障礙者的第一順位為「臨時及短期照顧」，占80.8%。
2. 以使用經濟安全服務之需求來看，重要器官障礙者最需要的第一項為「醫療費用補助」服務。
3. 若是使用職業重建服務之狀況，重要器官障礙者最需要的第一項是「就業資訊及諮詢」服務，占50.7%。
4. 若以就醫服務之需求狀況來看，重要器官障礙者最需要的第一順位為「門診掛號費減免」，占73.4%。
5. 在社會參與的服務需求上，若以重要度衡量，重要器官障礙者最需要的服務為「休閒活動」，占93.5%。

◆臺中市政府社會局

臺中市政府社會局在100年度身心障礙福利生活需求調查研究顯示（許素彬、陳美智，民100）：

1. 對公共建築物無障礙設施，不滿意比例超過20％的障礙類別，包含重要器官障礙。

2. 照顧方式第一優先選擇方面，以障別而言，重要器官障礙者（占21.6％）比其他障別有較高比例選擇「請看護來家裡照顧」。

3. 在交通福利服務需求方面，除了「不需要沒想到」所占的比例最高外，重要器官障礙及重大疾病者上，極重度、重度及輕度者以「復康巴士數量」為次高優先，中度則以「計程車減免費用」為次高。

4. 在就醫福利服務方面，除了「不需要沒想到」所占的比例最高外，重要器官障礙及重大疾病者上，男性、女性均以「提供就醫交通協助」為次高優先。

5. 在就學福利服務方面，重要器官障礙及重大疾病者無論男性及女性皆以「依需求提供學雜費補助」為第一高優先。

◆臺北市政府社會局

根據臺北市政府社會局100年中途致殘調查顯示（黃志成、彭賢恩、王淑楨，民100），重要器官失去功能者相關內容如下：

1. 目前白天最主要的活動為「待在家中」，占50.2％。

2. 外出工具為「坐公車」，占47.8％。

3. 家庭主要經濟來源「工作薪資」，占78.8％，在職場中最大的困擾為「體能不足」，占49.1％；最希望從事的工作為「基層技術工及勞力工」，占52.9％。

4.中途導致障礙因素以「疾病導致」，占82.4%，年齡以「41～55歲」最多，占46.8%。

5.目前需要定期就醫達92.5%，有定期就醫達98.2%，目前最大的問題為「生理上的病痛」，達58.3%。

6.覺得最有幫助的部分為「家庭支持協助」，達91.2%；其次為「社會福利服務措施」，達60.0%；認為現在最需提供的協助為「生活補助」，達81.7%。

◆內政部（民101）

　　內政部（民101）在100年身心障礙者生活狀況及各項需求評估調查指出：

1.重要器官失去功能者對無障礙設施需求項目以「衛浴設備」需求最高，占89.64%。

2.重要器官失去功能者外出之重要方式：以「自行騎機車（含特製機車）」及「步行」的重要度最高。其中，最近一個月搭乘公共交通工具的情形中，以搭乘市區公車（含捷運）24.74%為最多。

3.重要器官失去功能者居住機構、居家照顧或僱人照顧之每月費用調查，以20,000～30,000元比例最高，為65.52%；每月開支以「20,000～29,999元以上」占27.28%為最多。

4.重要器官失去功能者認為政府應優先辦理的醫療照護措施，以「提供醫療補助措施」、「提供就醫交通工具」的重要度最高。

5.重要器官失去功能者認為應優先辦理之教育項目，以「依需求提供學雜費補助」占53.14%為最高，其次為「提供獎助學金」。

6.重要器官失去功能者希望參加的在職訓練種類，以「電腦資

訊類」為比例最高。

(二)重要器官失去功能者的福利需求

　　根據以上之文獻，吾人可歸納重要器官失去功能者的福利需求如下：

◆就醫服務方面

　　醫療費用補助、門診掛號費減免、提供就醫交通協助、健康保險自付保險費補助。

◆就學服務方面

　　提供學雜費補助、提供獎助學金、融合教育、無障礙校園環境。

◆就養服務方面

　　居家照顧、休閒活動、請看護來家裡照顧、家庭支持協助、居家生活補助、免稅優待。

◆就業服務方面

　　職業訓練、就業資訊提供、就業諮詢、提供就業機會。

◆其他服務方面

　　無障礙設施、復康巴士數量、乘車優待、提供社會福利服務措施。

二、重要器官失去功能者的福利服務

　　有關重要器官失去功能者的福利服務，以下分就醫、就養、就學和就業四個部分加以說明。

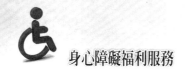

身心障礙福利服務

(一)就醫服務方面

◆醫療費用補助

　　重要器官失去功能者，在醫療費用上的開銷是需長期支付且費用可觀的數字，依據內政部（民101）100年身心障礙者生活狀況及各項需求評估調查指出，醫療費用補助的重要性占第二高，因此，針對這部分的費用，政府若能合理補助，對重要器官失去功能者，將會有不小的幫助。

◆降低就醫阻礙

　　依內政部（民101）100年身心障礙者生活狀況及各項需求評估調查指出，重要器官失去功能者目前需要定期就醫的比例占90.28%最高，其主要困難在於無法獨力完成掛號的就醫程序，以及交通問題。因此，若政府能有優先辦理醫療照護措施（如醫療院所設置一至兩個專屬身心障礙者的整合窗口），以及前往醫院的交通方式，除了大眾運輸工具的乘車優惠補助外，若政府能適時提供妥善的就醫交通協助（如整合復康巴士和醫院對病患的交通接送巴士、增加復康巴士數量等），能增加就醫的方便性。

◆多元化的就醫交通協助機制

　　由前面的文獻顯示，此類的身心障礙者對於就醫交通福利需求上，以復康巴士的數量為優先，而嘉義市在99年身心障礙者生活狀況與福利需求調查報告也指出，受訪者表示目前的復康巴士數量太少，無法確實滿足身心障礙者（鄭尹惠、莊世杰、楊思偉、龔昶元，民99）。「提供就醫交通協助」對其是有相當重要的需求，因此，提供計程車費用補助、小客車出租、客運系統整合、低底盤公車等方法，都能增加其就醫交通的方便性，是值得政府思索的就醫

協助機制。

◆推動定期健康檢查制度

　　由臺中市在100年進行的身心障礙福利生活需求調查研究中指出，主要障礙狀況對身心障礙者生理及心理健康有不同的影響，重要器官失去功能者衍生出的疾病類別以高血壓爲最多。而重要器官失去功能者，長期用藥是無可避免的，加上部分功能限制所導致的負面影響。定期健康檢查是預防疾病的關鍵，因此，若政府能積極地推動定期健康檢查，想必能有效的協助預防疾病的產生或惡化（許素彬、陳美智，民100）。

◆建立器官分配制度

　　器官受贈者的選擇須經過基因配對及免疫學檢查，除了同卵雙胞胎外，沒有人的基因是相同的，因此找到最相近且在交叉試驗（crossmatch）下，排斥性最低的病患做移植，手術成功的機會以及預後存活率可能達到最好的狀況。此外，在器官轉介過程中，時間、交通的問題也必須考量，否則捐出的器官也可能因爲轉介時間過長、交通延誤，導致器官死掉，故以目前臺灣的情形，似可建立區域性分配網，以爭取時效，善用寶貴的器官。

◆積極推廣器官捐贈

　　人類身體的部分器官在現今醫學科技的眼光裡，就像機器零件似的，可以替換更新，眼角膜、肝、腎及心臟的移植早已不是新聞了。自1954年醫學上首次腎臟移植成功以來，世界上有近百萬的生命經器官移植手術獲救，我國也在民國57年完成首例腎臟移植，民國73年完成首例肝臟移植，民國76年完成「人體器官移植條例」立法並公布實施（行政院衛生署，民國100年12月21日再次修正）。國人對器官移植的認識有限，加上國人多有「身體髮膚受之父母不

可毀傷」及宗教輪迴觀等傳統觀念的影響，目前的醫療技術從死後人體取得捐贈器官作為移植之用仍然相當少，主要仍須從活體器官捐贈移植，所以器官捐贈仍以腦死病患移植為多，無法等到真正死亡，但因牽涉到捐贈者的生命安全，且由倫理、情感壓力與醫學等所衍生出的問題相當複雜，尤其因為臺灣仍有死後必須留全屍、民間傳說靈魂在人死身體冰冷後才會離開等說法，使器官捐贈的推行十分困難。因此，有賴於從各種活動來推廣器官捐贈，造福需要接受器官移植的人。中華民國器官捐贈中心也於民國80年成立，做實質的推廣工作，行政院衛生署也於民國81年首次印製官方版器官捐贈同意卡，**表11-6**顯示臺灣地區器官捐贈統計。

基本上捐贈器官並無年齡上限，年長者也能夠捐贈，但要視當事人的生理年齡（也就是器官的可用性）而定，這點需由醫生做專業判定。同時為鼓勵及感謝器官捐贈者及其家屬，可對器官捐贈者家屬提供喪葬補助費以及醫藥費減免，並給予必要的人性關懷與輔導。醫院或相關機構亦可每年定期為器官捐贈者作莊嚴隆重的「慰

表11-6　臺灣地區器官捐贈統計

年份 \ 捐贈類別	捐贈器官（案例數）								捐贈器官人數
	心臟	肝臟	腎臟	肺臟	胰臟	眼角膜	皮膚	骨骼	
94	85	73	221	9	7	179	4	20	154
95	72	66	202	8	4	218	25	34	165
96	74	70	177	6	9	194	23	26	151
97	84	75	200	6	17	263	24	43	195
98	90	86	226	6	14	284	41	26	215
99	81	81	190	5	15	293	33	37	209
100	89	104	244	6	15	313	30	36	229
101	76	90	190	5	9	224	27	30	193
102	77	93	197	6	18	259	32	32	202

資料來源：整理自財團法人器官捐贈移植登錄中心（民103）。

靈祭典」或其他宗教活動，以慰在天之靈。此外，活體器官移植可以解決一部分器官來源缺少的問題，挽救需要器官病患的生命，活體器官移植之器官來源必須考慮到的是：非買賣的、自願的、健康的三原則，能符合此三原則的當然以親屬間的捐贈為主。目前活體器官移植以腎臟移植最多，肝臟移植也逐漸普遍，活體器官移植好處甚多，以肝臟移植為例，好處在於：(1)可以在移植前做完整的評估及準備，同時選擇在捐贈者及接受者身體狀況最好的時候來做移植，這樣可以提高移植的成功率；(2)可以調整捐贈者及接受者手術開始的時間，使肝臟缺氧的時間減到最短；(3)解決器官缺乏的問題，避免患者因為等不到肝臟而死亡；(4)親屬間會有比較好的組織配對，減低手術後排斥的機會。

◆看護照顧與費用補助

重要器官失去功能者可能基於醫療之需要，需長期住院，此時家屬可能需要上班或人力不足，因而需要長期請看護工時，若家屬經濟情況不許可，政府應給予看護工或看護經費的補助。

◆維持洗腎的品質

洗腎的病人需長期為之，故醫院的設備需有一定的品質，以確保病人之健康及舒適。此外，洗腎醫院（中心）應普遍設立，以免讓病人長期的奔波。

◆隨身攜帶病情資料卡

重要器官失去功能者，如重症糖尿病人出門時，應將本身血糖控制現況、用藥情形，以及緊急聯絡人等資料，記載在隨身攜帶的小卡片上，如果有突然合併併發症時，可以馬上做緊急正確救護的處理。

◆異種器官移植的研發

異種器官移植（xenotransplantation）是指將動物的組織或器官移植於人體內。異種器官移植的首例報導在六○年代，一位接受一隻黑猩猩腎臟的病人活了九個月，那時抑制免疫排斥的技術還很不成熟，能夠達到這種的結果，充分顯示了異種器官移植在技術上的可能性。後來用狒狒的心臟、肝臟與腎臟也作了嘗試，但沒有一例的存活期可達一年以上，主要是人體對異種器官排斥作用難以克服。所有動物中，狒狒與豬最適合作為人類異種移植器官的供體。由於狒狒是靈長類動物，基於倫理原因，人們選擇豬作為將來移植器官的來源，在技術上首先要解決的問題是器官排斥，而隨著生物技術的發展，異種器官排斥的問題將逐漸得到解決（劉錦豪，民88），亦即在研究人員的努力之下，異種器官移植將美夢成真，重要器官失去功能的不幸者有福了。

(二)就養服務方面

◆居家生活補助

依內政部（民101）100年身心障礙者生活狀況及各項需求評估調查顯示，身心障礙者家庭經濟狀況，不到半數可以達到收支平衡狀態。而臺中市100年身心障礙福利生活需求調查研究中也指出，約有一半的障礙者表示日常生活入不敷出。因此，協助他們生活免於匱乏是必須的，政府可針對此類身心障礙者給予生活補助費用，包含生活補助費、社會保險費補助、乘車優惠、免稅等。臺中市100年身心障礙福利生活需求調查也建議，能隨物價調整障礙者生活補助津貼，減少障礙者的經濟壓力（許素彬、陳美智，民100）。

◆在宅服務部分

這類的身心障礙者，較依賴看護的全天候照護，除了提供居家
照顧服務、臨時及短期照顧等，若政府能適當的加強居家喘息服務
人員的專業度、增加服務時數，不但能有效提升其生活品質，也能
給其家屬適時的喘息時間及空間。

◆提供心理輔導

身體上的痛苦、心理的不適應等，難免會產生一些負面情緒，
而身心障礙的家屬也可能因長期照顧，而出現一些負面情緒，例
如：憤怒、憂鬱、焦慮等。可提供這類的身心障礙者及照顧者心理
支持、關懷與輔導，也可以提供照顧者照顧技巧的訓練、照顧者溝
通的訓練等。建議政府可積極增加心理師到府服務的措施，以加強
障礙者的心理建設。

(三)就學服務方面

◆就學補助

依障礙者的需求，除了給予提供學雜費補助、獎助學金補助
外，也可提供上下學的接送服務或交通補助、學習輔具的補助等。

◆特殊教育

重要器官失去功能的學生在特殊教育的領域中，屬於身體病弱
兒童，身體病弱兒童的特殊教育說明如下（黃志成等，民101）：

①普通班

對於病情不是很嚴重，仍可上學的身體病弱兒童，通常被安置
在普通班上課，為了不影響病情又可順利學習，下列人員應作適當
的配合：

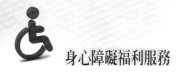

1.級任導師：注意身體病弱兒童是否課業太重、體育及遊戲不可太過激烈、是否按時用藥，若成績落後應做些必要的課業輔導。同時告知各科科任老師關於兒童之身體狀況及必須注意的事項。此外，若級任導師能學習一些簡單的護理、急救措施，應該更能提供身體病弱兒童適切的服務。當然，老師亦可藉聯絡簿，把病弱兒童在學校的情形告知家長。

2.護士：學校護士應定期為身體病弱兒童做身體檢查，如量身高、體重、血壓、脈搏等，並注意兒童用藥情形，建立身體病弱兒童校內輔導檔案，且需定期追蹤。

3.體育老師：為避免身體病弱兒童參加超過體能負擔的運動，造成對身體負面的作用，甚至發生猝死的情形，可依身體病弱兒童身體及體能狀況提供合適的體育活動。

4.同學：在不涉及隱私權的情況下，老師宜適度的讓同學知道病弱兒童的病情，就消極面而言，可避免同學對他的誤會或傷害；就積極面而言，可以發揮同學之愛來幫助病童。

5.家長：把病弱兒童的病情、在家的狀況、長期用藥情形以及其他該注意的事項，充分的和老師溝通，藉以獲得適當的協助。

②床邊教學

床邊教學的目標及教學原則說明如下：

1.目標：

(1)消除學生學業落後的心理障礙：身體病弱學生無法天天到校上課，學業和情緒都受到影響，所以床邊教學有其必要性，可做部分的學業及心理輔導。

(2)解除病童的煩悶、抑鬱心情：因為長期臥床或住院心情不好，所以做床邊教學，可以消除負面的情緒。狹義的床邊

教學是指課業輔導；廣義的床邊教學，還包括了說故事、
音樂、美術、剪貼、團體活動等。

(3)輔導有不良習慣的病童：前面提及父母親的不當管教可能
造成病童依賴、放縱、退化等不良行為，所以床邊教學也
要做心理輔導或生活常規的教育。

2.教學原則和注意事項：

(1)須經家長、醫生及兒童的同意後再進行床邊教學。理由如
下：

‧家長同意：取得家長同意是非常重要的。因為家長是兒
童的監護人，在未經家長同意的情況下施行床邊教學，
若發生任何事故，可能會受到家長的責難，甚至引起法
律訴訟。

‧醫生同意：因為醫生可以客觀的根據兒童的病況評估是
否可以施以床邊教學，或床邊教學的內容，以免因教學
的實施，傷及兒童的健康。

‧兒童同意：兒童是施以床邊教學的當事人，倘若病童不
配合的話教學無法收到功效，強迫實施教學，可能會使
病童的情緒更惡化，甚至影響病情。

(2)彈性調整，即視病情調整上課內容及時間。如病情好轉可
增加上課時數及內容，病情惡化就必須減少上課時數，甚
至立即停止上課。

(3)依病童的年級和程度商請教師訂立教學計畫，即個別化教
學方案（IEP）。每個病童的差異性都很大，特教老師必
須針對個別病童的個別需要及成就水準訂定教學計畫，才
能符合其特殊需要。

(4)改善家中或病房的自修環境。因為家中的臥室和醫院的病
房，基本上並不是很好的學習環境，所以需要做一些調

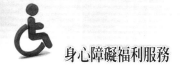

整。例如光線太暗會影響視力，還有噪音太多等都需要改善，以利教學。此外，還需要爲病童準備課桌椅，以免躺在病床上看書造成視力及骨骼方面的問題。

(5)培養兒童學習習慣，準備病癒後回學校正常生活之適應。身體病弱兒童脫離正常生活和學校生活太久，重新回歸一般正常生活難免不適應。所以當病童快恢復時，我們應協助其做準備工作，與學校生活做好銜接，減少學校生活不適應的情況發生。

(6)充分利用視聽器材，如錄音機、錄影帶、CD、廣播節目、電視、幻燈片、網路、遠距教學等等教材及設施的運用，可彌補教科書的不足。尤其是對於無法離開病床的病兒童更有其必要性。

(7)心理衛生指導：因爲他們可能會有一些前述所說明負面的心理特質，所以需要加以輔導。

◆積極開辦身心障礙者休閒學習園地

依新北市政府社會局100年新北市身心障礙者生活狀況與需求服務調查中指出，未參與相關團體以重要器官障礙者的比例最高（98.4%），而重要器官障礙者最需要的社會參與服務需求又爲「休閒活動」占93.5%，是一個相當高的比例數字，調查中更提供雖然身心障礙者目前參與社會休閒活動的參與度不高，但參與後的滿意度高，以及若活動場所爲無障礙，則想要參與意願的比例也增高（邱滿艷，民100）。因此顯示出身心障礙者期望能走出戶外與人互動。若政府能積極開辦或補助民間單位開辦休閒學習園地，提供休閒、文化、體育、社會教育等活動，豐富身心障礙者的生活，或許能讓身心障礙者有更健全的心理。

◆無障礙環境

　　身心障礙者因其功能、身體限制等，影響其學習，學校首先應先設置無障礙環境，讓學生可在無障礙的學習環境中學習，避免因受限而無法學習。

(四)就業服務方面

◆提供就業服務措施

　　依內政部（民101）100年身心障礙者生活狀況及各項需求評估調查顯示，重要器官失去功能者需要政府提供就業服務措施的比例占89.22%，其中以提供就業媒合、提供就業資訊、提供職業訓練為前三高。因此，政府首先應再積極強化就業資訊的宣導，考量進一步結合社政、衛政、民政等相關資源，其次，協助其參與職業訓練、規劃設計符合其就業市場需求的課程，在課程結束後，提供適當的媒合機會，增加其就業成功的機率，也能協助增加其經濟獨立。

◆多元就業服務

　　依「身心障礙者權益保障法」第四章就業權益中第34條至第36條規定，除了一般的就業服務外，可提供其支持性就業服務（如個別就業安置等）、庇護性就業服務（如推動設立職業訓練機構、就業服務機構、庇護工場）及居家就業服務等。

◆就業轉銜服務

　　林宏熾（民95）指出，有效就業轉銜要素包括：有系統的轉銜規劃、經常性與有效性的溝通、各負責機構間有效與經常性的協調合作、轉銜技能課程的有效發展、社區本位轉銜教育之提供、休閒與居住空間的安排、教育訓練機會的取得、就業機會與就業市場的

開發、社區支援系統的建立。有效的轉銜服務能協助重要器官失去功能者克服就業時的內外在困境，協助重要器官失去功能者就業前與就業後的各項就業相關需求。

◆創業輔導及諮詢

目前在障礙者的就業服務上，比較以職業重建、職業轉銜或者是支持性、庇護性等服務為主，針對此類的障礙者可以考量協助其創業，在其經過職業訓練後，輔導其創業，而政府應積極提供創業諮詢（如網路商店）、提供創業獎勵方案（如創業貸款補助）等，或許能提供其更彈性的工作時間，而增加工作就業率。

◆居家就業

重要器官失去功能者，因需長期就醫，可能產生就業時無法配合工作時間的狀況，若能提供居家就業的協助與輔導，或者協助媒合家庭代工的工作，可讓其在家就業，避免因就醫而無法配合工作時間，而失業或找不到工作的就業困難，也能配合自己的身體狀況，適時的調整自己的工作時間或狀態。

◆職業輔導評量

職業輔導評量的目的包括：獲得資訊（評估身心障礙者的人格特質、性向、興趣、功能性身體能力、工作態度與行為等）、預測身心障礙者是否能夠工作、提供就業服務的依據、復健計畫的依據（張彧，民94）。在不影響重要器官失去功能者的身體狀況下，依據其個人狀況給予就業機會，讓其有基本的經濟收入，更甚者，亦可達到自我實現的地步。

◆職業訓練

對身心障者而言，職業訓練一般多係以職業復健（vocational rehabilitation）為主，期使身心障礙者能獲得就業機會與培養職業

適應能力（林宏熾，民95）。王華沛（民95）在「九十五年度桃竹苗區身心障礙者就業狀況與需求調查」發現，重要器官失去功能者有意願參加職訓者，想參加的職種類別以食品烘焙、文書處理各占100.0%為最多，其次為珠寶設計、餐飲服務、美工設計、鋼琴調音各占50.0%。因此，職業訓練機構應根據重要器官失去功能者的生理狀況，再加上個人的學歷、人格特質、潛能、興趣給予職業訓練，讓其有一技之長。行政院勞工委員會（民96）進行的「96年身心障礙者勞動狀況調查」顯示，各類身心障礙受僱者之薪資，以「月薪制」計薪者，平均每月薪資為28,162元，若按障礙類別觀之，以重要器官失去功能者31,700元為最多，可見重要器官失去功能者的職業訓練是很值得投入的。

◆職務再設計服務

　　依重要器官失去功能者身心狀況的特質，在執行工作的設備、工作職務內容、工作時間或工作場所環境加以合理的調整，對於保障身心障礙者工作安全、協助適應工作環境及順利執行工作定有極大幫助（吳秀照，民94）。

參考文獻

內政部（民101）。「100年度身心障礙者生活狀況及各項需求評估調查」。

王華沛（民95）。「九十五年度桃竹苗區身心障礙者就業狀況與需求調查」。行政院勞工委員會桃竹苗就業服務中心委託。

行政院勞工委員會（民96）。「96年身心障礙者勞動狀況調查」。

吳秀照（民94）。〈從理論到實踐：身心障礙就業服務之理念與服務輸送的探討〉。《社區發展季刊》，第112期，頁104-117。

吳秀照（民96）。「臺中縣身心障礙者就業需求調查」。臺中縣政府社會處委託。

阮勝威、吳俐慧、陳晴彤、駱明潔、郭純琦、張林松（民101）。《人體生理學》。臺中市：華格納企業有限公司。

林宏熾（民95）。《身心障礙者生涯規劃與轉銜教育》。臺北市：五南圖書公司。

林慶仁、劉信雄、吳昆壽、陳文雄、詹士宜、林家瑜（民95）。「身心障礙者教育需求調查報告」。教育部特教小組委託專題研究成果報告。

邱滿艷（民100）。「新北市身心障礙者生活狀況與需求服務調查」。新北市政府社會局委託。

財團法人器官捐贈移植登錄中心（民103）。臺灣地區器官捐贈統計。檢索日期：103.09.08。網址：http://www.torsc.org.tw/。

馬青、王欽文、楊淑娟、徐淑君、鐘久昌、龔朝暉、胡蔭、郭俊明、施承典、蘭光坪、張琪、林威宇、滿庭芳（民101）。《人體生理學》。新北市：新文京開發。

張彧（民94）。〈職務再設計與職業輔導評量〉。《就業機會開拓與職務再設計研習手冊》，頁1-7。行政院勞工委員會職業訓練局編印。

教育部（民103）。「各教育階段身心障礙類學生人數統計概況」。

許素彬、陳美智（民100）。「身心障礙福利生活需求調查」。臺中市政府社會局委託。

黃志成（民82）。「臺北市八十一年殘障人口普查研究」。臺北市政府社會局委託。

黃志成、王麗美、王淑楨、高嘉慧（民101）。《特殊教育概論》。新北市：揚智文化。

黃志成、彭賢恩、王淑楨（民100）。「臺北市100年度中途致殘之身心障礙者生活需求調查報告」。臺北市政府社會局委託。

黃志成、蔡嘉泗、蘇玫夙、陳玉玫、王淑楨（民96）。「金門縣政府96年度身心障礙者生活需求調查」。金門縣政府委託。

劉錦豪（民88）。〈異種器官移植的展望〉。《自由時報》，民國88年9月23日，第22版。

衛生福利部（民103a）。「身心障礙者鑑定作業辦法」。

衛生福利部（民103b）。「身心障礙人數統計概況」。

鄭尹惠、莊世杰、楊思偉、龔昶元（民99）。「嘉義市99年度身心障礙者生活狀況與福利需求調查報告」。嘉義市政府委託調查。

第十二章

神經、肌肉、骨骼之移動相關構造及其功能障礙者的福利服務

- 第一節　定義及等級標準
- 第二節　神經、肌肉、骨骼之移動相關構造及其功能障礙者的福利需求與福利服務

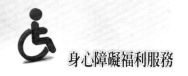
肢體障礙者由於外表看起來非常明確，如截肢、手腳萎縮、關節病變、小兒麻痺、行動不便、中風後遺症等，因此在鑑定上也常毋庸置疑，加以包含上肢、下肢和軀幹三個部位，故歷年來在身心障礙者的普查（或調查）中，其出現率在各類身心障礙者中，總是最高的（黃志成，民82；郭佩瑜，民86；黃志成、黃國良、王立勳、高嘉慧，民94；任麗華、林堤塘，民96；黃志成、彭賢恩、王淑楨，民100）中。由此可知，肢體障礙者的福利服務可以說是所有身心障礙福利服務工作中，比重最重的。

第一節　定義及等級標準

一、定義及等級標準

依據行政院衛生署（民97）對肢體障礙者的定義，係指由於發育遲緩，中樞或周圍神經系統發生病變，外傷或其他先天或後天性骨骼肌肉系統之缺損或疾病而形成肢體障礙致無法或難以修復者。

根據衛生福利部（民103a）「身心障礙者鑑定作業辦法」標準如**表12-1**所述。

表12-1　關節移動功能障礙等級與基準

類別	鑑定向度	障礙程度	基準
神經、肌肉、骨骼之移動相關構造及其功能	關節移動的功能（上肢）	0	未達下列基準。
		1	1.兩上肢之肩及肘關節，各有一關節活動度喪失70%以上者。 2.一上肢之肩關節活動度喪失70%以上者。 3.一上肢之肘關節活動度喪失70%以上者。 4.兩上肢或一上肢之腕關節活動完全僵直者。 5.兩上肢之腕關節活動度喪失70%以上者。 6.一上肢之大拇指及食指完全僵直者。 7.一上肢之三指（含大拇指）完全僵直者。 8.兩上肢之大拇指完全僵直者。
		2	1.一上肢之三大關節中，有兩大關節活動完全僵直者。 2.兩上肢之肩及肘關節，各有一關節活動完全僵直者。 3.兩上肢之肩及肘關節活動度喪失70%以上者。 4.兩上肢之大拇指及食指完全僵直者。 5.兩上肢各有三指（含大拇指）完全僵直者。
		3	兩上肢之三大關節中，各有兩大關節活動完全僵直者。
	關節移動的功能（下肢）	0	未達下列基準。
		1	1.兩下肢之髖及膝關節，各有一關節活動度喪失70%以上者。 2.一下肢之髖關節活動度喪失70%以上者。 3.一下肢之膝關節活動度喪失70%以上者。 4.兩下肢或一下肢之踝關節活動完全僵直者。 5.兩下肢之踝關節活動度喪失70%以上者。
		2	1.一下肢之三大關節中，有兩大關節活動完全僵直者。 2.兩下肢之髖及膝關節，各有一關節活動完全僵直者。 3.兩下肢之髖及膝關節活動度喪失70%以上者。
		3	兩下肢之三大關節中，各有兩大關節活動完全僵直者。

（續）表12-1　關節移動功能障礙等級與基準

類別	鑑定向度	障礙程度	基準
神經、肌肉、骨骼之移動相關構造及其功能	肌肉力量功能（上肢）	0	未達下列基準。
		1	1.兩上肢之肩及肘關節，各有一關節肌力程度為二級或三級者。 2.一上肢之肩關節肌力程度為二級或三級者。 3.一上肢之肘關節肌力程度為二級或三級者。 4.兩上肢或一上肢之腕關節肌力程度為零級或一級者。 5.兩上肢之腕關節肌力程度為二級或三級者。 6.一上肢之大拇指及食指麻痺者（肌力程度為零級或一級）。 7.一上肢之三指（含大拇指）麻痺者（肌力程度為零級或一級）。 8.兩上肢之大拇指麻痺者（肌力程度為零級或一級）。
		2	1.一上肢之三大關節中，有兩大關節肌力程度為零級或一級者。 2.兩上肢之肩及肘關節，各有一關節肌力程度為零級或一級者。 3.兩上肢之肩及肘關節肌力程度為二級或三級者。 4.兩上肢之大拇指及食指麻痺者（肌力程度為零級或一級）。 5.上肢各有三指（含大拇指）麻痺者（肌力程度為零級或一級）。
		3	兩上肢之三大關節中，各有兩大關節肌力程度為零級或一級者。
	肌肉力量功能（下肢）	0	未達下列基準。
		1	1.兩下肢之髖及膝關節，各有一關節肌力程度為二級或三級者。 2.一下肢之髖關節肌力程度為二級或三級者。 3.一下肢之膝關節肌力程度為二級或三級者。 4.兩下肢或一下肢之踝關節肌力程度為零級或一級者。 5.兩下肢之踝關節肌力程度為二級或三級者。
		2	1.一下肢之三大關節中，有兩大關節肌力程度為零級或一級者。

第十二章　神經、肌肉、骨骼之移動相關構造及其功能障礙者的福利服務

（續）表12-1　關節移動功能障礙等級與基準

類別	鑑定向度	障礙程度	基準
神經、肌肉、骨骼之移動相關構造及其功能	肌肉力量功能（下肢）	2	2.兩下肢之髖及膝關節，各有一關節肌力程度為零級或一級者。 3.兩下肢之髖及膝關節肌力程度為二級或三級者。
		3	兩下肢之三大關節中，各有兩大關節肌力程度為零級或一級者。
	肌肉張力功能	0	未達下列基準。
		1	至少兩個肢體肌張力不全、僵直或痙攣達modified Ashworth scale第二級，影響站立或步態。
		2	四肢肌張力不全、僵直或痙攣達modified Ashworth scale第三級，行走及日常生活需要輔具或協助。
		3	四肢肌張力不全、僵直或痙攣達modified Ashworth scale第四級，無法站立或行走。
	不隨意動作功能	0	未達下列基準。
		1	1.巴金森氏病達Modified Hoehn-Yahr Stage第三級，明顯動作遲滯、姿勢平衡受損，影響站立或步態。 2.由於震顫、舞蹈病、肌躍症、小腦性或感覺性運動失調、神經或肌肉性疾病等症狀，影響站立或步態。
		2	1.巴金森氏病達Modified Hoehn-Yahr Stage第四級，肢體軀幹僵直、動作遲緩，行走及日常生活需要輔具或協助。 2.由於震顫、舞蹈病、肌躍症、小腦性或感覺性運動失調、神經或肌肉性疾病等症狀，行走及日常生活需要輔具或協助。
		3	1.巴金森氏病達Modified Hoehn-Yahr Stage第五級，無法站立或行走。 2.由於震顫、舞蹈病、肌躍症、小腦性或感覺性運動失調、神經或肌肉性疾病等症狀，無法站立或行走。
	上肢結構	0	未達下列基準。

（續）表12-1　關節移動功能障礙等級與基準

類別	鑑定向度	障礙程度	基準
神經、肌肉、骨骼之移動相關構造及其功能	上肢結構	1	1.一上肢腕關節以上欠缺者。 2.一上肢之大拇指及食指自掌指關節處欠缺者。 3.一上肢之三指（含大拇指或食指）自掌指關節處欠缺者。 4.兩手部分指節欠缺之手指共五指以上者。
		2	1.一上肢肘關節以上欠缺者。 2.兩上肢之大拇指及食指自掌指關節處欠缺者。 3.兩上肢各有三指（含大拇指或食指）自掌指關節處欠缺者。
		3	1.一上肢自肩關節完全欠缺者。 2.兩上肢腕關節以上欠缺者。
	下肢結構	0	未達下列基準。
		1	1.一下肢踝關節以上欠缺者。 2.兩下肢的全部腳趾欠缺者。 3.兩下肢正面X光片由股骨頭上端至脛骨下端之長度，相差五公分以上或十五分之一以上者。 　左下肢長度：＿＿＿＿＿公分；右下肢長度＿＿＿＿＿公分。
		2	1.一下肢膝關節以上欠缺者。 2.兩下肢踝關節以上欠缺者。
		3	1.一下肢自髖關節完全欠缺者。 2.兩下肢膝關節以上欠缺者。
	軀幹	0	未達下列基準。
		1	1.頸椎X光片出現脊椎韌帶骨贅變化，且有超過一半以上的脊椎融合。 2.胸椎X光片出現脊椎韌帶骨贅變化，且經脊椎側面X光檢查，胸腰椎交界處之Cobb角度大於70度。 3.腰椎X光片出現脊椎韌帶骨贅變化，且腰椎前彎Schober測試達2公分以下。 4.腰椎或腰薦椎融合五個椎體以上，且腰椎前彎Schober測試達2公分以下。
		2	1.頸椎與胸椎X光片出現脊椎韌帶骨贅變化，皆各有超過一半以上的脊椎融合，且經脊椎側面X光檢查，胸腰椎交界處之Cobb角度大於70度。

（續）表12-1　關節移動功能障礙等級與基準

類別	鑑定向度	障礙程度	基準
神經、肌肉、骨骼之移動相關構造及其功能	軀幹	2	2.頸椎與腰椎X光片出現脊椎韌帶骨贅變化，頸椎有超過一半以上的脊椎融合，且腰椎前彎Schober測試達2公分以下。
		3	頸椎與胸椎X光片出現脊椎韌帶骨贅變化，皆各有超過一半以上的脊椎融合，且經脊椎側面X光檢查，胸腰椎交界處之Cobb角度大於70度。腰椎X光片出現脊椎韌帶骨贅變化，且腰椎前彎Schober測試達2公分以下。

資料來源：衛生福利部（民103a）。

二、人口統計

　　新制神經、肌肉、骨骼之移動相關構造及其功能障礙者101年度及102年度人數統計如**表12-2**。

表12-2　新制神經、肌肉、骨骼之移動相關構造及其功能障礙者人數

年度	總計	神經、肌肉、骨骼之移動相關構造及其功能障礙者
101	人數	7,380人
102	人數	25,886人

資料來源：衛生福利部（民102）。

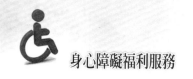

第二節　神經、肌肉、骨骼之移動相關構造及其功能障礙者的福利需求與福利服務

　　要做好肢體障礙者的福利服務工作，吾人就應先瞭解肢體障礙者的福利需求，如此才能滿足他們的需要，把有限的福利預算用在最需要的地方，達到有限資源的最大效益，以下列舉一些文獻來說明其需求。

一、神經、肌肉、骨骼之移動相關構造及其功能障礙者的福利需求

(一)福利需求之研究結果

◆黃志成（民76）

　　黃志成（民76）以某大學肢體障礙學生為研究對象，發現其主要需求為：

1.在課程讀書方面：開課太少、選修課太少；師資缺乏。
2.在設備方面：設備不足、老舊；教室採光及隔音應改善。
3.在通行方面：希望上課教室在一樓；希望乘公車能有位子坐；建議衛生設備應考慮身心障礙者使用；希望各館樓能有通道銜接，以避風雨。
4.對體育課的建議：上課內容希望多樣化，不要太單調；注意

個別差異；開復健課程，由專人指導；依障礙之程度而分組
教學；添購復健器材。
5. 對社會福利的建議：公職考試限制太多；各類升學及就業考
試應給優待；公職考試保留適合之職位及名額；增加受教育
之機會；對失業者發給失業救濟金。

◆黃志成（民82）

黃志成（民82）以臺北市領有身心障礙者手冊的居民為對象，
調查肢體障礙者最需要的福利需求前五項依序為：居家生活補助、
醫療補助、身心障礙者免稅優待、健康保險自付保費補助、自強貸
款。

◆任麗華、林堤塘（民96）

任麗華、林堤塘（民96）在彰化縣身心障礙者福利服務需求
分析指出，身心障礙者障礙類別中以肢體障礙者最多（有四成），
肢體障礙者就醫時曾經遭遇的困難前三項依序為：沒有健保及其他
保險、沒錢看病、交通不方便；無工作的主要原因為缺乏無障礙設
施71.4%；最需要的就業服務是希望提供就業機會，其次為技能訓
練。

◆黃英忠、丘上真（民97）

黃英忠、丘上真（民97）在「身心障礙福利政策與措施之評
估——教育、就業及醫療層面之執行現況分析」指出，身心障礙者
福利需求依序為「醫療及復健服務」、「就業輔導及訓練」、「諮
詢服務」、「就學服務」及「臨托照顧服務」。

◆嘉義市政府

嘉義市99年度身心障礙者生活狀況與福利需求調查報告（鄭尹
惠、莊世杰、楊思偉、龔昶元，民99）顯示：

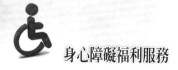

1.在居住狀況，有100.0%與家人親戚同住，主要照顧人為「配偶或同居人」，達42.1%。

2.在行動能力上，以「可以自行外出，但需要藉助輔助器具」最高，達49.2%。

3.在全家經濟來源上以「自給」最高，占48.7%。

4.在就業部分，有50.8%為就業中，有58.7%需要政府提供就業服務，肢障未就業的最主要原因為「身體狀況不允許」，占35.6%。

5.在外出狀況，肢體障礙者以「自行駕駛機車或電動車」最高，占64.0%。

6.在休閒活動上，肢體障礙以「視聽」最高，占69.2%。

7.在身體健康狀況上，以「偶而有感冒病痛」最高，達41.6%。

◆新北市政府

新北市身心障礙者生活狀況與需求服務調查（邱滿艷，民100），關於肢體障礙者的福利需求說明如下：

1.有54.3%為收支不符實際需求，且有58.9%都是一般戶，亦即沒有仰賴政府補助。

2.關於政府已經執行的ICF制度竟然有高達91.7%不知道。

3.個人照顧服務之需求狀況，以「居家照顧」最高，達67.3%；其次為「生活重建」，達53.1%。

4.家庭主要照顧者需求之重要度，以「臨時及短期照顧」最高，達75.9%。

5.在「經濟安全服務」之需求狀況，以「中低收入生活補助費」最高，達54.0%。

6.在職業重建服務需求之重要度上，以「居家就業」最高，達

36.7%；其次為「職業訓練服務」，達29.8%。

7.在行動與交通服務需求之重要度上，以「障礙者搭乘大眾運輸半價優待」最高，達36.1%；其次為「復康巴士」，達37.5%。

8.在就醫服務需求之重要度上，以「門診掛號費減免」最高，達54.5%；其次為「身心障礙者口腔診治補助計畫」，達46.3%。

9.在社會參與服務需求之重要度上，以「休閒活動」最高，達88.4%；其次為「文化活動」，達77.4%。

(二)肢體障礙者之福利需求

歸納上述六個實證研究結果，肢體障礙者的福利服務需求歸納說明如下：

◆就醫服務方面

包括醫療補助、健康保險自付保費補助、物理治療、醫療保健諮詢服務、加強肢體重建、提供心理復健、增加氣墊、氣床之申請等。

◆就學服務方面

加強學習及升學考試之軟硬體設施、改善校園無障礙環境、增設輔導員、改善課程設計、培訓專業師資、希望上課教室在一樓、開復健課程（體育課）、添購復健器材、增加受教育之機會等。

◆就養服務方面

包括生活補助、免稅優待、在宅服務、臨時托育照顧、看護長期到家服務、增加適合的休閒活動、設立社區安養機構或療養院、研發及提升輔具的種類及品質等。

◆就業服務方面

包括自強創業貸款、提供就業機會、提供薪資保障、改善工作環境、提供升遷教育訓練、職業復健、充實職訓機構之現有人員、設備與措施、就業市場人力需求調查、提供就業追蹤服務及諮詢、設立福利工廠、提供就業相關資訊、放寬公職考試之限制及優待、提供失業救濟金等。

◆無障礙生活環境方面

包括接納肢障生、擴大社會參與、設立輪椅斜坡道、落實無障礙環境之規劃、提供升降設備之公車、補助三輪機車、提供身心障礙者車廂等。

二、神經、肌肉、骨骼之移動相關構造及其功能障礙者的福利服務

根據前述肢體障礙者福利需求的描述，以下就針對各項需求提出福利服務的做法：

(一)就醫服務方面

◆醫療及健康保險費用補助

肢體障礙者可能由於肢體障礙的直接或間接原因而使收入減少或根本沒有收入，因此有必要給予醫療及健康保險費用補助。

◆物理治療

物理治療（physical therapy）的項目包括骨骼肌肉系統疾病、心肺系統疾病、小兒疾病、神經系統疾病等的治療工作，肢體障礙

者可根據醫生的鑑定、診斷，依需要做物理治療，物理治療包括光療（雷射）、水療、電療（超音波）、按摩治療、運動治療等，其目的不外乎可放鬆肌肉、促進血液循環及新陳代謝。以水療為例，水療是利用水的溫度、水流力、壓力、浮力、阻力等特性，達到放鬆肌肉、促進血液循環及新陳代謝、恢復活動力及降低不正常肌肉張力，同時具有止痛、安定的功效，當病患在水中浸泡時，可以依病情及患者的體能狀況，適時增加一些復健運動，可達到更好治療效果（引自梁美玲，民88）。

◆醫療保健諮詢服務

　　肢體障礙者常有骨髓、肌肉發育遲緩、中樞或周圍神經系統病變，以及關節炎、脊椎炎等問題，較需要專業的醫療保健諮詢服務，故政府衛生部門可成立諮詢服務中心，採用電話諮詢、傳真機諮詢、書信諮詢或當面諮詢等方式。

◆提供心理復健服務

　　黃志成、王麗美、王淑楨、高嘉慧（民100）在《特殊教育》乙書中提及肢體障礙兒童的心理障礙有：(1)孤立狀態；(2)自我貶值；(3)對前途的憂慮；(4)敏感；(5)社會適應困難；(6)部分腦性麻痺有智力及溝通問題。因此，應加強心理的復健及輔導，讓肢體障礙兒童的外在及內在均能自我接納，過著快樂的生活。

◆增加輔具申請種類

　　凡是肢體障礙者身體所需之輔具，如拐杖、輪椅、氣墊、氣床等均應核准其免費（或半價）申請。

◆發展異體移植四肢手術

　　自體手指、手掌縫合手術成功的案例已相當普遍，今後醫學界

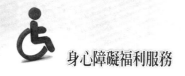

更應積極發展異體移植四肢手術，經由相關人士（如腦死者、死刑犯）捐贈，移植到有需要者的身上，造福肢體障礙者。

(二)就學服務方面

◆改善校園無障礙的學習環境

學校為使肢體障礙學生能在校園中活動自如，必須設立無障礙的學習環境，其設施標準可參照「建築技術規則建築設計施工編」中第十章「公共建築物行動不便者使用設施」。

◆改善考場無障礙的軟硬體設施

為使肢體障礙者有一個公平的考試機會，無論在學校、升學、就業考試，均應提供無障礙的軟硬體設施，如桌椅的高度、桌面的面積、輪椅可置於桌面下、無法在桌面上寫字的可趴著寫、無法（或難以）寫字者可用電腦或口述作答，因肢障造成作答速度慢者應延長作答時間、字體較大者應將答案紙加大等。

◆培訓專業師資及輔導員

在各級學校培訓專業師資及輔導員，除了專業特教老師外，宜在各級學校之輔導室（或設資源教室）編制專業之身心障礙心理及生活輔導員。

◆改善課程設計

針對肢體障礙學生的特殊需要，做課程設計，如升學班、職訓班；在體育課程中，針對學生之需要做運動治療或機能訓練，為配合課程之需要，亦應購置各種復健器材。

◆安置適當教室

為使肢體障礙學生上課之方便，國小、國中、高中職之上課教

室儘量安排在一樓，大專院校儘量安排在同一棟樓，並改裝肢體障礙學生行動之設施。在教室設備內容的改善方面，可儘量安排肢體障礙學生坐在教室的出入口位置或是教室前面、後面靠邊的位置，一方面是移動方便，另一方面也可以減少穿梭在狹小的通道上所造成的不便。另外在課桌椅的安排上，也應稍作調整，以方便輔具的使用與放置。

◆教育機會均等

　　為落實有教無類的至理名言，各種升學或就業考試均不應有所設限，讓有能力的肢體障礙者能夠有向上進修或就業的機會，而不是在資格的限制下就被淘汰了。林慶仁、劉信雄、吳昆壽、陳文雄、詹士宜、林家瑜（民95）針對「身心障礙者教育需求調查報告」指出，以肢體障礙者而言，各項教育服務提供之前三項為獎助學金或減免學雜費（76.5%）、無障礙環境（60.9%）與家庭支援服務（58.0%），身心障礙者應不論其障礙程度及類別，皆有其與生俱來之受教權，亦即政府對所有身心障礙學生應採零拒絕的教育理念與作法，而各項教育服務措施亦要符合個別需求，使其成為社會有用及具生產力的公民。

(三)就養服務方面

◆生活補助

　　肢體障礙者在移動上及動作上的不便，導致工作不順遂，如此經濟來源可能受到影響，因此生活上的經濟補助是有其必要性，包括低收入者、無工作能力者、未在機構收容教養者、協助照顧肢體障礙的家人而未能工作者等特殊情形均應予補助，使其能夠安心的在家照顧肢體障礙者，不至於為了經濟上的問題而無法兼顧工作和

照顧的責任。穩定的經濟對家庭是一個重要的資產,可以因應家庭照顧身心障礙者的壓力,亦能讓身心障礙子女有穩定、安全及健康的成長環境(王淑楨,民96)。

◆免稅優待

除了所得稅的特別扣除額外,應針對肢體障礙者免汽機車、三輪車牌照稅、免營業稅之優待。

◆在宅服務

由於部分肢體障礙者本身在行動上的不便,導致日常生活起居無法自行解決,因此應辦理可協助其膳食、個人清潔工作、看護照顧、陪同就醫及從事休閒活動等服務,讓肢體障礙者生活無障礙。

◆臨時托育照顧

在社區或鄰近的地方,設置臨時托育服務機構,可幫助家中有小孩的肢障者解決平時上街購物或辦事托育上的不便。

◆研發生活輔具

肢體障礙者因為本身的障礙,更能體會行動不便所帶來的困擾,因此藉由切身的感受,來研發適合的輔具,不僅可以創造財富的來源,更可習得一技之長,亦有利於肢體障礙者,一舉數得。而政府更應提供相關的經費來開發,以抵制不肖商人的剝削利潤,亦可造福人群。

(四)就業服務方面

◆自強創業貸款

為協助肢體障礙者自行創業的艱難,應提供創業貸款的機會,給予有經營能力並有創業意願的肢體障礙者。其補助金額、條件限

制應放寬，讓肢體障礙者能有發揮潛能的空間，不至於因爲經濟的問題而埋沒長才。

◆職能評估制度

職能評估可說是職業輔導過程中一個很重要的項目。職業輔導機構若能儘速爲肢障者建立一套完整的職能評估制度則可於輔導過程中確實瞭解肢障者的能力、人格、興趣、潛能等特質，以幫助肢障者尋得適合的職業。職業訓練機構也應與職業輔導機構相配合，多多開發並辦理適合肢障者能力的職訓職類，以促進肢障者職能的提升，並滿足社會求才的需要。

◆設立福利工廠

政府若能開闢福利工廠提供有才能的肢體障礙者就業機會，就可減少失業人口，並增加肢體障礙者的收入。

◆放寬公職考試的限制及優待

希望工作的單位爲公家單位者高達43.9%，顯示肢障者追求安定的心態很強烈（方來進，民90）。曾淑芬、劉捷文、林進興（民92）在「桃園地區肢體障礙者就業現況與工作安全衛生需求調查」也指出，有就業、轉業和再就業意願的肢障者對於未來理想的工作單位以就職「公家單位」者居多，占34.0%，由於在政府機關謀職必須具有公務人員任用資格，而肢體障礙者在教育程度及傷殘本身的限制下，很難進入政府機關工作。因此建議政府應放寬公職考試資格的限制，讓肢障者有更多的機會，進入各種不同公務體系工作。

◆提供失業救濟金

失業救濟金的制度，可幫助肢體障礙者暫時度過失業時期的難

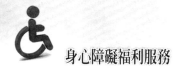

關，但領取失業救濟金的同時，必須接受就業的訓練與輔導，以免
導致其過度依賴失業救濟金。

◆職務再設計

　　「職務再設計」係指經由專業團隊的協助，找出身心障礙者無
法完成工作要求的問題及困難所在，進而調整工作、改善環境或提
供輔具，以協助他們能增進工作能力，並提升工作效率與產能，簡
單來說，就是運用各種辦法來幫助身心障礙者排除困難，讓他們能
夠繼續勝任工作（盧家宜，民94）。依行政院勞委會對職務再設計
的內容，與肢體障礙有關的協助項目說明如下（行政院勞委會職業
訓練局，民96）：

1. 改善職場工作環境：指為協助身心障礙者就業，所進行與工
   作場所無障礙環境有關之改善。例如符合身心障礙者使用的
   電梯、容許輪椅進入建築物的斜坡，另外像是安全裝置類的
   輔具亦包含在內，例如肢體障礙者加裝環境控制開關等。
2. 改善工作設備或機具：指為促進身心障礙者適性就業、提高
   生產力，針對身心障礙者進行工作設備或機具改善。例如工
   作檯高度的調整、工作的座位能容納輪椅進入等。
3. 提供就業輔具：指為增加、維持、改善身心障礙者就業所需
   能力之輔助器具，例如適合肢體障礙者操作的電腦介面等。
4. 改善工作條件：包括提供就業所需交通工具的改善、公司指
   派交通車及合理的待遇等福利。
5. 調整工作方法：透過職業評量及訓練，按身心障礙者的特
   性，分派適當的工作，包括：工作重組、調派其他員工和身
   心障礙者合作、簡化工作流程、調整工作流程、調整工作場
   所、避免危險性工作等。例如將工作拆解成更細部的分工，
   簡化工作的步驟等。

在身心障礙者的類別中，肢體障礙者重新就業的人數最多，所占的比例也最大，因為肢體障礙者的特性最適合使用輔助科技來促使工作環境與個人能力達到合適的狀態，多數的職務再設計案例，僅需要花費極少的經費，進行職務內容、工作流程及工作時數的調整，即可讓身心障礙者回到職場就業，且讓身心障礙者在工作時能更有效率（吳杜龍、祝旭東，民96）。

◆加強訓練肢障者就業所需的職業能力

雖然各類職種對職業能力的要求並不相同。根據臺北市《市政統計週報》指出，「電腦軟體應用」與「電腦文書處理」為身心障礙者希望接受的職業訓練熱門科目，顯見資訊科技的發展或可跨越身心障礙者空間與感官不便之處，提供身心障礙者新的工作機會與類型（臺北市政府主計處，民96）。黃志成、蔡嘉泇、蘇玫夙、陳玉玟、王淑楨（民96）在「金門縣身心障礙者生活需求調查」指出，肢體障礙者最希望的職業訓練以電腦課程需求最高。因此，職訓機構除了應加強訓練肢障者的各項職能外，尤應特別加強電腦技能的訓練。另外，雇主除了重視肢障者的專業技能外，也重視其工作態度與敬業精神。因此，職訓機構與職業輔導機構也應特別加強這方面的訓練與輔導。

◆協助與工商企業及肢障者保持良好的溝通

在雇主僱用身心障礙者的意願與考量方面，有七成以上的受訪單位表示，若無法令規定，仍願意進用身心障礙者，雇主傾向比較願意僱用的障礙類別為以肢體障礙者占最多數（王育瑜，民94）。職訓機構與職業輔導機構若能常與工商企業機構及肢障者保持聯繫，將可獲得最新的就業市場資訊，一方面可提供給肢障者，以使其能瞭解就業市場；一方面也能就雇主的需要，提供適當的肢障人才給業界。如此一來，肢障者、職訓機構、職業輔導機構及雇主

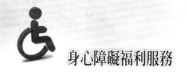

間，才會有良好的溝通，肢障人才方不致被埋沒，職業訓練與職業輔導機構也才能建立良好的效能。

(五)無障礙生活環境方面

◆提供無障礙的學習環境

包括學習環境中的建築障礙、社會障礙等，其中建築障礙乃是學校要為肢體障礙學生排除的種種困難，就是要維護肢體障礙學生在校園裡暢行無阻，設法在學校建築物的出入口、通道，以及各種空間設置必要配備，使肢體障礙學生來去自如。此外，一方面要協助肢體障礙不要自卑與自我封閉，勇於與一般學生共同學習；二方面要排除一般學生、教師及行政人員對肢體障礙學生的歧視或排斥。

◆無障礙的生活環境

包括家居環境與公共設施。家居環境以家庭的臥房、客廳、廚房、浴室、廁所、走廊、門窗、陽台、花園、庭院等設計與附加設備，均需以肢體障礙者適應的情況做變革；公共設施方面即指政府機關、公園、運動場所、樓梯、休閒中心等提供更多的便利空間給予肢體障礙者。針對肢體障礙的部分，無障礙空間著重在移動困難及精細動作問題上，在移動困難的部分，主要在於路面是否能讓輪椅及拐杖的使用者能安全且舒適的使用，例如輪椅需要的迴轉空間、地面的高低差、階梯及門檻的高度是否阻擋輪椅的移動等（吳柱龍、祝旭東，民96）。

◆無障礙的交通環境

無障礙交通係指運輸系統能夠安全、迅速、方便、經濟、可靠地提供人類及貨物之空間移動。由此可知，無障礙交通之基本理念

應該是指一完善之交通系統與建築環境，使肢體障礙者能順利地作水平與垂直交通，俾從事各種社經活動。具體措施為：

1. 出入口之改善：台階應設平緩的斜坡道、大門寬度至少能讓輪椅通行及大樓應有升降梯設備等，以便利身心障礙者之進出。
2. 道路之改善（包含步道系統之改善）：如儘量採取平坦設計，減少台階，或由斜坡道代替台階；若有台階，宜設警告、護杆與各種身心障礙設施標準化之改善。
3. 運輸工具之改善：如公車、鐵路、捷運系統、計程車、特殊專用車、飛機及船舶等，應有為身心障礙者考慮之設備。

參考書目

方來進（民90）。《高雄市肢體障礙者就業現況及意願與工作環境安全衛生現況及需求調查》。私立長榮管理學院經營管理研究所碩士論文。

王育瑜（民94）。「身心障礙者定額進用制度之研究報告」。臺北市：行政院勞工委員會職業訓練局。

王淑楨（民96）。《兒童福利需求及家庭育兒福利需求之研究──以臺北市大同區領有育兒補助之兒童為例》。私立中國文化大學青少年兒童福利研究所碩士論文。

臺北市政府主計處（民96）。《市政統計週報》，第418號。

任麗華、林堤塘（民96）。「身心障礙者生活與照護福利服務需求之研究──以臺灣中部某縣為例」。「建立臺灣永續發展的家庭、人口、健康、社區與勞動保障體系：公民權利契約觀點」國際學術研討會。國立臺北大學主辦。

行政院勞委會職業訓練局（民96）。「身心障礙者職務再設計補助要點」。

行政院衛生署（97）。「身心障礙類別與等級」。

吳柱龍、祝旭東（民96）。〈肢體障礙職務再設計〉。《身心障礙者職務再設計理論與實務探討手冊》，頁115-138。國立臺中教育大學特殊教育中心印行。

周月清（民84）。「我國殘障福利政策之研究」。內政部委託。

林慶仁、劉信雄、吳昆壽、陳文雄、詹士宜、林家瑜（民95）。「身心障礙者教育需求調查報告」。教育部特教小組委託專題研究成果報告。

邱滿艷（民100）。「新北市身心障礙者生活狀況與需求服務調查」。新北市政府社會局委託。

梁美玲（民88）。〈從泡浴到專業水療〉。《長春月刊》，第191期，

314

頁30-34。

郭佩瑜（民83）。〈臺北市殘障休閒活動需求調查報告——以松山區為例〉。《福利社會雙月刊》，第43期，頁37-39。

郭佩瑜（民86）。「臺北市殘障者生活狀況調查報告」。臺北市政府社會局。

曾淑芬、劉捷文、林進興（民92）。〈桃園地區肢體障礙者就業現況與工作安全衛生需求調查〉。《勞工安全衛生研究季刊》，第11卷，第1期，頁53-66。

黃志成（民76）。〈某大學殘障學生調查報告〉。《社會建設季刊》，第64期，頁29-38。

黃志成（民82）。「臺北市八十一年殘障人口普查研究」。臺北市政府社會局委託。

黃志成、王麗美、王淑楨、高嘉慧（民100）。《特殊教育》。臺北市：揚智文化。

黃志成、彭賢恩、王淑楨（民100）。「臺北市100年度中途致殘之身心障礙者生活需求調查報告」。臺北市政府社會局委託調查。

黃志成、黃國良、王立勳、高嘉慧（民94）。「金門縣身心障礙者生活需求調查」。金門縣政府委託。

黃志成、蔡嘉泇、蘇玫夙、陳玉玟、王淑楨（民96）。「金門縣身心障礙者生活需求調查」。金門縣政府委託。

黃英忠、丘上真（民97）。「身心障礙福利政策與措施之評估——教育、就業及醫療層面之執行現況分析」。臺北市：行政院研究發展考核委員會。

衛生福利部（民102）。「身心障礙統計資料」。

衛生福利部（民103a）。「身心障礙者鑑定作業辦法」。

衛生福利部（民103b）。「身心障礙者權益保障法」。

鄭尹惠、莊世杰、楊思偉、龔昶元（民99）。「嘉義市99年度身心障礙者生活狀況與福利需求調查報告」。嘉義市政府社會處委託。

盧家宜（民94）。〈談身心障礙者的就業安置與職務再設計〉。《臺東特教》，第19期，頁32-35。

第十三章

皮膚與相關構造及其功能障礙者之福利服務

　　有人因為先天性顏面畸形，有人因為一時疏忽，而導致終生無可挽救的遺憾，顯示國人對周遭生活環境潛在危險的警覺性不足，漠視安全的重要性。其實不管是先天或是後天的顏面損傷，不僅對個人的身心造成極大的痛苦與煎熬，對社會或家庭而言更是沉重的負擔，諸如心理、醫療、就業、就學等各方面的問題，環環相扣，非顏面損傷者個人能力所能解決，唯有依賴社會與家庭發揮最大的愛心、鼓勵、耐心及支持，協助顏面損傷者重拾信心，進而能夠坦然的面對社會，重新生活。

第一節　有關鑑定之相關規定

一、鑑定向度、障礙程度和基準

　　「身心障礙者權益保障法」第5條第八款「皮膚與相關構造及其功能」障礙之鑑定向度、障礙程度和基準，說明如下：

　　依據**表13-1**所示，在此類別下的鑑定向度共有三項，分別為「皮膚保護功能」、「皮膚其他功能」、「皮膚區域結構」。以「皮膚保護功能」來說，其障礙程度僅有輕度一個程度，而其基準為「由於掌蹠角皮症而對肢體關節活動困難者，請加評關節移動的功能」，主要為針對如魚鱗癬症病友，因為皮膚角質的異常增生，而對關節活動造成影響。需注意的是，此向度需加評第七大類的關節活動度。以「皮膚其他功能」來說，其障礙程度亦僅有輕度一個程度，而其基準為「受先天性、後天性顏面損傷疤痕而對社會生活適應困難者（如黑色素痣、血管瘤、神經纖維瘤、白斑等），或無汗性外胚層發育不良」。該項目的意義在於，不論成因為先天或後

表13-1　皮膚與相關構造及其功能障礙之鑑定向度、障礙程度和基準

類別	鑑定向度	障礙程度	基準
皮膚與相關構造及其功能	皮膚保護功能	0	未達下列基準。
		1	由於掌蹠角皮症而對肢體關節活動困難者，請加評關節移動的功能。
	皮膚其他功能	0	未達下列基準。
		1	受先天性、後天性顏面損傷疤痕而對社會生活適應困難者（如黑色素痣、血管瘤、神經纖維瘤、白斑等），或無汗性外胚層發育不良。
	皮膚區域結構	0	未達下列基準。
		1	1.缺鼻二分之一，單側上顎或下顎缺損二分之一以下造成明顯中線偏移者；或殘缺面積占30～39%，而無法或難以修復者。 2.皮膚損傷造成肥厚性疤痕占身體皮膚31～50%。
		2	1.缺鼻、眼窩、雙側上顎、下顎二分之一或殘缺面積占40～59%以上，而無法或難以修復者。 2.皮膚損傷造成肥厚性疤痕占身體皮膚51～70%。
		3	1.頭、臉、頸部殘缺面積占60%以上，無法或難以修復者。 2.皮膚損傷造成肥厚性疤痕占身體皮膚71%以上。

資料來源：衛生福利部（民103）。

天，我們都要看到顏面損傷對於一個人社會生活的影響。而在「皮膚區域結構」的部分，除了延續舊制關於「顏面損傷」的程度和基準，還增加了「全身皮膚損傷面積」的程度和基準，其輕度的基準為「皮膚損傷造成肥厚性疤痕占身體皮膚31～50%」。

二、鑑定人員之資格條件、鑑定方法及鑑定工具

有關皮膚與相關構造及其功能障礙之鑑定人員資格條件、鑑定方法及鑑定工具說明如**表13-2**所示。

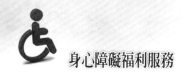

表13-2 皮膚與相關構造及其功能障礙之鑑定人員資格條件、鑑定方法及鑑定工具

| 類 別 | 鑑定向度 | 鑑定人員資格條件 | 學理檢查 | | | 鑑定工具 |
			理學檢查	基本檢查	特殊檢查	
皮膚與相關構造及其功能	皮膚保護功能	皮膚科、病理科、整形外科、耳鼻喉科、口腔外科及復健科專科醫師	理學檢查	無	1.正、仰、側面照片 2.頭顏部X光攝影	1.X光 2.一般照片
	皮膚其他功能					
	皮膚區域結構					

資料來源：衛生福利部（民103）。

第二節 皮膚與相關構造及其功能障礙者的福利需求與福利服務

　　後天顏面損傷者通常是一場災難（如火災、爆炸等）經驗的幸存者，即使在現今醫療技術已相當進步之時，也很難彌補肉體的傷害，因此光是靠醫生的整型復健手術是有限的。他們所面對的創傷是所有意外事件存活個案中最嚴重者，他們需經歷長期住院和痛苦的療程，即使重返社會，仍得面對許多心理上和情緒上問題，如受傷後留下的疤痕和障礙、外界異樣的眼光、自尊的低落及在工作上的適應等問題。因此針對這些身心受傷之顏面損傷者，社會復健是相當重要的，以下列舉一些針對顏面損傷者的福利需求所做的研究結果提出說明。

一、皮膚與相關構造及其功能障礙者的福利需求

(一)福利需求之研究結果

◆黃志成（民82）

　　黃志成（民82）的調查報告指出，顏面損傷者最需要政府協助之前三項福利服務，居首位者為居家生活補助；其次為醫療補助；學雜費減免與攤販營業許可證及身心障礙者免稅優待並列第三。

◆內政部（民101）

　　內政部（民101）100年身心障礙者生活需求調查資料顯示：

1.顏面損傷者外出方式以自行騎乘機車（含特製機車）最高，占54.55%，顯示大眾運輸工具上所設置便於各類身心障礙者行動與使用之無障礙設施及設備的使用率，有愈來愈高的趨勢。

2.顏面損傷者每月收支狀況為支出大於收入，達50.79%，調查顯示，身心障礙者家庭經濟狀況，不到半數可以達到收支平衡狀態，其收入來源主要仰賴政府或家屬給予，故如何協助身心障礙者建立自力更生的能力，是未來提供相關服務時須努力的方向。

3.顏面損傷者在就醫狀況，有定期就醫需要者高達63.81%，且需要定期接受復健治療者高達57.39%，有58.26%需物理治療，需要使用輔具且目前正使用者達81.80%，有52.62%提供醫療補助措施。

4.顏面損傷者認為政府應優先辦理的生活福利服務措施，為身

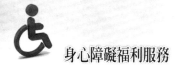
　　心障礙者生活補助費，58.34%。

5.顏面損傷者認為應優先辦理之教育項目為提供學雜費補助，達47.48%。

6.顏面損傷者從業狀況受私人僱用最高，達58.43%，但有58.28%找不到合適的全時正職工作，有高達71.64%需提供第二專長訓練，有50.19%希望參加電腦資訊類訓練，有94.00%希望找到全時正職工作，有83.02%需要政府提供的就業服務措施。

◆臺北市政府

　　根據臺北市政府社會局中途致殘調查資料顯示（黃志成、彭賢恩、王淑楨，民100），顏面損傷者相關調查資料如下：

1.居住狀況：100%以自宅為主，且以無電梯之公寓／套房居多，占74.2%，很少外出或都沒有外出的原因為家人禁止外出，高達100%。

2.每月家庭收支狀況：支出大於收入（不夠用）高達51.6%。

3.顏面損傷者在致殘後有高達73.3%沒有工作經驗，有100%希望從事基層技術工及勞力工。

4.顏面損傷致殘原因有61.3%為疾病導致。

5.有高達87.1%需要定期就醫。

6.有高達93.5%認為家庭支持協助是有幫助的，有67.7%覺得社會福利服務措施是有幫助的。

◆新北市政府

　　新北市身心障礙者生活狀況與需求服務調查（邱滿艷，民100），關於顏面損傷者的福利需求說明如下：

1.有61.5%認為收支大約剛好足夠，且有61.5%都是一般戶，亦即沒有仰賴政府補助。

2.關於政府已經執行的ICF制度竟然有高達100%不知道。

3.在個人照顧服務需求之重要度上，以「生活重建」最高，達64.4%；其次為「居家照顧」，達56.7%。

4.家庭主要照顧者需求之重要度上，以「臨時及短期照顧」最高，達76.8%。

5.「經濟安全服務」之需求狀況，以「房屋租金及購屋貸款利息補貼」最高，達50.7%；其次為「中低收入生活補助費」，達50.4%。

6.在職業重建服務需求之重要度上，以「就業資訊及諮詢」最高，達80.0%；其次為「一般性就業（媒合）」，達60.0%。

7.在行動與交通服務需求之重要度上，以「設置身心障礙者專用停車位」及「障礙者搭乘大眾運輸半價優待」最高，均達45.8%。

8.在就醫服務需求之重要度上，以「身心障礙者口腔診治補助計畫」最高，達75.6%；其次為「門診掛號費減免」，達42.7%。

9.在社會參與服務需求之重要度上，以「休閒活動」最高，達85.7%；其次為「文化活動」，達62.2%。

◆嘉義市政府

　　嘉義市99年度身心障礙者生活狀況與福利需求調查報告（鄭尹惠、莊世杰、楊思偉、龔昶元，民99）顯示：

1.在居住狀況方面：有83.2%與家人親戚同住，主要照顧者為「父母親」，達100%。

2.全家經濟來源上，以「政府（民間）團體補助」最高，占

100%。

3.在就業部分：有100%爲失業中，有10.0%需要政府提供就業服務，顏面損傷未就業的主要原因爲「接受職業訓練中」，占100%。

4.在外出狀況：顏面損傷以「自行駕駛機車或電動車」最高，占100%。

5.在休閒活動上，以「視聽」最高，占100%。

6.在身體健康狀況上，以「偶而有感冒病痛」最高，達100%。

(二)皮膚與相關構造及其功能障礙者之福利需求

綜合上述文獻的探討，可將皮膚與相關構造及其功能障礙者的福利需求歸納如下：

◆就醫服務方面

醫療費用補助、復健治療、疾病預防、就醫協助、口腔診治補助、門診掛號費減免。

◆就學服務方面

學雜費減免或補助。

◆就養服務方面

居家生活補助、身心障礙者免稅優待、無障礙居家環境設施、家庭支持協助、社會福利服務、宣導ICF新制、生活重建、居家照顧、房屋租金及購屋貸款利息補貼、設置身心障礙者專用停車位、乘車優待、提供休閒活動及文化活動等。

◆就業服務方面

職業訓練、職業推介、提供就業資訊及諮詢服務、開創多樣性

之職訓種類、攤販營業許可證等。

二、皮膚與相關構造及其功能障礙者的福利服務

依上述之文獻，並參考陽光社會福利基金會（民88）的服務成果，對於顏面損傷者的福利服務說明如下：

(一)就醫服務方面

◆**醫療費用補助**

包括補助健保保費、醫療補助、醫療輔具器材（如彈性衣、矽膠衣等）補助、復健生活補助、復健交通補助等。

◆**復健治療**

1. 復健服務：職能及物理治療師，提供伸展運動的指導、壓力治療、活動治療及醫療保健諮詢服務等。
2. 整型手術：如唇顎裂整型、燒燙傷、植皮等。燒燙傷後重建的病人，往往在需要移植皮膚時，卻找不到足夠大的健康表皮可供使用，這時就可以在自身選定一塊較隱蔽部位，植入擴皮器（組織擴張器），它是一種有伸縮性的袋子，由於這種彈性的存在，我們可以把擠扁的袋子植入皮下，再經袋內注射生理食鹽水的方式，使表皮跟著擴皮器一起脹大，把表皮脹得夠大了，再取下來使用。不過，自體取皮常需受取皮之痛、等皮之苦，所以研發生物人工皮膚是現代醫學正努力的目標，而且已有成果，所謂生物人工皮膚就是利用豬皮研發而成的，針對重度燒燙傷患者所開發的特殊產品。
3. 輔助器材製作：治療師就個別需求為傷患製作副木、矽膠

片、透明壓力面罩及壓力手套等治療輔助器，並提升彈性衣、彈性縮帶之品質。彈性衣的穿戴，應注意下列幾個原則：

(1)除了洗澡及治療傷口外，應二十四小時穿戴。

(2)需訂製兩套，以便換洗。

(3)氣溫高時，應處在冷氣室或通風良好處。

(4)穿戴時，可在壓力無法到達處加矽膠片，若加矽膠片時，約半天拿下來透氣、清潔。

(5)彈性衣接縫處，可加些棉織品增加壓力。

(6)穿戴彈性面罩時，應注意鼻、耳等軟骨組織，不可太緊。

(7)發育中的幼童應間歇性穿戴，以免影響下巴及胸廓的發育。

(8)穿戴彈性衣睡覺、休息時，應抬高肢體。

(9)穿戴彈性衣時，應避免做激烈運動。

◆復健資訊提供

醫療、復健資源介紹或轉介，建立正確醫療復健觀念、追蹤關懷、復健評估、提供居家復健DVD等。

◆復健宣導

安排復健良好之傷友以院訪及家訪方式，分享自身經驗，並鼓勵新傷友配合醫療、復健。

◆心理重建

1.個別輔導：依據個案問題需求，提供醫療、經濟、就學、就業、法律、情感、家庭安置、社會適應、支持關懷、提供衛生常識等協助。

2.個別心理諮商：心理師、諮商師或社工師為傷友及家屬提供

個別訪談、心理及種種狀況的評量、遊戲治療等服務。

(二)就學服務方面

◆學雜費減免

依目前相關規定，按輕度、中度、重度與極重度分別減免學雜費。

◆學校適應

協助就學中之顏面損傷學生，提供學校生活適應上之輔導，情緒支持。

◆預防教育宣導

灌輸學生預防燒燙傷之活動，以減低意外事件的發生。

◆提供獎學金

藉以鼓勵成績優秀的顏面損傷學生。

◆提供個別課業輔導

藉以協助學習有困難的顏面損傷學生，使其學習進展順利。

(三)就養服務方面

◆居家生活補助

根據林怡君（民88）對1,340位顏面損傷者（年紀在15～65歲）做調查，發現將近400位傷友曾經工作過，但目前無業，造成其無法工作的原因則多為生理因素限制：依序為其他原因（包括疤痕癢痛、怕熱、避免曝曬）（占21.7%）、需長期復健（占18.4%）、行動不便（占12.2%）。由此可知，其經濟生活堪虞，故應提供身心

障礙年金或失業救濟金等生活補助費用，以保障基本的生活水準。

◆乘車優待

搭乘一般公民營汽車、火車、飛機、輪船、捷運等交通工具，給予優待。

◆成立收容中心

對於家庭遭遇困境、變故之顏面損傷者，提供安置照顧，安置的方式可以是短期的，也可以是長期的。

(四)就業服務方面

◆就業服務

提供職業訓練機會、職業推薦、職業訊息提供、就業適應輔導等。

◆攤販營業許可證

優先於適當場所提供顏面損傷者攤販營業許可證。

◆身心障礙者免稅優待

對於所得稅、營業稅、交通工具牌照稅等，給予免稅或減稅。

◆舉辦身心障礙者特考或考試加分

為身心障礙者舉辦公職特考或參加一般之高普特考時，給予加分優待，使其有服公職的機會。

(五)無障礙生活環境方面

◆加強媒體對大眾宣導接納顏面損傷者的活動

由新聞局、衛生福利部等相關機構，提供公益廣告、短劇、演說等，於電視、報紙、雜誌等媒體做宣導活動，促使社會大眾接納、尊重顏面損傷者。

◆社會支持

社會大眾支持顏面損傷者在就養的便利，就業時不會被排斥，就業管道更通暢。

參考書目

內政部（民101）。「100年身心障礙者生活狀況及各項需求評估調查報告」。

周月清（民84）。「我國殘障福利政策之研究」。內政部委託。

林怡君（民88）。〈陽光傷友就業調查〉。《陽光福利雜誌》，第71期，頁11-12。

邱滿艷（民100）。「新北市身心障礙者生活狀況與需求服務調查」。新北市政府社會局委託。

張奐（民81）。《顏面傷殘兒童輔導手冊》。國立臺灣師範大學特殊教育研究所主編。

游美貴（民84）。《顏面傷殘兒童家庭福利服務需求之研究》。中國文化大學兒童福利研究所碩士論文。

陽光社會福利基金會（民82）。《顏面傷殘及灼燙傷福利手冊》。

陽光社會福利基金會（民88）。〈88年7～8月服務成果〉。《陽光福利雜誌》，第71期，頁21-22。

黃志成（民82）。「臺北市八十一年殘障人口普查研究」。臺北市政府社會局委託。

黃志成、彭賢恩、王淑楨（民100）。「臺北市100年度中途致殘之身心障礙者生活需求調查報告」。臺北市政府社會局委託調查。

蔡新中（民88）。〈揚開傷痛的面紗〉。《陽光福利雜誌》，第69期，頁8-10。

衛生福利部（民103）。「身心障礙者鑑定作業辦法」。

鄭尹惠、莊世杰、楊思偉、龔昶元（民99）。「嘉義市99年度身心障礙者生活狀況與福利需求調查報告」。嘉義市政府社會處委託。

附　　錄

附錄一　身心障礙者權益保障法

1. 中華民國六十九年六月二日總統（69）台統（一）義字第3028號令制定公布全文26條
2. 中華民國七十九年一月二十四日總統（79）華總（一）義字第0424號令修正公布全文31條
3. 中華民國八十四年六月十六日總統（84）華總（一）義字第4056號令修正公布第3條條文
4. 中華民國八十六年四月二十三日總統（86）華總（一）義字第8600097810號令修正公布名稱及全文75條（原名稱：殘障福利法）
5. 中華民國八十六年四月二十六日總統（86）華總（一）義字第8600101190號令修正公布第65條條文
6. 中華民國九十年十一月二十一日總統（90）華總一義字第9000224680號令修正公布第2、3、6、7、9、11、16、19、20、36～42、47、49、50、51、58、60、67條條文
7. 中華民國九十二年六月二十五日總統華總一義字第09200116210號令修正公布第26、62條條文；並增訂第64-1條條文
8. 中華民國九十三年六月二十三日總統華總一義字第09300117621號令增訂公布第51-1、65-1條條文
9. 中華民國九十六年七月十一日總統華總一義字第09600087331號令修正公布名稱及全文109條；除第38條自公布後二年施行；第5～7、13～15、18、26、50、51、56、58、59、71條自公布後五年施行；其餘自公布日施行（原名稱：身心障礙者保護法）
10. 中華民國九十八年一月二十三日總統華總一義字第09800015921號令修正公布第61條條文
11. 中華民國九十八年七月八日總統華總一義字第09800166521號令修正公布第80、81、107條條文；並自九十八年十一月二十三日施行
12. 中華民國一百年二月一日總統華總一義字第10000017951號令修正公布第 2～4、6、16、17、20、23、31、32、38、46、48、50～53、56、58、64、76、77、81、95、98、106 條條文；增訂第30-1、38-1、46-1、52-1、52-2、60-1、69-1條條文；並自公布日施行；但第60-1條第2項及第64條第3項條文自公布後二年施行
13. 中華民國一百年六月二十九日總統華總一義字第10000132331號令修正公布第35條條文
中華民國一百年六月二十九日總統華總一義字第10000136191號令修正公布第53、57、98、99條條文；增訂第58-1條條文

14.中華民國一百零一年十二月十九日總統華總一義字第10100279741號令修正公布第52、59條條文；並增訂第104-1條條文

15.中華民國一百零二年六月十一日總統華總一義字第10200109601號令修正公布第53條條文

中華民國一百零二年七月十九日行政院院臺規字第1020141353號公告第2條第1項所列屬「內政部」之權責事項，自一百零二年七月二十三日起改由「衛生福利部」管轄

16.中華民國一百零三年六月四日總統華總一義字第10300085191號令修正公布第30-1、50、51、64、92條條文；並增訂第30-2、63-1條條文

第一章　總則

第1條　為維護身心障礙者之權益，保障其平等參與社會、政治、經濟、文化等之機會，促進其自立及發展，特制定本法。

第2條　本法所稱主管機關：在中央為內政部；在直轄市為直轄市政府；在縣（市）為縣（市）政府。

本法所定事項，涉及各目的事業主管機關職掌者，由各目的事業主管機關辦理。

前二項主管機關及各目的事業主管機關權責劃分如下：

一、主管機關：身心障礙者人格維護、經濟安全、照顧支持與獨立生活機會等相關權益之規劃、推動及監督等事項。

二、衛生主管機關：身心障礙者之鑑定、保健醫療、醫療復健與輔具研發等相關權益之規劃、推動及監督等事項。

三、教育主管機關：身心障礙者教育權益維護、教育資源與設施均衡配置、專業服務人才之培育等相關權益之規劃、推動及監督等事項。

四、勞工主管機關：身心障礙者之職業重建、就業促進與保障、勞動權益與職場安全衛生等相關權益之規劃、推動及監督等事項。

五、建設、工務、住宅主管機關：身心障礙者住宅、公共建築物、公共設施之總體規劃與無障礙生活環境等相關權益之規

劃、推動及監督等事項。

六、交通主管機關：身心障礙者生活通信、大眾運輸工具、交通
設施與公共停車場等相關權益之規劃、推動及監督等事項。

七、財政主管機關：身心障礙者、身心障礙福利機構及庇護工場
稅捐之減免等相關權益之規劃、推動及監督等事項。

八、金融主管機關：金融機構對身心障礙者提供金融、商業保
險、財產信託等服務之規劃、推動及監督等事項。

九、法務主管機關：身心障礙者犯罪被害人保護、受刑人更生保
護與收容環境改善等相關權益之規劃、推動及監督等事項。

十、警政主管機關：身心障礙者人身安全保護與失蹤身心障礙者
協尋之規劃、推動及監督等事項。

十一、體育主管機關：身心障礙者體育活動、運動場地及設施設
備與運動專用輔具之規劃、推動及監督等事項。

十二、文化主管機關：身心障礙者精神生活之充實與藝文活動參
與之規劃、推動及監督等事項。

十三、採購法規主管機關：政府採購法有關採購身心障礙者之非
營利產品與勞務之規劃、推動及監督等事項。

十四、通訊傳播主管機關：主管身心障礙者無障礙資訊和通訊技
術及系統、網路平台、通訊傳播傳輸內容無歧視等相關事
宜之規劃、推動及監督等事項。

十五、科技研究事務主管機關：主管身心障礙者輔助科技研發、
技術研究、移轉、應用與推動等事項。

十六、經濟主管機關：主管身心障礙輔具國家標準訂定、產業推
動、商品化開發之規劃及推動等事項。

十七、其他身心障礙權益保障措施：由各相關目的事業主管機關
依職權規劃辦理。

第3條　中央主管機關掌理下列事項：

一、全國性身心障礙福利服務權益保障政策、法規與方案之規
劃、訂定及宣導事項。

二、對直轄市、縣（市）政府執行身心障礙福利服務權益保障之監督及協調事項。

三、中央身心障礙福利經費之分配及補助事項。

四、對直轄市、縣（市）身心障礙福利服務之獎助及評鑑之規劃事項。

五、身心障礙福利服務相關專業人員訓練之規劃事項。

六、國際身心障礙福利服務權益保障業務之聯繫、交流及合作事項。

七、身心障礙者保護業務之規劃事項。

八、全國身心障礙者資料統整及福利服務整合事項。

九、全國性身心障礙福利機構之輔導、監督及全國評鑑事項。

十、輔導及補助民間參與身心障礙福利服務之推動事項。

十一、其他全國性身心障礙福利服務權益保障之策劃及督導事項。

第4條　直轄市、縣（市）主管機關掌理下列事項：

一、中央身心障礙福利服務權益保障政策、法規及方案之執行事項。

二、直轄市、縣（市）身心障礙福利服務權益保障政策、自治法規與方案之規劃、訂定、宣導及執行事項。

三、直轄市、縣（市）身心障礙福利經費之分配及補助事項。

四、直轄市、縣（市）身心障礙福利服務之獎助與評鑑之規劃及執行事項。

五、直轄市、縣（市）身心障礙福利服務相關專業人員訓練之規劃及執行事項。

六、身心障礙者保護業務之執行事項。

七、直轄市、縣（市）轄區身心障礙者資料統整及福利服務整合執行事項。

八、直轄市、縣（市）身心障礙福利機構之輔導設立、監督及評鑑事項。

九、民間參與身心障礙福利服務之推動及協助事項。

十、其他直轄市、縣（市）身心障礙福利服務權益保障之策劃及
　　督導事項。

第5條　本法所稱身心障礙者，指下列各款身體系統構造或功能，有損
　　　　傷或不全導致顯著偏離或喪失，影響其活動與參與社會生活，
　　　　經醫事、社會工作、特殊教育與職業輔導評量等相關專業人員
　　　　組成之專業團隊鑑定及評估，領有身心障礙證明者：

一、神經系統構造及精神、心智功能。

二、眼、耳及相關構造與感官功能及疼痛。

三、涉及聲音與言語構造及其功能。

四、循環、造血、免疫與呼吸系統構造及其功能。

五、消化、新陳代謝與內分泌系統相關構造及其功能。

六、泌尿與生殖系統相關構造及其功能。

七、神經、肌肉、骨骼之移動相關構造及其功能。

八、皮膚與相關構造及其功能。

第6條　直轄市、縣（市）主管機關受理身心障礙者申請鑑定時，應交
　　　　衛生主管機關指定相關機構或專業人員組成專業團隊，進行鑑
　　　　定並完成身心障礙鑑定報告。

　　　　前項鑑定報告，至遲應於完成後十日內送達申請人戶籍所在地之
　　　　衛生主管機關。衛生主管機關除核發鑑定費用外，至遲應將該鑑
　　　　定報告於十日內核轉直轄市、縣（市）主管機關辦理。

　　　　第一項身心障礙鑑定機構或專業人員之指定、鑑定人員之資格條
　　　　件、身心障礙類別之程度分級、鑑定向度與基準、鑑定方法、工
　　　　具、作業方式及其他應遵行事項之辦法，由中央衛生主管機關定
　　　　之。

　　　　辦理有關障礙鑑定服務所需之項目及費用，應由直轄市、縣
　　　　（市）衛生主管機關編列預算支應，並由中央衛生主管機關協調
　　　　直轄市、縣（市）衛生主管機關公告規範之。

第7條　直轄市、縣（市）主管機關應於取得衛生主管機關所核轉之身

心障礙鑑定報告後，籌組專業團隊進行需求評估。

前項需求評估，應依身心障礙者障礙類別、程度、家庭經濟情況、照顧服務需求、家庭生活需求、社會參與需求等因素為之。

直轄市、縣（市）主管機關對於設籍於轄區內依前項評估合於規定者，應核發身心障礙證明，據以提供所需之福利及服務。

第一項評估作業得併同前條鑑定作業辦理，有關評估作業與鑑定作業併同辦理事宜、評估專業團隊人員資格條件、評估工具、作業方式及其他應遵行事項之辦法，由中央主管機關會同中央衛生主管機關定之。

第8條　各級政府相關目的事業主管機關，應本預防原則，針對遺傳、疾病、災害、環境污染及其他導致身心障礙因素，有計畫推動生育保健、衛生教育等工作，並進行相關社會教育及宣導。

第9條　主管機關及各目的事業主管機關應置專責人員辦理本法規定相關事宜；其人數應依業務增減而調整之。

身心障礙者福利相關業務應遴用專業人員辦理。

第10條　主管機關應遴聘（派）身心障礙者或其監護人代表、身心障礙福利學者或專家、民意代表與民間相關機構、團體代表及各目的事業主管機關代表辦理身心障礙者權益保障事項；其中遴聘身心障礙者或其監護人代表及民間相關機構、團體代表之比例，不得少於三分之一。

前項之代表，單一性別不得少於三分之一。

第一項權益保障事項包括：

一、整合規劃、研究、諮詢、協調推動促進身心障礙者權益保障相關事宜。

二、受理身心障礙者權益受損協調事宜。

三、其他促進身心障礙者權益及福利保障相關事宜。

第一項權益保障事項與運作、前項第二款身心障礙權益受損協調之處理及其他應遵行事項之辦法，由各級主管機關定之。

第11條　各級政府應至少每五年舉辦身心障礙者之生活狀況、保健醫

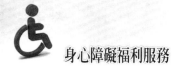

療、特殊教育、就業與訓練、交通及福利等需求評估及服務調查研究，並應出版、公布調查研究結果。

行政院每十年辦理全國人口普查時，應將身心障礙者人口調查納入普查項目。

第12條　身心障礙福利經費來源如下：

一、各級政府按年編列之身心障礙福利預算。

二、社會福利基金。

三、身心障礙者就業基金。

四、私人或團體捐款。

五、其他收入。

前項第一款身心障礙福利預算，應以前條之調查報告為依據，按年從寬編列。

第一項第一款身心障礙福利預算，直轄市、縣（市）主管機關財政確有困難者，應由中央政府補助，並應專款專用。

第13條　身心障礙者對障礙鑑定及需求評估有異議者，應於收到通知書之次日起三十日內，以書面向直轄市、縣（市）主管機關提出申請重新鑑定及需求評估，並以一次為限。

依前項申請重新鑑定及需求評估，應負擔百分之四十之相關作業費用；其異議成立者，應退還之。

逾期申請第一項重新鑑定及需求評估者，其相關作業費用，應自行負擔。

第14條　身心障礙證明有效期限最長為五年，身心障礙者應於效期屆滿前九十日內向戶籍所在地之直轄市、縣（市）主管機關申請辦理重新鑑定及需求評估。

身心障礙者於其證明效期屆滿前六十日尚未申請辦理重新鑑定及需求評估者，直轄市、縣（市）主管機關應以書面通知其辦理。但其障礙類別屬中央衛生主管機關規定無法減輕或恢復，無須重新鑑定者，得免予書面通知，由直轄市、縣（市）主管機關逕予核發身心障礙證明，或視個案狀況進行需求評估後，

核發身心障礙證明。

身心障礙者如有正當理由，無法於效期屆滿前申請重新鑑定及
需求評估者，應於效期屆滿前附具理由提出申請，經直轄市、
縣（市）主管機關認定具有正當理由者，得於效期屆滿後六十
日內辦理。

身心障礙者障礙情況改變時，應自行向直轄市、縣（市）主管
機關申請重新鑑定及需求評估。

直轄市、縣（市）主管機關發現身心障礙者障礙情況改變時，
得以書面通知其於六十日內辦理重新鑑定與需求評估。

第15條　依前條第一項至第三項規定辦理重新鑑定及需求評估者，於原
　　　　證明效期屆滿至新證明生效期間，得經直轄市、縣（市）主管
　　　　機關註記後，暫以原證明繼續享有本法所定相關權益。

　　　　經重新鑑定結果，其障礙程度有變更者，其已依前項規定以原
　　　　證明領取之補助，應由直轄市、縣（市）主管機關於新證明生
　　　　效後，依新證明之補助標準予以追回或補發。

　　　　身心障礙者於障礙事實消失或死亡時，其本人、家屬或利害關
　　　　係人，應將其身心障礙證明繳還直轄市、縣（市）主管機關辦
　　　　理註銷；未繳還者，由直轄市、縣（市）主管機關逕行註銷，
　　　　並取消本法所定相關權益或追回所溢領之補助。

第16條　身心障礙者之人格及合法權益，應受尊重及保障，對其接受教
　　　　育、應考、進用、就業、居住、遷徙、醫療等權益，不得有歧
　　　　視之對待。

　　　　公共設施場所營運者，不得使身心障礙者無法公平使用設施、
　　　　設備或享有權利。

　　　　公、私立機關（構）、團體、學校與企業公開辦理各類考試，
　　　　應依身心障礙應考人個別障礙需求，在考試公平原則下，提供
　　　　多元化適性協助，以保障身心障礙者公平應考機會。

第17條　身心障礙者依法請領各項現金給付或補助，得檢具直轄市、縣
　　　　（市）主管機關出具之證明文件，於金融機構開立專戶，並載

明金融機構名稱、地址、帳號及戶名，報直轄市、縣（市）主管機關核可後，專供存入各項現金給付或補助之用。

前項專戶內之存款，不得作為抵銷、扣押、供擔保或強制執行之標的。

第18條　直轄市、縣（市）主管機關應建立通報系統，並由下列各級相關目的事業主管機關負責彙送資訊，以掌握身心障礙者之情況，適時提供服務或轉介：

一、衛生主管機關：疑似身心障礙者、發展遲緩或異常兒童資訊。

二、教育主管機關：疑似身心障礙學生資訊。

三、勞工主管機關：職業傷害資訊。

四、警政主管機關：交通事故資訊。

五、戶政主管機關：身心障礙者人口異動資訊。

直轄市、縣（市）主管機關受理通報後，應即進行初步需求評估，並於三十日內主動提供協助服務或轉介相關目的事業主管機關。

第19條　各級主管機關及目的事業主管機關應依服務需求之評估結果，提供個別化、多元化之服務。

第20條　為促進身心障礙輔具資源整合、研究發展及服務，中央主管機關應整合各目的事業主管機關推動辦理身心障礙輔具資源整合、研究發展及服務等相關事宜。

前項輔具資源整合、研究發展及服務辦法，由中央主管機關定之。

第二章　保健醫療權益

第21條　中央衛生主管機關應規劃整合醫療資源，提供身心障礙者健康維護及生育保健。

直轄市、縣（市）主管機關應定期舉辦身心障礙者健康檢查及

保健服務，並依健康檢查結果及身心障礙者意願，提供追蹤服務。

前項保健服務、追蹤服務、健康檢查項目及方式之準則，由中央衛生主管機關會同中央主管機關定之。

第22條　各級衛生主管機關應整合醫療資源，依身心障礙者個別需求提供保健醫療服務，並協助身心障礙福利機構提供所需之保健醫療服務。

第23條　醫院應為身心障礙者設置服務窗口，提供溝通服務或其他有助於就醫之相關服務。

醫院應為住院之身心障礙者提供出院準備計畫；出院準備計畫應包括下列事項：

一、居家照護建議。

二、復健治療建議。

三、社區醫療資源轉介服務。

四、居家環境改善建議。

五、輔具評估及使用建議。

六、轉銜服務。

七、生活重建服務建議。

八、心理諮商服務建議。

九、其他出院準備相關事宜。

前項出院準備計畫之執行，應由中央衛生主管機關列入醫院評鑑。

第24條　直轄市、縣（市）衛生主管機關應依據身心障礙者人口數及就醫需求，指定醫院設立身心障礙者特別門診。

前項設立身心障礙者特別門診之醫院資格條件、診療科別、人員配置、醫療服務設施與督導考核及獎勵辦法，由中央衛生主管機關定之。

第25條　為加強身心障礙者之保健醫療服務，直轄市、縣（市）衛生主管機關應依據各類身心障礙者之人口數及需要，設立或獎助設

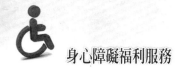

立醫療復健機構及護理之家,提供醫療復健、輔具服務、日間照護及居家照護等服務。

前項所定機構及服務之獎助辦法,由中央衛生主管機關定之。

第26條 身心障礙者醫療復健所需之醫療費用及醫療輔具,尚未納入全民健康保險給付範圍者,直轄市、縣(市)主管機關應依需求評估結果補助之。

前項補助辦法,由中央衛生主管機關會同中央主管機關定之。

第三章　教育權益

第27條 各級教育主管機關應根據身心障礙者人口調查之資料,規劃特殊教育學校、特殊教育班或以其他方式教育不能就讀於普通學校或普通班級之身心障礙者,以維護其受教育之權益。

各級學校對於經直轄市、縣(市)政府鑑定安置入學或依各級學校入學方式入學之身心障礙者,不得以身心障礙、尚未設置適當設施或其他理由拒絕其入學。

各級特殊教育學校、特殊教育班之教師,應具特殊教育教師資格。

第一項身心障礙學生無法自行上下學者,應由政府免費提供交通工具;確有困難,無法提供者,應補助其交通費;直轄市、縣(市)教育主管機關經費不足者,由中央教育主管機關補助之。

第28條 各級教育主管機關應主動協助身心障礙者就學;並應主動協助正在接受醫療、社政等相關單位服務之身心障礙學齡者,解決其教育相關問題。

第29條 各級教育主管機關應依身心障礙者之家庭經濟條件,優惠其本人及其子女受教育所需相關經費;其辦法,由中央教育主管機關定之。

第30條 各級教育主管機關辦理身心障礙者教育及入學考試時,應依其

障礙類別與程度及學習需要，提供各項必需之專業人員、特殊教材與各種教育輔助器材、無障礙校園環境、點字讀物及相關教育資源，以符公平合理接受教育之機會與應考條件。

第30-1條　中央教育主管機關應依視覺功能障礙者、學習障礙者、聽覺障礙者或其他感知著作有困難之特定身心障礙者之需求，考量資源共享及廣泛利用現代化數位科技，由其指定之圖書館專責規劃、整合及典藏，以可接觸之數位格式提供圖書資源，以利視覺功能障礙者及其他特定身心障礙者之運用。

前項受指定之圖書館，對於視覺功能障礙者及前項其他特定身心障礙者提出需求之圖書資源，應優先提供。

第一項規劃、整合與典藏之內容、利用方式及所需費用補助等辦法，由中央教育主管機關定之。

第30-2條　經中央教育主管機關審定之教科用書，其出版者應於該教科用書出版時，向中央教育主管機關指定之機關（構）或學校提供所出版教科用書之數位格式，以利製作專供視覺功能障礙者及前條第一項其他特定身心障礙者接觸之無障礙格式。各級政府機關（構）出版品亦同。

前項所稱數位格式由中央教育主管機關指定之。

第31條　各級教育主管機關應依身心障礙者教育需求，規劃辦理學前教育，並獎勵民間設立學前機構，提供課後照顧服務，研發教具教材等服務。

公立幼稚園、托兒所、課後照顧服務，應優先收托身心障礙兒童，辦理身心障礙幼童學前教育、托育服務及相關專業服務；並獎助民間幼稚園、托兒所、課後照顧服務收托身心障礙兒童。

第32條　身心障礙者繼續接受高級中等以上學校之教育，各級教育主管機關應予獎助；其獎助辦法，由中央教育主管機關定之。

中央教育主管機關應積極鼓勵輔導大專校院開辦按摩、理療按摩或醫療按摩相關科系，並應保障視覺功能障礙者入學及就學

機會。

前二項學校提供身心障礙者無障礙設施，得向中央教育主管機關申請補助。

第四章　就業權益

第33條　各級勞工主管機關應依身心障礙者之需求，自行或結合民間資源，提供無障礙個別化職業重建服務。

前項所定職業重建服務，包括職業輔導評量、職業訓練、就業服務、職務再設計、創業輔導及其他職業重建服務。

第34條　各級勞工主管機關對於具有就業意願及就業能力，而不足以獨立在競爭性就業市場工作之身心障礙者，應依其工作能力，提供個別化就業安置、訓練及其他工作協助等支持性就業服務。

各級勞工主管機關對於具有就業意願，而就業能力不足，無法進入競爭性就業市場，需長期就業支持之身心障礙者，應依其職業輔導評量結果，提供庇護性就業服務。

第35條　直轄市、縣（市）勞工主管機關為提供第三十三條第二項之職業訓練、就業服務及前條之庇護性就業服務，應推動設立下列機構：

一、職業訓練機構。

二、就業服務機構。

三、庇護工場。

前項各款機構得單獨或綜合設立。機構設立因業務必要使用所需基地為公有，得經該公有基地管理機關同意後，無償使用。

第一項之私立職業訓練機構、就業服務機構、庇護工場，應向當地直轄市、縣（市）勞工主管機關申請設立許可，經發給許可證後，始得提供服務。

未經許可，不得提供第一項之服務。但依法設立之機構、團體或學校接受政府委託辦理者，不在此限。

第一項機構之設立許可、設施與專業人員配置、資格、遴用、培訓及經費補助之相關準則，由中央勞工主管機關定之。

第36條　各級勞工主管機關應結合相關資源，協助庇護工場營運及產品推廣。

第37條　各級勞工主管機關應分別訂定計畫，自行或結合民間資源辦理第三十三條第二項職業輔導評量、職務再設計及創業輔導。

前項服務之實施方式、專業人員資格及經費補助之相關準則，由中央勞工主管機關定之。

第38條　各級政府機關、公立學校及公營事業機構員工總人數在三十四人以上者，進用具有就業能力之身心障礙者人數，不得低於員工總人數百分之三。

私立學校、團體及民營事業機構員工總人數在六十七人以上者，進用具有就業能力之身心障礙者人數，不得低於員工總人數百分之一，且不得少於一人。

前二項各級政府機關、公、私立學校、團體及公、民營事業機構為進用身心障礙者義務機關（構）；其員工總人數及進用身心障礙者人數之計算方式，以各義務機關（構）每月一日參加勞保、公保人數為準；第一項義務機關（構）員工員額經核定為員額凍結或列為出缺不補者，不計入員工總人數。

前項身心障礙員工之月領薪資未達勞動基準法按月計酬之基本工資數額者，不計入進用身心障礙者人數及員工總人數。但從事部分工時工作，其月領薪資達勞動基準法按月計酬之基本工資數額二分之一以上者，進用二人得以一人計入身心障礙者人數及員工總人數。

辦理庇護性就業服務之單位進用庇護性就業之身心障礙者，不計入進用身心障礙者人數及員工總人數。

依第一項、第二項規定進用重度以上身心障礙者，每進用一人以二人核計。

警政、消防、關務、國防、海巡、法務及航空站等單位定額進

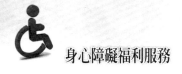

用總人數之計算範圍，得於本法施行細則另定之。

依前項規定不列入定額進用總人數計算範圍之單位，其職務應經職務分析，並於三年內完成。

前項職務分析之標準及程序，由中央勞工主管機關另定之。

第38-1條　事業機構依公司法成立關係企業之進用身心障礙者人數達員工總人數百分之二十以上者，得與該事業機構合併計算前條之定額進用人數。

事業機構依前項規定投資關係企業達一定金額或僱用一定人數之身心障礙者應予獎勵與輔導。

前項投資額、僱用身心障礙者人數、獎勵與輔導及第一項合併計算適用條件等辦法，由中央各目的事業主管機關會同中央勞工主管機關定之。

第39條　各級政府機關、公立學校及公營事業機構為進用身心障礙者，應洽請考試院依法舉行身心障礙人員特種考試，並取消各項公務人員考試對身心障礙人員體位之不合理限制。

第40條　進用身心障礙者之機關（構），對其所進用之身心障礙者，應本同工同酬之原則，不得為任何歧視待遇，其所核發之正常工作時間薪資，不得低於基本工資。

庇護性就業之身心障礙者，得依其產能核薪；其薪資，由進用單位與庇護性就業者議定，並報直轄市、縣（市）勞工主管機關核備。

第41條　經職業輔導評量符合庇護性就業之身心障礙者，由辦理庇護性就業服務之單位提供工作，並由雙方簽訂書面契約。

接受庇護性就業之身心障礙者，經第三十四條之職業輔導評量單位評量確認不適於庇護性就業時，庇護性就業服務單位應依其實際需求提供轉銜服務，並得不發給資遣費。

第42條　身心障礙者於支持性就業、庇護性就業時，雇主應依法為其辦理參加勞工保險、全民健康保險及其他社會保險，並依相關勞動法規確保其權益。

庇護性就業者之職業災害補償所採薪資計算之標準，不得低於基本工資。

庇護工場給付庇護性就業者之職業災害補償後，得向直轄市、縣（市）勞工主管機關申請補助；其補助之資格條件、期間、金額、比率及方式之辦法，由中央勞工主管機關定之。

第43條　為促進身心障礙者就業，直轄市、縣（市）勞工主管機關應設身心障礙者就業基金；其收支、保管及運用辦法，由直轄市、縣（市）勞工主管機關定之。

進用身心障礙者人數未達第三十八條第一項、第二項標準之機關（構），應定期向所在地直轄市、縣（市）勞工主管機關之身心障礙者就業基金繳納差額補助費；其金額，依差額人數乘以每月基本工資計算。

直轄市、縣（市）勞工主管機關之身心障礙者就業基金，每年應就收取前一年度差額補助費百分之三十撥交中央勞工主管機關之就業安定基金統籌分配；其提撥及分配方式，由中央勞工主管機關定之。

第44條　前條身心障礙者就業基金之用途如下：

一、補助進用身心障礙者達一定標準以上之機關（構），因進用身心障礙者必須購置、改裝、修繕器材、設備及其他為協助進用必要之費用。

二、核發超額進用身心障礙者之私立機構獎勵金。

三、其他為辦理促進身心障礙者就業權益相關事項。

前項第二款核發之獎勵金，其金額最高按超額進用人數乘以每月基本工資二分之一計算。

第45條　各級勞工主管機關對於進用身心障礙者工作績優之機關（構），應予獎勵。

前項獎勵辦法，由中央勞工主管機關定之。

第46條　非視覺功能障礙者，不得從事按摩業。

各級勞工主管機關為協助視覺功能障礙者從事按摩及理療按摩

工作，應自行或結合民間資源，輔導提升其專業技能、經營管理能力，並補助其營運所需相關費用。

前項輔導及補助對象、方式及其他應遵行事項之辦法，由中央勞工主管機關定之。

醫療機構得僱用視覺功能障礙者於特定場所從事非醫療按摩工作。

醫療機構、車站、民用航空站、公園營運者及政府機關（構），不得提供場所供非視覺功能障礙者從事按摩或理療按摩工作。其提供場地供視覺功能障礙者從事按摩或理療按摩工作者應予優惠。

第一項規定於中華民國一百年十月三十一日失其效力。

第46-1條　政府機關（構）及公營事業自行或委託辦理諮詢性電話服務工作，電話值機人數在十人以上者，除其他法規另有規定外，應進用視覺功能障礙者達電話值機人數十分之一以上。但因工作性質特殊或進用確有困難，報經電話值機所在地直轄市、縣（市）勞工主管機關同意者，不在此限。

於前項但書所定情形，電話值機所在地直轄市、縣（市）勞工主管機關與自行或委託辦理諮詢性電話服務工作之機關相同者，應報經中央勞工主管機關同意。

第47條　為因應身心障礙者提前老化，中央勞工主管機關應建立身心障礙勞工提早退休之機制，以保障其退出職場後之生活品質。

第五章　支持服務

第48條　為使身心障礙者不同之生涯福利需求得以銜接，直轄市、縣（市）主管機關相關部門，應積極溝通、協調，制定生涯轉銜計畫，以提供身心障礙者整體性及持續性服務。

前項生涯轉銜計畫服務流程、模式、資料格式及其他應遵行事項之辦法，由中央主管機關會同中央目的事業主管機關定之。

第49條　身心障礙者支持服務，應依多元連續服務原則規劃辦理。

　　　　直轄市、縣（市）主管機關應自行或結合民間資源提供支持服務，並不得有設籍時間之限制。

第50條　直轄市、縣（市）主管機關應依需求評估結果辦理下列服務，提供身心障礙者獲得所需之個人支持及照顧，促進其生活品質、社會參與及自立生活：

　　　　一、居家照顧。

　　　　二、生活重建。

　　　　三、心理重建。

　　　　四、社區居住。

　　　　五、婚姻及生育輔導。

　　　　六、日間及住宿式照顧。

　　　　七、家庭托顧。

　　　　八、課後照顧。

　　　　九、自立生活支持服務。

　　　　十、其他有關身心障礙者個人照顧之服務。

第51條　直轄市、縣（市）主管機關應依需求評估結果辦理下列服務，以提高身心障礙者家庭生活品質：

　　　　一、臨時及短期照顧。

　　　　二、照顧者支持。

　　　　三、照顧者訓練及研習。

　　　　四、家庭關懷訪視及服務。

　　　　五、其他有助於提昇家庭照顧者能力及其生活品質之服務。

　　　　前條及前項之服務措施，中央主管機關及中央各目的事業主管機關於必要時，應就其內容、實施方式、服務人員之資格、訓練及管理規範等事項，訂定辦法管理之。

第52條　各級及各目的事業主管機關應辦理下列服務，以協助身心障礙者參與社會：

　　　　一、休閒及文化活動。

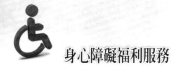

二、體育活動。

三、公共資訊無障礙。

四、公平之政治參與。

五、法律諮詢及協助。

六、無障礙環境。

七、輔助科技設備及服務。

八、社會宣導及社會教育。

九、其他有關身心障礙者社會參與之服務。

前項服務措施屬付費使用者，應予以減免費用。

第一項第三款所稱公共資訊無障礙，係指應對利用網路、電信、廣播、電視等設施者，提供視、聽、語等功能障礙國民無障礙閱讀、觀看、轉接或傳送等輔助、補助措施。

前項輔助及補助措施之內容、實施方式及管理規範等事項，由各中央目的事業主管機關定之。

第一項除第三款之服務措施，中央主管機關及中央各目的事業主管機關，應就其內容及實施方式制定實施計畫。

第52-1條　中央目的事業主管機關，每年應主動蒐集各國軟、硬體產品無障礙設計規範（標準），訂定各類產品設計或服務提供之國家無障礙規範（標準），並藉由獎勵與認證措施，鼓勵產品製造商或服務提供者於產品開發、生產或服務提供時，符合前項規範（標準）。

中央目的事業主管機關應就前項獎勵內容、資格、對象及產品或服務的認證標準，訂定辦法管理之。

第52-2條　各級政府及其附屬機關（構）、學校所建置之網站，應通過第一優先等級以上之無障礙檢測，並取得認證標章。

前項檢測標準、方式、頻率與認證標章核發辦法，由目的事業主管機關定之。

第53條　各級交通主管機關應依實際需求，邀集相關身心障礙者團體代表、當地運輸營運者及該管社政主管機關共同研商，於運輸營

運者所服務之路線、航線或區域內，規劃適當路線、航線、班次、客車（機船）廂（艙），提供無障礙運輸服務。

大眾運輸工具應依前項研商結果，規劃設置便於各類身心障礙者行動與使用之無障礙設施及設備。未提供對號座之大眾運輸工具應設置供身心障礙者及老弱婦孺優先乘坐之博愛座，其比率不低於總座位數百分之十五，座位應設於鄰近車門、艙門或出入口處，至車門、艙門或出入口間之地板應平坦無障礙，並視需要標示或播放提醒禮讓座位之警語。

國內航空運輸業者除民航主管機關所訂之安全因素外，不得要求身心障礙者接受特殊限制或拒絕提供運輸服務。

第二項大眾運輸工具無障礙設施項目、設置方式及其他應遵行事項之辦法，應包括鐵路、公路、捷運、空運、水運等，由中央交通主管機關分章節定之。

第54條　市區道路、人行道及市區道路兩旁建築物之騎樓，應符合中央目的事業主管機關所規定之無障礙相關法規。

第55條　有關道路無障礙之標誌、標線、號誌及識別頻率等，由中央目的事業主管機關定之。

直轄市、縣（市）政府應依前項規定之識別頻率，推動視覺功能障礙語音號誌及語音定位。

第56條　公共停車場應保留百分之二停車位，作為行動不便之身心障礙者專用停車位，車位未滿五十個之公共停車場，至少應保留一個身心障礙者專用停車位。非領有專用停車位識別證明者，不得違規占用。

前項專用停車位識別證明，應依需求評估結果核發。

第一項專用停車位之設置地點、空間規劃、使用方式、識別證明之核發及違規占用之處理，由中央主管機關會同交通、營建等相關單位定之。

提供公眾服務之各級政府機關、公、私立學校、團體及公、民營事業機構設有停車場者，應依前三項辦理。

第57條　新建公共建築物及活動場所，應規劃設置便於各類身心障礙者行動與使用之設施及設備。未符合規定者，不得核發建築執照或對外開放使用。

公共建築物及活動場所應至少於其室外通路、避難層坡道及扶手、避難層出入口、室內出入口、室內通路走廊、樓梯、升降設備、哺（集）乳室、廁所盥洗室、浴室、輪椅觀眾席位周邊、停車場等其他必要處設置無障礙設備及設施。其項目與規格，由中央目的事業主管機關於其相關法令定之。

公共建築物及活動場所之無障礙設備及設施不符合前項規定者，各級目的事業主管機關應令其所有權人或管理機關負責人改善。但因軍事管制、古蹟維護、自然環境因素、建築物構造或設備限制等特殊情形，設置無障礙設備及設施確有困難者，得由所有權人或管理機關負責人提具替代改善計畫，申報各級目的事業主管機關核定，並核定改善期限。

第58條　身心障礙者搭乘國內大眾運輸工具，憑身心障礙證明，應予半價優待。

身心障礙者經需求評估結果，認需人陪伴者，其必要陪伴者以一人為限，得享有前項之優待措施。

第一項之大眾運輸工具，身心障礙者得優先乘坐，其優待措施並不得有設籍之限制。

國內航空業者除民航主管機關所訂之安全因素外，不認同身心障礙者可單獨旅行，而特別要求應有陪伴人共同飛行者，不得向陪伴人收費。

前四項實施方式及內容之辦法，由中央目的事業主管機關定之。

第58-1條　直轄市、縣（市）主管機關辦理復康巴士服務，自中華民國一百零一年一月一日起不得有設籍之限制。

第59條　身心障礙者進入收費之公營或公設民營風景區、康樂場所或文教設施，憑身心障礙證明應予免費；其為民營者，應予半價優

待。

身心障礙者經需求評估結果，認需人陪伴者，其必要陪伴者以一人為限，得享有前項之優待措施。

第60條　視覺功能障礙者由合格導盲犬陪同或導盲犬專業訓練人員於執行訓練時帶同導盲幼犬，得自由出入公共場所、公共建築物、營業場所、大眾運輸工具及其他公共設施。

前項公共場所、公共建築物、營業場所、大眾運輸工具及其他公共設施之所有人、管理人或使用人，不得對導盲幼犬及合格導盲犬收取額外費用，且不得拒絕其自由出入或附加其他出入條件。

導盲犬引領視覺功能障礙者時，他人不得任意觸摸、餵食或以各種聲響、手勢等方式干擾該導盲犬。

有關合格導盲犬及導盲幼犬之資格認定、使用管理、訓練單位之認可、認可之撤銷或廢止及其他應遵行事項之辦法，由中央主管機關定之。

第60-1條　中央主管機關應會同中央勞工主管機關協助及輔導直轄市、縣（市）政府辦理視覺功能障礙者生活及職業重建服務。

前項服務應含生活技能及定向行動訓練，其服務內容及專業人員培訓等相關規定，由中央主管機關會同中央勞工主管機關定之。

第二項於本條文修正公布後二年施行。

第61條　直轄市、縣（市）政府應設置申請手語翻譯服務窗口，依聽覺功能或言語功能障礙者實際需求，提供其參與公共事務所需之服務。

前項受理手語翻譯之服務範圍及作業程序等相關規定，由直轄市、縣（市）主管機關定之。

依第一項規定提供手語翻譯服務，應於本法公布施行滿五年之日起，由手語翻譯技術士技能檢定合格者擔任之。

第62條　直轄市、縣（市）主管機關應按轄區內身心障礙者人口特性及

需求，推動或結合民間資源設立身心障礙福利機構，提供生活照顧、生活重建、福利諮詢等服務。

前項機構所提供之服務，應以提高家庭照顧身心障礙者能力及協助身心障礙者參與社會為原則，並得支援第五十條至第五十二條各項服務之提供。

第一項機構類型、規模、業務範圍、設施及人員配置之標準，由中央主管機關定之。

第一項機構得就其所提供之設施或服務，酌收必要費用；其收費規定，應報由直轄市、縣（市）主管機關核定。

第一項機構，其業務跨及其他目的事業者，得綜合設立，並應依各目的事業主管機關相關法規之規定辦理。

第63條　私人或團體設立身心障礙福利機構，應向直轄市、縣（市）主管機關申請設立許可。

依前項規定許可設立者，應自許可設立之日起三個月內，依有關法規辦理財團法人登記，於登記完成後，始得接受補助，或經主管機關核准後對外募捐並專款專用。但有下列情形之一者，得免辦理財團法人登記：

一、依其他法律申請設立之財團法人或公益社團法人申請附設者。

二、小型設立且不對外募捐、不接受補助及不享受租稅減免者。

第一項機構未於前項規定期間辦理財團法人登記，而有正當理由者，得申請直轄市、縣（市）主管機關核准延長一次，期間不得超過三個月；屆期不辦理者，原許可失其效力。

第一項機構申請設立之許可要件、申請程序、審核期限、撤銷與廢止許可、停辦、擴充與遷移、督導管理及其他相關事項之辦法，由中央主管機關定之。

第63-1條　有下列情事之一者，不得擔任身心障礙福利機構之業務負責人：

一、有施打毒品、暴力犯罪、性騷擾、性侵害行為，經有罪判
　　決確定。

二、行為不檢損害身心障礙者權益，其情節重大，經有關機關
　　查證屬實。

主管機關對前項負責人應主動進行查證。

現職工作人員於身心障礙福利機構服務期間有第一項各款情事
之一者，身心障礙福利機構應即停止其職務，並依相關規定予
以調職、資遣、令其退休或終止勞動契約。

第64條　各級主管機關應定期輔導、查核及評鑑身心障礙福利機構，其
　　　　輔導、查核及改善情形應納入評鑑指標項目，其評鑑結果應分
　　　　為以下等第：

一、優等。

二、甲等。

三、乙等。

四、丙等。

五、丁等。

前項機構經評鑑成績優等及甲等者，應予獎勵；經評鑑成績為
丙等及丁等者，主管機關應輔導其改善。

第一項機構之定期輔導、查核及評鑑之項目、方式、獎勵及輔
導、改善等事項之辦法，由中央主管機關定之。

第65條　身心障礙福利機構應與接受服務者或其家屬訂定書面契約，明
　　　　定其權利義務關係。

直轄市、縣（市）主管機關應與接受委託安置之身心障礙福利
機構訂定轉介安置書面契約，明定其權利義務關係。

前二項書面契約之格式、內容，中央主管機關應訂定定型化契
約範本及其應記載及不得記載事項。

身心障礙福利機構應將中央主管機關訂定之定型化契約書範本
公開並印製於收據憑證交付立約者，除另有約定外，視為已依
第一項規定訂約。

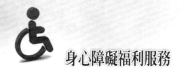

第66條 身心障礙福利機構應投保公共意外責任保險及具有履行營運之擔保能力，以保障身心障礙者權益。

前項應投保之保險範圍及金額，由中央主管機關會商中央目的事業主管機關定之。

第一項履行營運之擔保能力，其認定標準，由所在地直轄市、縣（市）主管機關定之。

第67條 身心障礙者申請在公有公共場所開設零售商店或攤販，申請購買或承租國民住宅、停車位，政府應保留一定比率優先核准；其保留比率，由直轄市、縣（市）政府定之。

前項受核准者之經營條件、出租轉讓限制，依各目的事業主管機關相關規定辦理；其出租、轉讓對象應以其他身心障礙者為優先。

身心障礙者購買或承租第一項之商店或攤販，政府應提供低利貸款或租金補貼；其辦法由中央主管機關定之。

第68條 身心障礙福利機構、團體及符合設立庇護工場資格者，申請在公共場所設立庇護工場，或申請在國民住宅提供居住服務，直轄市、縣（市）政府應保留名額，優先核准。

前項保留名額，直轄市、縣（市）目的事業主管機關於規劃興建時，應洽商直轄市、縣（市）主管機關後納入興建計畫辦理。

第一項受核准者之經營條件、出租轉讓限制，依各目的事業主管機關相關規定辦理；其出租、轉讓對象應以身心障礙福利相關機構或團體為限。

第69條 身心障礙福利機構或團體、庇護工場，所生產之物品及其提供之服務，於合理價格及一定金額以下者，各級政府機關、公立學校、公營事業機構及接受政府補助之機構、團體、私立學校應優先採購。

各級主管機關應定期公告或發函各義務採購單位，告知前項物品及服務，各義務採購單位應依相關法令規定，採購該物品及

服務至一定比率。

前二項物品及服務項目、比率、一定金額、合理價格、優先採購之方式及其他應遵行事項之辦法，由中央主管機關定之。

第69-1條　各級主管機關應輔導視覺功能障礙者設立以從事按摩為業務之勞動合作社。

前項勞動合作社之社員全數為視覺功能障礙，並依法經營者，其營業稅稅率應依加值型及非加值型營業稅法第十三條第一項規定課徵。

第六章　經濟安全

第70條　身心障礙者經濟安全保障，採生活補助、日間照顧及住宿式照顧補助、照顧者津貼、年金保險等方式，逐步規劃實施。

前項年金保險之實施，依相關社會保險法律規定辦理。

第71條　直轄市、縣（市）主管機關對轄區內之身心障礙者，應依需求評估結果，提供下列經費補助，並不得有設籍時間之限制：

一、生活補助費。

二、日間照顧及住宿式照顧費用補助。

三、醫療費用補助。

四、居家照顧費用補助。

五、輔具費用補助。

六、房屋租金及購屋貸款利息補貼。

七、購買停車位貸款利息補貼或承租停車位補助。

八、其他必要之費用補助。

前項經費申請資格、條件、程序、補助金額及其他相關事項之辦法，除本法及其他法規另有規定外，由中央主管機關及中央目的事業主管機關分別定之。

直轄市、縣（市）主管機關為辦理第一項第一款、第二款、第六款、第七款業務，應於會計年度終了前，主動將已核定補助

案件相關資料，併同有關機關提供之資料重新審核。但直轄市、縣（市）主管機關於申領人申領資格變更或審核認有必要時，得請申領人提供相關證明文件。

不符合請領資格而領取補助者，由直轄市、縣（市）主管機關以書面命本人自事實發生之日起六十日內繳還；屆期未繳還者，依法移送行政執行。

第72條　對於身心障礙者或其扶養者應繳納之稅捐，依法給予適當之減免。

納稅義務人或與其合併申報納稅之配偶或扶養親屬為身心障礙者，應准予列報身心障礙特別扣除額，其金額於所得稅法定之。

身心障礙者或其扶養者依本法規定所得之各項補助，應免納所得稅。

第73條　身心障礙者加入社會保險，政府機關應依其家庭經濟條件，補助保險費。

前項保險費補助辦法，由中央主管機關定之。

第七章　保護服務

第74條　傳播媒體報導身心障礙者或疑似身心障礙者，不得使用歧視性之稱呼或描述，並不得有與事實不符或誤導閱聽人對身心障礙者產生歧視或偏見之報導。

身心障礙者涉及相關法律事件，未經法院判決確定其發生原因可歸咎於當事人之疾病或其身心障礙狀況，傳播媒體不得將事件發生原因歸咎於當事人之疾病或其身心障礙狀況。

第75條　對身心障礙者不得有下列行為：

一、遺棄。

二、身心虐待。

三、限制其自由。

四、留置無生活自理能力之身心障礙者於易發生危險或傷害之
　　環境。

五、利用身心障礙者行乞或供人參觀。

六、強迫或誘騙身心障礙者結婚。

七、其他對身心障礙者或利用身心障礙者為犯罪或不正當之行
　　為。

第76條　醫事人員、社會工作人員、教育人員、警察人員、村（里）幹
事及其他執行身心障礙服務業務人員，知悉身心障礙者有前條
各款情形之一者，應立即向直轄市、縣（市）主管機關通報，
至遲不得超過二十四小時。

村（里）長及其他任何人知悉身心障礙者有前條情形者，得通
報直轄市、縣（市）主管機關。

前二項通報人之身分資料，應予保密。

直轄市、縣（市）主管機關知悉或接獲第一項及第二項通報
後，應自行或委託其他機關、團體進行訪視、調查，至遲不得
超過二十四小時，並應於受理案件後四日內提出調查報告。調
查時得請求警政、醫院及其他相關單位協助。

第一項、第二項及前項通報流程及後續處理辦法，由中央主管
機關定之。

第77條　依法令或契約對身心障礙者有扶養義務之人，有喪失扶養能力
或有違反第七十五條各款情形之一，致使身心障礙者有生命、
身體之危難或生活陷於困境之虞者，直轄市、縣（市）主管機
關得依本人、扶養義務人之申請或依職權，經調查評估後，予
以適當安置。

前項之必要費用，除直轄市、縣（市）主管機關依第七十一條
第一項第二款給予補助者外，由身心障礙者或扶養義務人負
擔。

第78條　身心障礙者遭受第七十五條各款情形之一者，情況危急非立即
給予保護、安置或其他處置，其生命、身體或自由有立即之危

險或有危險之虞者，直轄市、縣（市）主管機關應予緊急保護、安置或爲其他必要之處置。

直轄市、縣（市）主管機關爲前項緊急保護、安置或爲其他必要之處置時，得請求檢察官或當地警察機關協助。

第79條　前條之緊急安置服務，得委託相關身心障礙福利機構辦理。安置期間所必要之費用，由前條第一項之行爲人支付。

前項費用，必要時由直轄市、縣（市）主管機關先行支付，並檢具支出憑證影本及計算書，請求前條第一項之行爲人償還。

前項費用，經直轄市、縣（市）主管機關以書面定十日以上三十日以下期間催告償還，而屆期未償還者，得移送法院強制執行。

第80條　第七十八條身心障礙者之緊急保護安置，不得超過七十二小時；非七十二小時以上之安置，不足以保護身心障礙者時，得聲請法院裁定繼續保護安置。繼續保護安置以三個月爲限；必要時，得聲請法院裁定延長之。

繼續保護安置期間，直轄市、縣（市）主管機關應視需要，協助身心障礙者向法院提出監護或輔助宣告之聲請。

繼續保護安置期滿前，直轄市、縣（市）主管機關應經評估協助轉介適當之服務單位。

第81條　身心障礙者有受監護或輔助宣告之必要時，直轄市、縣（市）主管機關得協助其向法院聲請。受監護或輔助宣告之原因消滅時，直轄市、縣（市）主管機關得協助進行撤銷宣告之聲請。

有改定監護人或輔助人之必要時，直轄市、縣（市）主管機關應協助身心障礙者爲相關之聲請。

法院爲身心障礙者選定之監護人或輔助人爲社會福利機構、法人者，直轄市、縣（市）主管機關應對其執行監護或輔助職務進行監督；相關監督事宜之管理辦法，由中央主管機關定之。

第82條　直轄市、縣（市）主管機關、相關身心障礙福利機構，於社區中提供身心障礙者居住安排服務，遭受居民以任何形式反對

者，直轄市、縣（市）政府應協助其排除障礙。

第83條　為使無能力管理財產之身心障礙者財產權受到保障，中央主管機關應會同相關目的事業主管機關，鼓勵信託業者辦理身心障礙者財產信託。

第84條　法院或檢察機關於訴訟程序實施過程，身心障礙者涉訟或須作證時，應就其障礙類別之特別需要，提供必要之協助。

刑事被告或犯罪嫌疑人因智能障礙無法為完全之陳述時，直轄市、縣（市）主管機關得依刑事訴訟法第三十五條規定，聲請法院同意指派社會工作人員擔任輔佐人。

依刑事訴訟法第三十五條第一項規定得為輔佐人之人，未能擔任輔佐人時，社會福利機構、團體得依前項規定向直轄市、縣（市）主管機關提出指派申請。

第85條　身心障礙者依法收容於矯正機關時，法務主管機關應考量矯正機關收容特性、現有設施狀況及身心障礙者特殊需求，作必要之改善。

第八章　罰則

第86條　違反第十六條第一項規定，處新臺幣十萬元以上五十萬元以下罰鍰。

違反第七十四條規定，由目的事業主管機關處新臺幣十萬元以上五十萬元以下罰鍰。

第87條　違反第四十條第一項規定者，由直轄市、縣（市）勞工主管機關處新臺幣十萬元以上五十萬元以下罰鍰。

第88條　違反第五十七條第三項規定未改善或未提具替代改善計畫或未依核定改善計畫之期限改善完成者，各級目的事業主管機關除得勒令停止其使用外，處其所有權人或管理機關負責人新臺幣六萬元以上三十萬元以下罰鍰，並限期改善；屆期未改善者，得按次處罰至其改善完成為止；必要時，得停止供水、供電或

封閉、強制拆除。

前項罰鍰收入應成立基金，供作改善及推動無障礙設備與設施經費使用；基金之收支、保管及運用辦法，由中央目的事業主管機關定之。

第89條 設立身心障礙福利機構未依第六十三條第一項規定申請許可設立，或應辦理財團法人登記而未依第六十三條第二項或第三項規定期限辦理者，處其負責人新臺幣六萬元以上三十萬元以下罰鍰及公告其姓名，並令限期改善。

於前項限期改善期間，不得增加收容身心障礙者，違者另處其負責人新臺幣六萬元以上三十萬元以下罰鍰，並得按次處罰。

經依第一項規定限期令其改善，屆期未改善者，再處其負責人新臺幣十萬元以上五十萬元以下罰鍰，得按次處罰，並公告其名稱，且得令其停辦。

經依前項規定令其停辦而拒不遵守者，處新臺幣二十萬元以上一百萬元以下罰鍰，並得按次處罰。

第90條 身心障礙福利機構有下列情形之一，經主管機關查明屬實者，處新臺幣六萬元以上三十萬元以下罰鍰，並令限期改善；屆期未改善者，得按次處罰：

一、有第七十五條各款規定情形之一。

二、提供不安全之設施設備或供給不衛生之餐飲。

三、有其他重大情事，足以影響身心障礙者身心健康。

第91條 身心障礙福利機構停辦或決議解散時，主管機關對於該機構服務之身心障礙者，應即予適當之安置，身心障礙福利機構應予配合。不予配合者，強制實施之，並處新臺幣六萬元以上三十萬元以下罰鍰；必要時，得予接管。

前項接管之實施程序、期限與受接管機構經營權及財產管理權之限制等事項之辦法，由中央主管機關定之。

第一項停辦之機構完成改善時，得檢附相關資料及文件，向主管機關申請復業；經主管機關審核後，應將復業申請計畫書報

經中央主管機關備查。

第92條　身心障礙福利機構於主管機關依第九十條、第九十三條、第九十四條規定限期改善期間，不得增加收容身心障礙者，違者另處新臺幣六萬元以上三十萬元以下罰鍰，並得按次處罰。

經主管機關依第九十條、第九十三條第一款至第三款規定令其限期改善；屆期仍未改善者，得令其停辦一個月以上一年以下，並公告其名稱。

經主管機關依第九十三條第四款規定令其限期改善屆期仍未改善者，應令其停辦一個月以上一年以下，並公告其名稱。

停辦期限屆滿仍未改善或違反法令情節重大者，應廢止其許可；其屬法人者，得予解散。

依第二項、第三項規定令其停辦而拒不遵守者，再處新臺幣二十萬元以上一百萬元以下罰鍰，並得按次處罰。

第93條　主管機關依第六十四條第一項規定對身心障礙福利機構輔導或評鑑，發現有下列情形之一者，應令限期改善；屆期未改善者，處新臺幣五萬元以上二十五萬元以下罰鍰，並按次處罰：

一、業務經營方針與設立目的或捐助章程不符。

二、違反原許可設立之標準。

三、財產總額已無法達成目的事業或對於業務財務為不實之陳報。

四、經主管機關評鑑為丙等或丁等。

第94條　身心障礙福利機構有下列情形之一者，應令其一個月內改善；屆期未改善者，處新臺幣三萬元以上十五萬元以下罰鍰，並按次處罰：

一、收費規定未依第六十二條第四項規定報主管機關核定，或違反規定超收費用。

二、停辦、擴充或遷移未依中央主管機關依第六十三條第四項規定所定辦法辦理。

三、違反第六十五條第一項規定，未與接受服務者或其家屬訂

定書面契約或將不得記載事項納入契約。

四、違反第六十六條第一項規定，未投保公共意外責任險或未具履行營運擔保能力，而辦理身心障礙福利機構。

第95條　違反第七十五條各款規定情形之一者，處新臺幣三萬元以上十五萬元以下罰鍰，並得公告其姓名。

身心障礙者之家庭照顧者或家庭成員違反第七十五條各款規定情形之一者，直轄市、縣（市）主管機關應令其接受八小時以上五十小時以下之家庭教育及輔導，並收取必要之費用；其收費規定，由直轄市、縣（市）主管機關定之。

拒不接受前項家庭教育及輔導或時數不足者，處新臺幣三千元以上一萬五千元以下罰鍰，經再通知仍不接受者，得按次處罰至其參加為止。

第96條　有下列情形之一者，由直轄市、縣（市）勞工主管機關處新臺幣二萬元以上十萬元以下罰鍰：

一、職業訓練機構、就業服務機構、庇護工場，違反第三十五條第三項規定，經直轄市、縣（市）政府勞工主管機關令其停止提供服務，並限期改善，未停止服務或屆期未改善。

二、私立學校、團體及民營事業機構無正當理由違反第三十八條第二項規定。

第97條　接受政府補助之機構、團體、私立學校無正當理由違反第六十九條第二項規定者，由各目的事業主管機關處新臺幣二萬元以上十萬元以下罰鍰。

第98條　違反第四十六條第一項者，由直轄市、縣（市）勞工主管機關處新臺幣一萬元以上五萬元以下罰鍰；其於營業場所內發生者，另處罰場所之負責人或所有權人新臺幣二萬元以上十萬元以下罰鍰，並令限期改善；屆期未改善者，按次處罰。

違反第四十六條第五項規定，直轄市、縣（市）勞工主管機關得令限期改善；屆期未改善者，處新臺幣一萬元以上五萬元以

下罰鍰，並得按次處罰。

前二項罰鍰之收入，應納入直轄市、縣（市）政府身心障礙者就業基金，專供作促進視覺功能障礙者就業之用。

第99條　國內航空運輸業者違反第五十三條第三項規定限制或拒絕提供身心障礙者運輸服務及違反第五十八條第四項規定而向陪伴者收費，或大眾運輸工具未依第五十三條第四項規定所定辦法設置無障礙設施者，該管交通主管機關應責令業者於一定期限內提具改善計畫，報請該管交通主管機關核定後辦理。逾期不提出計畫或未依計畫辦理改善者，處新臺幣一萬元以上五萬元以下罰鍰，並得按次處罰。原核定執行計畫於執行期間如有變更之必要者，得報請原核定機關同意後變更，並以一次為限。

公共停車場未依第五十六條第一項規定保留一定比率停車位者，目的事業主管機關應令限期改善；屆期未改善者，處其所有人或管理人新臺幣一萬元以上五萬元以下罰鍰。

第100條　違反第十六條第二項或第六十條第二項規定者，應令限期改善；屆期未改善者，處新臺幣一萬元以上五萬元以下罰鍰，並得按次處罰。

第101條　提供庇護性就業服務之單位違反第四十一條第一項規定者，直轄市、縣（市）勞工主管機關應令限期改善；屆期未改善者，處新臺幣六千元以上三萬元以下罰鍰，並得按次處罰。

第102條　公務員執行職務有下列行為之一者，應受懲處：

一、違反第十六條第一項規定。

二、無正當理由違反第三十八條第一項、第六十七條第一項、第六十八條第一項或第六十九條第二項規定。

第103條　各級政府勞工主管機關對於違反第三十八條第一項或第二項之規定者，得公告之。

未依第四十三條第二項規定定期繳納差額補助費者，自期限屆滿之翌日起至完納前一日止，每逾一日加徵其未繳差額補助費百分之零點二滯納金。

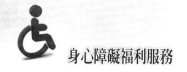

但以其未繳納之差額補助費一倍爲限。

前項滯納金之收入，應繳入直轄市、縣（市）政府身心障礙者就業基金專款專用。

第104條　本法所定罰則，除另有規定者外，由直轄市、縣（市）主管機關處罰之。

第104-1條　違反第五十九條規定者，經主管機關令限期改善，仍不改善者，予以警告；經警告仍不改善者，處新臺幣一萬元以上五萬元以下罰鍰；其情節重大者，並得公告其事業單位及負責人姓名。

第九章　附則

第105條　各級政府每年應向其民意機關報告本法之執行情形。

第106條　中華民國九十六年六月五日修正之條文全面施行前已領有身心障礙手冊者，應依直轄市、縣（市）主管機關指定期日及方式，辦理重新鑑定及需求評估或換發身心障礙證明；屆期未辦理者，直轄市、縣（市）主管機關得逕予註銷身心障礙手冊。

依前項規定辦理重新鑑定及需求評估或換發身心障礙證明之身心障礙者，於直轄市、縣（市）主管機關發給身心障礙證明前，得依中華民國九十六年六月五日修正之條文公布前之規定，繼續享有原有身心障礙福利服務。

無法於直轄市、縣（市）主管機關指定期日辦理重新鑑定及需求評估者，應於指定期日前，附具理由向直轄市、縣（市）主管機關申請展延，經認有正當理由者，得予展延，最長以六十日爲限。

中央社政及衛生主管機關應於中華民國九十六年六月五日修正之條文全面施行後三年內，協同直轄市、縣（市）主管機關對申請、申請重新鑑定或原領有手冊註記效期之身心障礙

者依本法第六條、第七條規定進行鑑定與評估，同時完成應遵行事項驗證、測量、修正等相關作業。

直轄市、縣（市）主管機關應於前項作業完成後四年內，完成第一項執永久效期手冊者之相關作業。

第107條　中華民國九十六年六月五日修正之第三十八條自公布後二年施行；第五條至第七條、第十三條至第十五條、第十八條、第二十六條、第五十條、第五十一條、第五十六條及第七十一條，自公布後五年施行；九十八年六月十二日修正之條文，自九十八年十一月二十三日施行。

第108條　本法施行細則，由中央主管機關定之。

第109條　本法除另定施行日期者外，自公布日施行。

導盲磚

附錄二　身心障礙者權益保障法施行細則

1. 中華民國70年4月30日內政部發布（殘障福利法施行細則）
2. 中華民國87年4月8日內政部修正發布（身心障礙者保護法施行細則）
3. 中華民國97年4月15日內政部修正發布（身心障礙者權益保障法施行細則）
4. 中華民國98年7月7日內政部修正
5. 中華民國101年7月3日內政部修正

第1條　本細則依身心障礙者權益保障法（以下簡稱本法）第一百零八條規定訂定之。

第2條　主管機關及各目的事業主管機關應依本法規定之權責，編訂年度預算規劃辦理。

第3條　本法第九條第一項所稱專責人員，指全職辦理身心障礙福利工作，未兼辦其他業務者。

　　　　本法第九條第二項所稱專業人員，指依規定遴用訓練，從事身心障礙相關福利工作之服務人員。

第4條　直轄市、縣（市）衛生主管機關應公告轄區內身心障礙鑑定之醫療機構。

第5條　刪除

第6條　刪除

第7條　依本法第十五條第三項所稱障礙事實消失，指經重新鑑定已非屬本法所稱身心障礙者，或已逾身心障礙手冊或證明所註明之有效時間者。

第8條　刪除

第9條　直轄市、縣（市）主管機關應對轄區內身心障礙者建立檔案，並按月將其基本資料送直轄市、縣（市）戶政主管機關比對；身心障礙者基本資料比對結果，應彙送直轄市、縣（市）主管機關。

第10條　刪除

第11條　本法第十六條第二項所定公共設施場所，包括下列場所：

一、道路、公園、綠地、廣場、游泳池、民用航空站、車站、停車場所、展覽場及電影院。

二、政府機關、學校、社教機構、體育場所、市場、醫院。

三、郵政、電信、自來水及電力等公用事業機構。

四、其他經中央主管機關認定之場所。

第12條　勞工主管機關得將其依本法第三十三條所定應提供之職業重建服務事項，委任所屬就業服務機構、職業訓練機構或委託相關機關（構）、學校、團體辦理。

第12-1條　本法第三十八條第三項所稱義務機關（構）員工員額經核定為員額凍結或列為出缺不補者，指經總統府、國家安全會議、五院及所屬一級機關、省政府、臺灣省諮議會、直轄市、縣（市）政府，以公文書核定現有人員出缺不再遴補之定期或不定期員額管理措施。

第13條　本法第三十八條第七項所定下列單位人員，不予計入員工總人數：

一、警政單位：依警察人員人事條例任官授階，擔任警勤區工作、犯罪偵　防、交通執法、群眾抗爭活動處理、人犯押送、戒護、刑事案件處理、警衛安全之警察任務之人員。

二、消防單位：實際從事救災救護之人員。

三、關務單位：擔任查緝、驗貨、機動巡查、押運、理船、燈塔管理、艦艇駕駛、輪機之人員。

四、國防單位：從事軍情工作之人員。

五、海巡單位：從事海岸、海域巡防、犯罪查緝、安全檢查、海難救助、海洋災害救護及漁業巡護之人員。

六、法務單位：擔任偵查、公訴、刑事執行、刑事及行政執行紀錄、法警事務、調查、矯正及駐衛警察工作之人員。

七、航空站：實際從事消防救災救護之人員。

第14條　進用身心障礙者義務機關（構），其進用身心障礙者人數，以整數為計算標準，未達整數部分不予計入。

第15條　進用身心障礙者義務機關（構），其人員有下列情事之一者，得不予計入員工總人數之計算：

一、因機關（構）裁減、歇業或停業，其人員被資遣、退休而自願繼續參加勞工保險。

二、經機關（構）依法核予留職停薪，仍繼續參加勞工保險或公教人員保險。

第16條　進用身心障礙者人數未達本法第三十八條第一項、第二項所定標準之機關（構），應於每月十日前，向所在地直轄市、縣（市）勞工主管機關設立之身心障礙者就業基金，繳納上月之差額補助費。

直轄市、縣（市）勞工主管機關應按月繕具載有計算說明之差額補助費核定書，通知未依本法第四十三條第二項繳納差額補助費之未足額進用身心障礙者義務機關（構）。

前項通知繳納差額補助費之期間，不得少於三十日。

第17條　直轄市、縣（市）勞工主管機關應建立進用身心障礙者之義務機關（構）名冊，通知其定期申報，並不定期抽查進用之實際狀況，義務機關（構）應予配合，並提供相關資料。

第18條　本法第四十三條第一項所定身心障礙者就業基金屬預算法第四條所定之特種基金，編製附屬單位預算，專款專用；其會計事務，應由直轄市、縣（市）政府之主計機構或人員，依相關法令規定辦理。

第18-1條　本法第四十六條所稱視覺功能障礙者從事按摩，指視覺功能障礙者運用輕擦、揉捏、指壓、扣打、震顫、曲手、運動及其他特殊手技，為他人緩解疲勞之行為；所稱視覺功能障礙者從事理療按摩，指視覺功能障礙者運用按摩手技或其輔助工具，為患者舒緩病痛或維護健康之按摩行為。

第19條　刪除

第20條　直轄市、縣（市）主管機關應依身心障礙者多元需求，輔導依本法第六十二條第一項規定設立之身心障礙福利機構提供下列服務：

一、住宿或日間生活照顧服務。

二、日間活動服務。

三、復健服務。

四、自立生活訓練服務。

五、膳食服務。

六、緊急送醫服務。

七、休閒活動服務。

八、社交活動服務。

九、家屬諮詢服務。

十、其他相關之服務。

第21條　直轄市、縣（市）主管機關為提供本法第六十二條第一項後段所定生活照顧、生活重建、福利諮詢等服務，得按轄區內身心障礙者需要，提供場地、設備、經費或其他結合民間資源之方式辦理之。

本法第六十二條第五項所稱得綜合設立，指身心障礙福利機構得依各目的事業主管機關相關法規規定辦理身心障礙者職業訓練、就業服務、庇護工場、早期療育、醫療復健及照護等業務。

第22條　主管機關依本法第六十九條第二項規定定期公告或發函各義務採購單位，至遲應每六個月一次。

第22-1條　本法第七十四條所定傳播媒體，範圍如下：

一、報紙。

二、雜誌。

三、廣播。

四、電視。

五、電腦網路。

身心障礙福利服務

第23條　本法第七十七條所稱依法令對身心障礙者有扶養義務之人,指依民法規定順序定其履行義務之人。

第24條　直轄市、縣(市)主管機關依本法第七十九條第三項規定,移送法院強制執行時,應提出緊急安置必要費用之支出憑證影本、計算書及該機關限期催告償還而未果之證明文件,並以書狀表明當事人、代理人及請求實現之權利。

前項書狀宜併記載執行之標的物、應為之執行行為或強制執行法所定其他事項。

第25條　本法第八十條第一項所定七十二小時,自依本法第七十八條第一項規定緊急安置身心障礙者之時起,即時起算。但下列時間不予計入:

一、在途護送時間。

二、交通障礙時間。

三、其他不可抗力之事由所生不得已之遲滯時間。

第26條　本法第八十四條第二項所定社會工作人員,包括下列人員:

一、直轄市、縣(市)主管機關編制內或聘僱之社會工作及社會行政人員。

二、受直轄市、縣(市)主管機關委託之社會福利團體、機構之社會工作人員。

三、醫療機構之社會工作人員。

四、執業之社會工作師。

五、學校之社會工作人員。

第27條　主管機關依本法第九十條或第九十三條規定通知身心障礙福利機構限期改善者,應令其提出改善計畫書;必要時,會同目的事業主管機關評估其改善情形。

第27-1條　本法第一百零三條第二項所定滯納金總額以新臺幣元為單位,角以下四捨五入。

第28條　刪除

第29條　本細則自發布日施行。

本細則中華民國九十八年七月七日修正條文，自九十八年七月十一日施行。

本細則中華民國一百零一年七月三日修正條文，自一百零一年七月十一日施行。

身心障礙福利服務

作　　者／黃志成、王淑楨、王麗美
出 版 者／揚智文化事業股份有限公司
發 行 人／葉忠賢
總 編 輯／閻富萍
特約執編／鄭美珠
地　　址／新北市深坑區北深路三段 258 號 8 樓
電　　話／(02)8662-6826
傳　　真／(02)2664-7633
網　　址／http://www.ycrc.com.tw
　E-mail ／ service@ycrc.com.tw
　I S B N ／978-986-298-171-9
初版一刷／2015 年 2 月
初版三刷／2023 年 9 月
定　　價／新台幣 450 元

國家圖書館出版品預行編目資料

身心障礙福利服務 / 黃志成, 王淑楨, 王麗美著. -- 初版. -- 新北市 : 揚智文化, 2015.02
面; 公分

ISBN 978-986-298-171-9（平裝）

1.身心障礙福利

548.2   104000276